Resan till barndomen

CATARINA LILLIEROTH

Resan till barndomen

Del 2

Sättning och omslagsutformning: BoD – Books on Demand
Förlag: BoD – Books on Demand, Stockholm, Sverige
Tryck: BoD – Books on Demand, Norderstedt, Tyskland
ISBN: 978-91-7785-271-1

Förord

Det här är fortsättningen på »Resan till barndomen« och denna skrift handlar om min tonårstid. Drivkraften att skriva ner mina upplevelser fick jag efter pappas frånfälle. När det stod klart för mig att vår styvmor inte hade för avsikt att tillmötesgå pappas vädjan från dödsbädden riktad till henne: »Visa stor generositet« kände jag det som ett måste, en plikt att delge våra halvsyskon mina upplevelser med styvmor under uppväxten.

Nu är det dags att avslöja händelser som jag velat glömma, som sopats under mattan för att inga sprickor i fasaden skulle avslöjas.

En del namn på personer och platser är ändrade och det är jag som är Christina.

Källor
Mina minnen
Dagböcker
Kalendrar
Tidningsurklipp
Foton

Innehållsförteckning

En liten resumé

Camilla, Gunnar och jag, Christina, har varit med om en jobbig skilsmässa som blev definitiv enligt papperet den tionde maj 1954. Cirka en månad senare gifte pappa om sig med Marianna, Gunnars och min »gamla« skolfröken. Jag var då nio, Gunnar elva och Camilla fjorton år.

Tio månader tidigare tog pappa och mamma beslutet att ta en paus i äktenskapet. Det gjordes under en utflykt till Lübeck dit de reste medan de lämnade oss i Köpenhamn hos moster Lisa och morbror Jörgen.

Mamma hade inga pengar eller arbete och således ingen möjlighet att ta hand om sina barn. Moster Doris och morbror Yngve, som bodde i Sveg, öppnade sitt hem för henne samt hjälpte henne senare att få kontakt med den tyske vännen Dieter. Mamma och pappa träffade honom i Berlin innan krigsutbrottet 1939 och han gästade oss sommaren 1953. Mamma nödgades låna pengar av den gemensamma vännen Ruben i Skövde, han som ägde en klädaffär. Pappa ansåg sig inte vara ansvarig för att bidra till hennes försörjning trots att de var gifta.

Mamma kom hem för att fira julen med oss samt för att försöka ordna upp och ställa tillrätta det som gått fel i äktenskapet. Hon var då helt ovetande om att pappa sedan en tid hade en ny kvinna och att han verkligen inte var intresserad av att ordna upp något. Den tolfte januari 1954 lämnade hon hemmet då hon inte hade något annat val. Vi barn blev naturligtvis mycket ledsna när hon reste igen men vi var säkra på att hon snart skulle komma tillbaka till oss.

Från Hannover skrev mamma ett brev till pappa och berättade att hon tänkte stanna där, hos Dieter. Hon bad pappa om förlåtelse över sin del i att äktenskapet inte höll samt vädjade till honom att ta väl hand om barnen. Mamma ville också skicka pengar för skor som hon var skyldig skoaffären. Brevet innehöll ytterligare vädjanden om förlåtelse.

Brevet satte fart på pappa och han insåg att det nu var fritt fram för honom och Marianna att slå ihop sina påsar. Tråkiga sidor hos honom uppenbarades, sidor som inte någon trodde att han ägde. Han stämde mamma för att hon inlett en intim förbindelse med en annan man och yrkade därför att häradsrätten måtte döma till äktenskapsskillnad mellan makarna och tillerkänna honom vårdnaden om makarnas tre barn.

Hur kunde han förresten vara säker på intim förbindelse? Han hade inte varit närvarande.

Men mamma erkände, genom ombud förstås, att hon flyttat till en annan man. Pappa hördes under sanningsförsäkran och styrkte berättelsen att mamma under år 1954 brutit makarnas äktenskap med hor, som det stod i domskälen!

Redan i mars var bodelningsavtalet undertecknat. Där kunde man läsa att mamma fick det hon kunde medföra på resan och den egendom som hon sedermera fått sig tillsänd, bland annat kläder och fotoalbum. Vidare stod det att mannen, pappa, skulle sitta i boet till dess bodelning skulle ske. Någon ytterligare bodelning kom aldrig någonsin till stånd.

Halvtannat år efter pappas frånfälle 2008 gjordes en bouppteckning där pappas vigselring med mammas namn ingraverat fanns med. Jag tillskiftades den och ytterligare några få saker efter pappa men utfallet för mig och mina helsyskon blev tämligen magert.

I alla brev som vi skrev till mamma frågade vi när hon skulle komma hem. Brevväxlingen med mamma var viktig och vi kunde känna att hon fanns för oss någonstans, om än långt borta. En dag under våren undrade pappa om jag skrivit och frågat mamma när hon skulle komma hem. Det hade jag ju naturligtvis gjort och det var då han släppte bomben: att mamma aldrig mer skulle komma hem. Ofattbara, fasansfulla ord, som när de trängt in i medvetandet, fick tillvaron att rämna. För att spä på gräsligheterna berättade pappa i maj att han skulle gifta om sig med Marianna. Det hjälpe inte att jag grät och protesterade men då anade jag ändå inte att pappa skulle byta ner sig så totalt i sitt val av ny maka sett ur mitt perspektiv. Sedan mamma lämnade hemmet i januari 1954 gick händelserna med rasande fart fram till bröllopet i juni.

I mars 1955 födde Marianna en son som kom att kallas Putte. Han döptes till Nils-Erik Albert men kallades Putte efter pappa (ha, ha, ha, jag sänder en tanke till Povel Ramel) som fått heta det som liten.

Jag engagerade mig en hel del i mitt nya syskon och hade stort utbyte av den ömsesidiga, förbehållslösa kärleken vi hyste för varandra. Men mina syskon och jag levde i ovisshet om framtiden och om vad som skulle hända med oss. Marianna tog alla chanser att tala illa om mamma och påpeka att allt som hon lagt handen vid var dåligt. Skulle vi någonsin få återse vår kära mamma igen? Det hann gå drygt ett och ett halvt år innan vi fick träffa henne igen.

I november 1957 föddes en flicka som till moderns stora förskräckelse hade rött hår och det spekulerades en hel del kring hur det hade gått till. Pappa försökte och lyckades till slut få Marianna att inse att rött hår är vackert. Flickan kom att kallas Lillan.

Del 1 1958

1. Tonåring

Camilla är sjutton, Gunnar fjorton och själv är jag tolv år när det nya året tar sin början med allt vad det ska innebära. Vi mår dåligt på grund av skilsmässan. Saknaden efter mamma är svår att hantera, kanske allra mest för Gunnar och Camilla. Tryggheten försvann med pappas byte av hustru. Vilsna och sorgsna försöker vi gå vidare med våra liv.

I Bondböle bor Mariannas föräldrar, farbror Nils och tant Olga, som vi ganska ofta besöker för pappa har numera också ett trädgårdsland på deras ägor. Tant Olga drabbar oss regelbundet, åtminstone en gång i månaden när vi har tvättdag. Då brukar det inte vara så uppåt. Jag får tillbringa åtskilliga timmar nere i tvättstugan och bland annat tvätta strumpor för hand i redan använt smutsvatten från den halvautomatiska tvättmaskinen.

I februari fyller jag tretton år. Från mamma och Dieter i Hannover kommer ett stort paket som jag hämtar på posten. Det innehåller presenter och godis. Jag blir väldigt glad över en
v-ringad yllejumper som jag önskat mig. Jag får också ett par turkosfärgade långbyxor som jag tycker är jättefina. Byxorna har en ovanligt vacker färg och nu längtar jag till våren då jag kan börja använda dem. Som brukligt är blir jag uppvaktad på sängen med sång och gåvor från övriga familjen. Ett par svarta jeans med nitar ligger i ett av paketen. De kommer också att bli fina att ha närmare vårkanten när kylan släppt sitt grepp. Jag tackar för presenterna och stiger upp ur sänghalmen för att göra mig i ordning. Efter den obligatoriska gröten skyndar jag mig iväg. Nu

går jag i sexan. Här i folkskolan är det är trivsamt med fröken och kamraterna.

Carina har sin farfar och farmor boende Umeå. En fettisdag åker delar av scoutpatrullen Svalan in till staden bland annat för att hälsa på Carinas farföräldrar. Vi blir inbjudna i det vackra hemmet där vi får sitta i finrummet som betydelsefulla gäster. På matbordet ligger en vacker duk och de högryggade stolarna är tygklädda över de mjuka sitsarna. Det dukas upp semlor och varm choklad framför våra lystna blickar. Vi hugger in på godsakerna och finner att det smakar fantastiskt gott. Våra tomma magar tycks bli nöjda åtminstone för en stund.

För oss unga tjejer innebär det här en trevlig och spännande utflykt. Innan kvällen kommer tar vi oss till stationen och kliver på rälsbussen för att åka hem.

Mitt emot oss i kupén sitter en kavallerist i full mundering. Vivi fnissar när hon ser sporrarna som sitter på ridstövlarna. Hon kan inte vara tyst utan säger:

»sporrrarrr« eftersom hon vet att tingestarna som sitter på det blanka lädret heter så. Vi fnissar generat och tittar på kavalleristen som försöker hålla god min. Vivi kan inte låta bli att upprepa: »sporrrrarrr« och så fnissar vi.

Det nya syskonet, som vi kallar Lillan, döps i hemmet till Olga Viktoria Erika. Putte blir inspirerad av dopet och vill passa på att döpa en liten docka. På en pall ställer vi två tända ljus och mellan dem placeras en stor kopp med lite vatten. Sedan gör Putte som prästen och dockan är döpt. Namnet som dockan får har jag glömt.

Putte kallar mig Cina. Det var svårt för honom att säga Christina och jag tycker att jag har fått ett fint smeknamn.

2 Första pojkvännen

Jag står i köket och rullar chokladbollar. Händerna är fulla av den bruna smeten som fastnar på handflatorna och mellan fingrarna. »Kanske skulle smeten ha varit kallare eller skulle det vara mer havregryn i den«, funderar jag. Men jag har ju följt receptet«. Några bollar är färdigrullade när det ringer på dörren. Jag hör att Gunnar går och öppnar.

»Det är någon som söker dej« säger han och flinar. Jag går ut i hallen och fram till ytterdörren. Där står Ove från parallellklassen, han som är ansvarig för ärret jag bär på näsryggen mellan ögonen. Mina kinder blir blossande röda. Jag upplever situationen som mycket pinsam. Han frågar om jag vill gå med honom på bio och jag tror att jag yttrar något jakande i min förvirrade belägenhet. Jag känner mig så otroligt generad och förstår att Gunnar kommer att reta mig på alla sätt.

Nu måste jag också berätta för pappa och Marianna att Ove vill bjuda mig på bio. Det känns jobbigt att framföra detta men jag är tvungen. Inte vet jag heller om han tänker bjuda mig men vad ska jag säga? Jag känner mig nervös när jag rullar resten av chokladbollarna, slickar av händerna och börjar diska undan efter mig. Att göra mig i ordning går fort. Jag tittar inte så ofta i spegeln och mitt långa hår är ihopsamlat i en hästsvans. Men sa han att han skulle bjuda på bio? Jag vet inte, så jag tar med mig pengar för säkerhets skull.

»Det är modigt av Ove att komma hem till mig och ringa på«, tänker jag. Vi har delvis samma skolväg, han har bara lite längre att gå så vi ses ibland under promenaderna till skolan. Jag har inte direkt något gott öga till Ove sedan händelsen på isen för några år sedan. Då jag låg på isen skjutsade han sin spark emot mig. Den uppböjda änden på sparkmeden fick jag mellan ögonen och ett stort jack uppstod. Mamma måste ta mig till doktor Timståhl som vidtog nödvändiga åtgärder. När detta hände bodde Ove i närheten av skridskobanan men nu äger familjen en stor tegelvilla som Oves byggmästarpappa låtit uppföra närmare älven.

Jag går, fortfarande djupt generad, till mötet med Ove och vi vandrar till biografen. Han tänker väl inte bjuda eftersom han inte säger något. Vid biljettluckan betalar jag min biljett. Det är allt lite spännande att sitta där i mörkret med en kille bredvid sig. »Tänk att han har modet att ta initiativ till detta. Och att han väljer mig« funderar jag efter reklamen då filmen rullar igång. När bion slutar vandrar vi ut i den friska vårluften och går den korta sträckan till Kraftbolagets hus där jag bor. Vi säger hej till varandra och Ove fortsätter sin promenad mot älven till där hans hem ligger. Det är den allra första dejten men den är kanske inte så romantisk.

Ibland spelar Ove och jag kula efter skolan. Ska det bli något umgänge mellan oss så måste han ta initiativet för jag är alldeles för blyg. Vi använder husväggen som vetter mot Umevägen och gör små gropar med klacken på gångbanan. Mellan oss är det platonsk kärlek som råder för kroppskontakt existerar inte. Vi skulle inte våga och har inte behov av något annat heller.

Putte fyller tre år i mars och på sin födelsedag får han öppna många paket. Han skrattar och tycker det är roligt med alla presenterna och uppmärksamheten. När paketen är öppnade vankas det tårta. Den uppskattar vi alla efter morgongröten.

Putte är snäll mot sin lillasyster och vill ibland vara med om att sköta henne. Samtidigt kan han ge sina nallar lite omvårdnad. Vi äldre syskon får ofta fungera som barnvakter och lägga barnen när pappa och Marianna är ute på annat. Jag för min del tycker det är roligt och leker en hel del med Putte men Lillan är ännu så liten och sover mest.

Mariannas barnledighet är slut sedan en tid och hon har återgått till sin lärartjänst som småskollärarinna. Hon arbetar ganska korta dagar för de små eleverna är inte så många timmar i skolan. Flickan som nu sköter barnen och en del av hushållsbestyren heter

Solveig. Marianna är måttligt intresserad av hemmets skötsel och barnavård så vi äldre barn får därför ta en stor del av ansvaret då vi inte är i skolan. Vi handlar, diskar, sköter barn och städar.

3 Fjällresa till Klippen

När vårvintern är som allra finast reser vi till Klippen som ligger mellan Hemavan och Umfors. Vädret är milt vilket gör vägarna leriga och fulla med vattenpussar. En föraning om och en längtan till en varmare årstid ger sig tillkänna. Ljuset förstärks av den vita, reflekterande snön och solens strålar värmer skönt. Hudens pigment lockas fram och ger ansiktena en ljusbrun ton. Törsten, som uppstår till följd av kroppsrörelser uppför vita vidder, släcks med saftiga apelsiner. Vi går på tur, glider på stegen, stakar och pustar i en lång ormlik formation som för betraktaren minskar i storlek för att så småningom försvinna i fjärran. Uppför fjällsluttningarna vidtar klättrandet och fjälltoppen hägrar där framme, äntligen. Men komna lite högre växer en ny fjälltopp fram, som för att reta oss, när vi trodde att vi var framme. Till slut når vi ändå toppen och får njuta av matsäcken under beskådandet av den vackra utsikten. Sedan kommer nästa lön för mödan, det roliga vi strävat efter, den härliga nerfarten utför fjället.

4 Tävlingar

En söndag med nyfallen kramsnö går skolungdomens stora skidtävling på Vännäs Läger. Cirka trehundrafemtio ungdomar från tjugofem skolor deltar. Temperaturen ligger på noll och vållar problem med vallningen. Snön klibbar fast under träskidorna och det går trögt. Det är en stor prestation att bara ta sig runt spåret i det här föret och ansträngningen ger mig blodsmak i munnen. Vännäs folkskola tar hem lagpriset men Bjurholmsflickan vinner i år igen. Vivi kommer tvåa och jag hamnar på fjärde plats. Två klasskompisar till oss slutar på femte respektive nionde plats. Vivi är numera en mycket duktig skidåkare men tränar inte gymnastik i den utsträckning som jag gör. Ett dignande prisbord väntar alla deltagarna som även tilldelas ett märke där det står »Ungdomens Vinterspel«.

Senare under våren, på självaste pingstdagen, går Tegspropagandan som pappa tycker att vi ska delta i. Det är en relativt stor orienteringstävling med nära trehundra deltagare. Pappa, Gunnar och jag åker till »Röbäcksmyran« som ligger mellan Röbäck och Skravelsjö. Hemmansägaren Karl Johansson har välvilligt upplåtit sin gård för start och mål. Vädret är det bästa tänkbara och markerna någorlunda torra. Pappa springer i Äldre oldboysklassen och kommer sjua. Gunnar deltar i Äldre pojkar och hamnar på fjortonde plats. »Den enda startande i flickklassen var naturligtvis Wilhelm Lagerbäcks tös Christina« står att läsa i tidningen. I pojkklassen skulle jag ha kommit femma och ha haft tjugo pojkar efter mig.

Pappas namn är vida känt i orienterings- skid- och gymnastikkretsar i den här landsändan, detta genom sitt stora engagemang i tävlingsidrotter.

Han anmäler mig också till en gymnastiktävling i Skellefteå. Jag minns inte hur vi reser dit men jag deltar i mina två bästa grenar, matta och hopp. Här tävlar jag mot mycket äldre deltagare, seniorer, så jag kan inte förvänta mig bättre än den sjunde plats jag kniper.

Två av mina framtänder i överkäken har längst upp fått små bruna fläckar. Camilla föreslår att jag ska gå till tandläkaren och fråga vad det kan vara och höra om han kan göra något. Så en dag tar jag mod till mig och går till folktandvården, alltså inte till min vanliga tandplågare Wikberg. Jag blir väl mottagen och så småningom insläppt till en tandläkare av tyskt ursprung. I den kliniskt rena lokalen putsar tandläkaren försiktigt bort de bruna fläckarna och undersöker övriga tänder. Jag är mycket tacksam över att Camilla tipsade mig om att söka upp tandläkaren för nu är mina framtänder vita igen. Det är ju klart att jag vill vara fin men hemma tycks de vuxna inte bry sig om sådant.

5 Ny frisyr och klassfest

Jag diskuterar hårlängd med min klasskamrat Catarina som är hemma hos oss och hälsar på. Vi bestämmer att nu ska mitt hår klippas kort. Pappa gillar långt hår men i det här fallet blir han inte tillfrågad. Catarina erbjuder sig att klippa och låter säker på sig själv. Jag har stort förtroende för den mogna och duktiga kamraten så hon får ta till saxen. Nu blir håret kort. Det når strax nedanför öronen och halsen syns när hon är färdig. Vi är båda nöjda med resultatet och det känns så annorlunda med kort hår. Inte sedan 1952 har jag varit kortklippt. Camilla passar på att föreviga resultatet med sin kamera.

En granne ska fotografera Camilla och jag får följa med, förmodligen som förkläde. Jag vet inte vem som tar initiativet till fotograferingen, kanske drömmer Camilla om modelljobb. Hon fotograferas i en inte alltför välsittande baddräkt men fotomodellen är det då inget fel på. På en av bilderna har Camilla skor med höga klackar. Det ganska långa och lockiga håret är uppsatt i en svinrygg. Fotografen tar också en bild på mig i min gulrutiga skjorta och svarta jeans och jag skrattar mot kameran. Ena handen har jag på höften och den andra i bakfickan. Golvet och väggen bakom är alldeles kala. På baksidan av fotot har jag skrivit »Christina tretton år april«.

I vårt rum fotar jag Camilla med hennes kamera när hon står framför garderoberna i vit baddräkt utan axelband. Det kan vara några månader senare. Ja, hon är verkligen snyggare än den snyggaste modell. På väggen bakom, vid sidan av ena garderoben bredvid min märkessköld, hänger en bild av Brigitte Bardot.

På Sankt Georgsdagen ska jag och mina jämnåriga scoutkamrater i patrullen Svalan bli upptagna till klasstvåscouter. Skönt att vi denna gång slipper stå ute och frysa. För ett år sedan hölls upptagningen ute i det fria och friska vårvindar blåste igenom scoutmunderingen och nylonstrumporna. Detta år avgår en buss som fraktar scouterna från Medborgarplatsen till kyrkan i Vännäsby. Camillas fina ljusblå cykel blir stulen utanför mejeriet där Camillas kompis Birgitta bor. Nyss framtagen ur vinterförrådet skulle detta tråkiga hända! Vi spanar efter den men den kommer aldrig tillrätta.

Under våren hjälper fröken oss att ordna en klassfest i matsalen. Några flickor är klädda i klänning eller kjol och andra har långbyxor. Jag har mina smårutiga långbyxor som mamma sytt i ganska tjockt, lite luddigt ylletyg. De är egentligen för varma och inte nog festliga för ett tillfälle som detta men man tager vad man haver. Till byxorna har jag en mjuk, lurvig, vit jumper med breda längsgående gröna ränder och trekvartsärm. Någon förevigar tillställningen när vi försöker samla ihop oss för ett gruppfoto. Det blir ett roligt foto där en del ser städade ut och andra mycket uppsluppna. Jan-Erik knackar Monica i huvudet som hon försöker skydda. Han vill synas på bilden och hoppas att hon ska sätta sig på golvet tillsammans med Berit och mig.

Vi dansar efter bästa förmåga och för en och annan av oss är det som att försöka flytta en ribbstol eller en plint till musik. Jag upplever det också som om benen är alltför korta i dansen med vissa kavaljerer, för det gäller att följa med i sjumilastegen så att man inte kommer i otakt.

Under detta år blir vi alla tonåringar, den ena efter den andra. Våra kroppar förändras så sakteliga och brösten har utvecklats något. Det sägs att Sari har fått mens och använder tamponger. Vi undrar hur det fungerar, vi som ännu inte hittat något hål för tampongen.

6 Succédagar i Lings anda

Pappa ordnar Lingdagar och får fina lovord i pressen för sitt arrangemang som drar mycket folk. Under den första uppvisningsdagen deltar Husmödrarna som rytmiskt och smidigt sätter gung i sina överflödiga kilon. Min spelfröken, fru Mait Wiklund, är kvinnan som håller i taktpinnen och leder dem. Jag finns med i en trupp flickgymnaster som underhåller med volter under tiden som fäktarna ställer i ordning sina attiraljer. När fäktningen påbörjas stiger spänningen i salen. SM-deltagarna Sehlin, Edvall och Sixtensson visar oss sina färdigheter och får rungande applåder. Pappa leder en trupp med realskolepojkar som visar sin smidighet och styrka i diverse övningar.

Pressen skriver bland annat:

»Andra kvällen av Lingdagarna blev en fest- och avskedsföreställning av finaste kaliber och stjärnspäckad som korinter i en kaka. En anrättning som kan få den mest kräsne att jubla av hänförelse.«

Elitgymnaster från Lycksele deltar med härliga räckövningar, fristående och hopp. En olympiakandidat, Marianne Larsson från Skellefteå, gör ett uppskattat och mycket avancerat program. Slutligen överlämnas en stor bukett rosor till pappa som tack för att han arrangerat dessa fina dagar.

En av de sista dagarna i maj tävlar jag i friidrott på Rundviks idrottsplats. Från det evenemanget har jag har ett litet fotografi på Ove och mig där vi står i grävda startgropar. Jag står ledigt i »på edra platser - ställning« medan Ove står i »färdiga - ställning«. Ove bär en svart träningsoverall med gult ok och jag har en träningsoverall med röd jacka och marinblå byxor. Min röda jacka har vita ränder runt muddarna och i halsringningen. Jag vet inte vem som förevigade oss vid det här tillfället.

Försommaren är vacker och lockar till utelek. Brännboll är en favoritsysselsättning som roar de flesta. En dag leker vi åt Myran till. Min klasskamrat Monica, som bor i en villa i närheten av Riksbyggena, lär mig en dag att busvissla. Hon visar noga och pedagogiskt hur fingrarna ska stoppas i munnen mot den inrullade tungan innan man blåser. Vi slentrar efter Tjärngatan och plågar de boende med våra ihärdiga visslingar. Mina är dock blygsamma i början men till slut får jag kläm på hur jag ska hålla fingrarna. Jag känner en stor tacksamhet till Monica som lär mig den ädla konsten som jag haft så stor nytta av i livet.

7 Skolavslutning

Terminen lider mot sitt slut och skolavslutningen nalkas. Därmed är folkskolan avklarad för min del. Betygen är höjda och faktiskt riktigt bra. De högsta betygen har jag i »Skrivning och språklära« samt »Naturkunnighet« och jag ser att pappa är nöjd när jag visar upp det. Egentligen borde utan tvekan mitt högsta betyg vara i ämnet gymnastik. Men jag tror inte att skolfröken har en aning om allt jag kan göra. Skolgymnastikens innehåll är så begränsat.

Nu ska vi skiljas åt efter alla år av strapatser, lek och glädje. Ungefär hälften av oss kommer att börja i Samrealskolan till hösten och resten fortsätter i sjuan. På avslutningsfotot är alla flickorna klädda i fina klänningar och pojkarna har snygga byxor och skjortor. En del pojkar bär till och med kavajer. Min klänning är vit med röd-vitrandiga bårder runt urringning och fickor. Jag står mellan Sari och Birgit och Sari har lagt sin arm runt mina axlar. Jag vilar min hand på Birgits axel. De allra flesta ser glada ut, och de som inte gör det tänker väl på stundens allvar; att det är sista gången vi är tillsammans i just den här klassen.

Realexamensdagen kommer med vackert väder. Förväntansfulla står vi hela familjen på skolgården för att ta emot Camilla med blommor och presenter. Luften är fylld av lövkojornas goda doft. Camilla är mycket vacker i sin ljusblå dräkt och grå realmössa. Väninnan Birgitta är också med oss och gratulerar. Hon tar sin examen dagen efter. Då får vi fira igen.

Tyvärr finns endast tre diabilder från Camillas examen. Till hösten ska hon börja gymnasiet. Jag tror att det kommer att bli mycket spännande för henne.

Jag har två små foton av en gosse som tar realen samtidigt och han heter Roland. Honom blir jag så smått intresserad av men jag kan inte komma ihåg hur jag fått fotografierna. Roland har blommor och ballonger hängande runt halsen och sin gråa mössa på huvudet. Det andra fotot som är signerat, visar honom sittande i hö.

Efter skolavslutningen fyller Gunnar femton år och ska köpa moped. Camilla blir arton år och ska ta körkort. Jag, som nybliven tonåring, känner att livet är ganska bra just nu och jag har positiva förväntningar trots den familjesituation som råder.

8. Sista besöket hos morfar

Camilla reser till Bosön för att gå en simlärarkurs. Därefter är det tänkt att hon ska arbeta som simlärare. Senare i sommar blir det Gunnars tur att åka till Tyskland för att hälsa på mamma och Dieter. Vilken lycka! Han är förstås glad och uppspelt. Morfar blir sjuk och mammas systrar samlas i Örnsköldsvik, i alla fall de som kan. Jag får också komma till mormor och morfar den här tiden och hälsa på, för Marianna vill ju se oss hemma så lite som möjligt. Mormor sitter för det mesta i sin gungstol och beklagar sig över sin värk som är svår. Hon tröstar sig med polkagrisar och jag blir alltid bjuden på sådana ur hennes välfyllda karamellskål. Morfar är sängliggande och svår att sköta där han ligger i den lilla sovalkoven. Jag hör hur mostrarna säger att han är som barn på nytt. De gör så gott de kan för att underlätta för honom i livets slutskede. Hans liv är tydligen på upphällningen och det här besöket är viktigt för mig då det är sista gången jag träffar min kära morfar i livet.

I morföräldrarnas kök står radion på och jag kan höra nyheterna. Då kommer plötsligt en efterlysning och jag rycker till. De efterlyser en trettonårig flicka vid namn Sari Luoma som försvann från sitt hem i Vännäs i förrgår. De talar om hur Sari var klädd och var upplysningar om den försvunna trettonåringen kan lämnas.

Det känns overkligt och skrämmande med efterlysningen som kommer igen i varje nyhetssändning. Det får mig att tänka på hennes mamma och lillasyster. De måste vara mycket oroliga nu. Hennes enda anhöriga vad jag vet.

Sari och jag har gått sex år i samma klass och vid skolavslutningen skiljdes våra vägar. Jag erinrar mig och ser scenen för mitt inre när Sari i klass tre breder ut sitt tuggummi på bänken, petar sig i näsan och fångar upp en bamsekuse. Hon granskar fyndet som hon sedan placerar på tuggummit. Därefter viker hon ihop tuggummit och stoppar det i munnen. En evinnerlig tur är det att inte vår elaka bacillskräcksfröken ser det, hon som luggar oss och slår oss på fingrarna med linjalen.

Har Sari rymt hemifrån eller vad har hänt? Jag följer nyhetssändningarna den närmaste tiden och så småningom kommer hon tillrätta, tack och lov.

9. Besök av släktingar och planering av resa

Pappa planerar en Nordkalottenresa med bil. Hans kusin, som vi kallar tant Ruth, kommer resande från Göteborg för att delta. Tant Ruth är mycket duktig att måla akvareller och rita fina bilder. Under de veckor som hon vistas hos oss, hinner hon avbilda många i familjen. Och vi är ju många. Hon får verkligen ligga i och gör på så sätt rätt för maten. Eftersom hon är mycket matfrisk och äter som en häst är det väl därför som hon ligger i och målar som bara den. Häst kanske är ett passande ord för blasten på pappas nyskördade rädisor åker också in i hennes mun. När hon hittar ett nässelstånd blir hon till sig och ser för sitt inre alla de nyttiga ingredienserna i växten. Då tar hon brännässlorna med sina seniga fingrar och nyper ihop dem varefter de åker in mellan tänderna för att malas ner i sväljbart skick. Sedan försäkrar hon oss om att de inte alls bränns. Vi tror ju vad vi vill och testar inte.

Vid måltiderna sitter vi för det mesta i köket och trängs men vissa middagar äts i matrummet där Gunnar huserar. Jag är vanligtvis mycket hungrig och ofta ligger det kvar något på faten när alla har tagit. För artighets skull brukar jag fråga om det är någon som vill ha mer och tror att jag ska få det sista. Men ta mig sjutton, varenda gång vill tant Ruth ha mer och slevar över resten på sin tallrik. Varje gång tänker jag:

»Men den här gången är hon väl ändå mätt« – men inte då! Jag blir lång i ansiktet och snopen men jag vågar inte ta utan att fråga. Som alla släktingar på pappas sida är även tant Ruths lekamen slank. Det gråsprängda håret är lockigt och prydligt uppsatt med klämmor. Hårslingor som lossnat inramar ansiktet som bär spår av tidens tand.

Tant Ruth gör det till en vana att komma på somrarna för att få åka med på någon resa och måla porträtt och blommor till familjen. Det blir också en vana att få lyssna till hennes berättelse om den jättestora rädisan. Den kommer varje år när pappa serverar nyskördade rädisor från trädgården. Tant Ruth berättar då att när hon var ung så skördade de i hennes hem en rädisa som var så stor att den räckte till hela familjen under flera måltider.

Hon huserar i Camillas och mitt rum och jag som är hemma lite mer än Camilla får då dela rummet med henne. Det går väl bra om det inte vore för löken som hon ibland får för sig att hon måste äta. Tant Ruth tuggar då i sig en hel stor, rå gul lök för det är nyttigt och man håller sig frisk, hävdar hon. Det stinker sedan lök i hela huset men koncentrationen i vårt gemensamma sovrum är ganska så påtaglig, ja rent av påträngande.

Pappas morbror ska också med på Nordkalottenresan. Han kommer resande från Stockholm ungefär samtidigt som tant Ruth anländer. I sin packning har han försiktigt lagt ner några antikviteter till pappa eftersom han också tycker om gamla saker. Morbror ser det som en kompensation för resan som pappa bekostar och ordnar så fint. Morbror får sova i bäddsoffan som står i vardagsrummet. Skjutdörrarna som vetter ut mot hallen går att dra igen. De skjutdörrar som leder in till föräldrasovrummet är numera alltid stängda då även den väggen måste utnyttjas till den växande barnaskaran. Gamla morbror röker pipa och tuggar tuggtobak och fyller lägenheten med dessa okända dofter.

Treåriga Putte ska vara i Bondböle hos sina morföräldrar som i och med det får fullt upp. Den nuvarande hemhjälpen, Solveig, tar hand om Lillan. Hon gör någon slags praktik i vår familj och får här möjlighet att hela dygnet praktisera på ett spädbarn. Lillan, som hunnit bli drygt sju månader, är inte avvand vad gäller bröstmjölken. Marianna tycks inte vara någon kärleksfull mor som så lättvindigt lämnar sitt spädbarn för en dryg vecka eller mer. Det kommer att ske en gång till detta sommarlov, ett lov som hon hellre borde vika för att umgås och ta hand om sina späda barn.

Nu ska vi packa in oss i den lilla svarta folkvagnen. Sovsäckar hamnar på biltaket men hur resten får plats tillsammans med all medhavd mat är en gåta. Pappa och morbror sitter fram, tant Ruth bakom morbror, Marianna i mitten och jag bakom pappa. Den här gången får jag alltså följa med för de har ingen annanstans att lämna av mig på. Det är annars brukligt att jag skickas iväg på ett par läger varje sommar eller till mostrarna i Örnsköldsvik. Jag måste också lämna hemmet under delar av julloven för att Marianna inte vill ha mig eller mina syskon hemma mer än nödvändigt. Nu har pappa ökat försörjningsbördan genom att sätta fler barn till världen. Marianna vakar som en hök över alla utgifter, för hon är mån om att pappas pengar ska räcka, så att hon inte ska behöva bidra med sin lön.

Det mest sensationella med den här resan blir att få uppleva midnattssolen. Vi hyllar ljuset runt midsommartiden och undviker att tända elektriska lampor. Den här tiden kan man verkligen njuta av det naturliga ljuset.

Jag har inte en enda bild från den här fina resan trots att jag är den enda ännu levande deltagaren. Pappa fotograferar en hel del under hela färden och tant Ruth dokumenterar med sina vackra akvareller och text därtill. Denna vackra dokumentation i form av ett prydligt konstalbum försvinner innan bouppteckningen efter pappa. Marianna ser till att så lite som över huvud taget är möjligt ska övergå i särkullbarnens ägo. Hon får som hon vill.

10. Nordkalotten i midnattssol

Pappa styr kosan norrut. Han stannar för rast vid sevärda platser där det också ges tillfälle att få någonting i magen. Så småningom kommer vi fram till rektor Lindbäck med familj som för några år sedan lämnade Vännäs för Kalix. Det blir ett glatt återseende för oss, det vill säga för pappa och mig, som känner farbror Svante och tant Svea. Jag ser i minnet när farbror Lindbäck och jag åker skidor tillsammans under en mysig fjällfärd. Deras två rara flickor är inte hemma vilket kanske är tur nu när vi kommer fem personer och våldgästar. Naturligtvis har pappa i god tid förvarnat om den stora invasionen som nu drabbar deras hem.

Jag visas till ett av flickrummen där jag ska sova och lägger min sovsäck ovanpå den mer eller mindre obäddade sängen. Det ser inte ut som om familjen i det här huset har tvättdag så ofta heller med tanke på de lite gråaktiga lakanen. I närheten av kudden ligger det en avig pyjamasbyxa. Jag stirrar på det intorkade gula i grenen och kan inte förstå hur byxorna kunnat bli så smutsiga. Fastän jag är fyllda tretton år har jag ännu inte någon erfarenhet eller vetskap om fenomenet flytningar.

Dagen därpå, efter en god frukost, visar rektor Lindbäck oss sin skola där han numera härskar. Han ser ut att trivas och skrockar gott under rundvandringen. Efter visningen tackar vi för gästfriheten och packar in oss och våra pinaler i bilen.

Avståndet till nästa resmål är inte så långt. Haparanda är Sveriges östligaste fasta punkt och gränsar till Torneo. Solen gassar från en klarblå himmel och med nervevade rutor letar pappa sig fram till vandrarhemmet. Här kan vi alla övernatta till ett humant pris. Vi installerar oss och får lite mat i krävan. Därefter känner alla för att gå ut på en promenad i det vackra vädret. Vi vandrar runt i omgivningarna för att bekanta oss lite med staden. Ett stort tältmöte väcker vår nyfikenhet. Försiktigt närmar vi oss entrén, smyger in tältet och bänkar oss längst bak. Jag tror att ingen av oss har varit på något tältmöte tidigare och absolut inte ett laestadianskt. Ja, det är definitivt en annorlunda upplevelse att höra och se ett väckelsemöte. Här hänger man sig åt extatiska känsloyttringar, talar i tungor och ber offentligt om syndernas förlåtelse. Jag tycker att människorna uppför sig konstigt, jag som brukar uppleva lugn och ro kring Gud i söndagsskolan. Gamle morbror har inte mycket till övers för det religiösa och det här var definitivt inte i hans smak men han är ju också nyfiken.

Sent på kvällen promenerar vi i närheten av en badplats med brygga. Det sägs att det är 30 grader varmt fastän klockan närmar sig 23.00 och solen lyser förstås fortfarande. Det blir svettigt i de svarta jeansen med gula sömmar. För att få lite mer av den gula färgen som jag älskar, har jag innan resan, med gul tråd sytt korsade efterstygn längs dubbelsömmarna utefter benens utsidor. Marianna muttrar något om att de ser ut som lappkläder eller något liknande och så är det slöseri med tråd.

Nästa morgon fortsätter färden in i Finland och till Rovaniemi. 1944 brändes staden delvis ner av retirerande tyska trupper. Under ledning av Alvar Aalto ritades en ny stadsplan 1945 och staden byggdes upp igen.

Pappa hittar så småningom ett vandrarhem i stadens utkant. Där installerar vi oss och får något enkelt att äta ur det medhavda skafferiet. Det blir inga kulinariska sensationer under resan men maten håller oss i alla fall vid liv.

När vi lämnar Rovaniemi nästa dag hinner bilen inte rulla många meter förrän vi kommer till Polcirkeln. Pappa stannar så att vi ska få komma ut ur bilen och titta och känna in den unika latituden vid 66 grader N. Han fotograferar skylten som visar cirkelns position och vi får också vara med i kameralinsens blickfång.

Vi färdas miltals genom barrskogar som aldrig tycks ta slut. Tänk att det finns så mycket skog. Nästa resmål är Enare Träsk. Det är otroligt vackert när vi kommer fram på kvällen och sjön breder ut sig i solljuset. Här ligger vandrarhemmet nära den stora sjön. På kvällen stannar vi uppe länge för att få uppleva ljuset och midnattssolen. Det är ljust som på dagen och solen går aldrig ner. Vid midnatt badar pappa och jag i solskenet i Inarijärvis klara vatten. Den rådande värmeböljan har ännu inte påverkat vattentemperaturen så mycket men det är roligt att simma runt i natten som känns som dagen.

Under förmiddagen lämnar vi Enare Träsk och bilvägen kantas av vatten som glittrar i solskenet. Vi har sannerligen tur med vädret för högtrycket kommer att ligga kvar och ge oss sol flera dagar. Efter cirka tio mil passerar vi gränsen och färden fortsätter i Norge. Nu är det inte långt till Kirkenes som ligger vid Varangerfjorden med Barents Hav utanför. Sista milen bjuder på vackra vyer. I Kirkenes kan man förutom norska även höra samiska, finska och ryska talas. Under andra världskriget var tyskarna stationerade i staden och angrep konvojtrafiken i Norra Ishavet. Endast ett stenkast bort ligger den ryska gränsen.

Nordkap hägrar och kosan styrs mot Mageröja. Vägen dit är enastående vacker och dramatisk. Nordkapklippan ligger alltså på Mageröja som verkligen gör skäl för namnet. Ön har mager och vindpinad vegetation. För att komma till den åker vi färja med bil och allt. Numera finns det en vägtunnel som förbinder ön med fastlandet. Vi passerar Honningsvåg och fortsätter ut till Nordkapsklippan som i midnattssolens sken verkligen är sevärd. Klippan stupar brant ner i havet, är trehundrafyra meter hög och anses vara den nordligaste punkten på det europeiska fastlandet.

Hammerfest, som är världens nordligaste stad, blir nästa anhalt. Jag fotograferas på torget med en uppstoppad isbjörn. Pappa köper uer som är ganska salt men rätt så god. Den heter kungsfisk på svenska. Norskt flatbröd och fiskekager står också på menyn.

I något vandrarhem huserar jag i överslafen med tant Ruth under mig. Jag sitter i min överslaf med fötterna hängande, korsade och tant Ruth passar på att måla av dem. På ett annat ställe målar hon av sig själv sittande framför en spegel iklädd Camillas vinröda anorak som är ordentligt uppdragen runt ansiktet på grund av mygganfallen. Alla deltagare blir avmålade och hamnar i den fina dokumentationen bland fjällblommor och naturbilder, dokumentationen som försvinner innan bodelningen efter pappa. Jag saknar bilderna.

Vi rastar på ett ställe vid en mycket vacker fjord och maten dukas fram. Pappa är hänförd över sitt val av rastplats. Men på andra sidan rastplatsen ligger en mindre soptipp. Där kan man beskåda rostiga gamla grejor och bråte som kanske är lämningar efter tyskarna. För att reta pappa för den fina rastplatsen målar tant Ruth av soptippssidan.

Här och var finns fortfarande spår efter tyskarnas framfart i Norge och vi kommer att se flera sådana ställen. 1944 skövlade tyskarna fullständigt Hammerfest innan de drog sig tillbaka.

Bilresan går efter vindlande vägar med branta stup och tant Ruth skriker och ojar sig när hon har de branta stupen på sin sida. Då myser gamle morbror där han sitter framför henne och bolmar lite extra på sin pipa eftersom hon inte tycker om hans piprök. Här i Norge kommer morbror över billig tuggtobak och han blir salig.

Lite här och där har fiskarna hängt upp fisk på tork och vi ser svarta korpar som sitter och spanar in godsakerna. »De rrraaarrra korrrparrrna« skorrar morbror på sin skånska dialekt. »De rrraaarrra korrrparrrna«.

Vi stannar vid ett lappläger (som det hette då) nära vägen, där samerna klädda i fina dräkter bjuder ut sina alster. En lapphund strosar omkring och en vacker spädbarnsvagga med ett litet barn

ligger vid sidan av stånden. Jag önskar mig hett ett par skor i ren-
skinn men det blir inga. Det handlas i alla fall något men plötsligt
kommer en kraftig vindby som river ner ställningarna där va-
rorna hänger och handlarna springer runt och försöker rädda vad
som räddas kan. Marianna ser hur vinden viner in i samevaggan
och vrider den så att barnet ska få lä. Vaggan är ett mycket vackert
hantverk i skinn som går att hänga över axeln.

När vi sedan går och sätter oss i bilen kommer hunden och
sticker in sin nos och ska slicka och visa sin tacksamhet mot
Marianna som tänkte på barnet när det stormade. Marianna är
ingen hundvän men blir ändå berörd på något sätt. Hemma har
Marianna ett väntande spädbarn och en treåring så det är kanske
naturligt att det är hon som uppmärksammar situationen.

Vi gör en liten avstickare till Treriksröset och det blir till att pro-
menera en bra bit. Jag minns inte huruvida alla i sällskapet var
med ända fram till den stora cementklumpen men jag tycker att
det är roligt att stå i tre länder samtidigt.

På något ställe någonstans under den här resan ska vi passera
en jokk som är strid och besvärlig att vada över. Pappa tar den
ena efter den andra på ryggen och vadar över. Det är en syn för
gudar när pappa kånkar gamle morbror på ryggen över jokken.
Och tant Ruth, ja det ser då för roligt ut!

När vi återkommer till hemmet i Vännäs börjar tant Ruth att måla
av mig. Jag har min vita examensklänning på mig och för att ha nå-
gonstans att göra av händerna håller jag i en uppstoppad korsnäbb.
Mitt hår är fortfarande ganska kortklippt och uppsynen en aning
uttråkad men jag är glad att också jag ska få bli förevigad på det här
fantastiska sättet. Målningen ramas in och kommer att hänga i pap-
pas och Mariannas hem tills han avlider 2008. Numera pryder den
en vägg i mitt hus och är en mycket lyckad avbildning måste jag säga.

Tant Ruth målar också av resten av familjen men alla porträtten
gör hon inte denna sommar.

11. Simskolor

Camilla kommer tillbaka från Bosökursen där hon, förutom att ha lärt sig en massa nytt, även haft roligt och träffat nya människor. Nu får även hon tillbringa en tid i Örnsköldsvik hos mostrarna. Hon ges då också tillfälle till att träffa morfar en sista gång där han ligger i alkoven. Vår snälla, rara morfar.

Camilla söker och får simlärartjänsten i Örträsk, den som pappa hade sommaren1955. En möjlighet att tjäna egna pengar är tacksamt så att hon kan köpa sig något varmare att ha på fötterna till vintern och slippa frysa i gummistövlarna. Hon får bo i de två elitgymnasternas hem, Svante och Evalds, på västra sidan av sjön. Det innebär ett mycket fint boende i en genuin lantmiljö. När hon återkommer berättar hon om det goda hembakade tunnbrödet med riktigt smör på, om motorcykelturer med den äldre sonen Svante och om sina roddturer över sjön för att även undervisa barnen på den östra sidan.

Efter simskolejobbet i idylliska Örträsk tvättar och packar Camilla sina pinaler och reser till Stockholm. Hon ska arbeta i en familj under några veckor. Det är en au-pairliknande anställning och för Camilla innebär det fina dagar tillsammans med familjen Westö. Deras dotter Margareta är lite yngre än vad jag är. Familjen äger ett sommarhus som de kommer att nyttja en stor del av sommaren men annars bor de på Banérgatan. Vi brevväxlar flitigt under tiden Camilla är i Stockholm. Med sig hem har hon ett recept på en underbart god kardemummakaka med mycket smör i. Vid något tillfälle bakar hon den hemma men måste då tyvärr ta margarin i smeten.

Pappa är även denna sommar ansvarig för simundervisningen i Stärkesmark och Pengsjö. Här fortsätter jag att ta märken och förkovra mig. Jag njuter av simmandet i de relativt varma sjöarna och plockar gärna några vackra, gula näckrosor. Av stjälkarna gör jag fina halsband genom att bryta stjälken en centimeter och dra stjälkens skal lika långt. Sedan bryter jag stjälken åt andra hållet och drar och upprepar detta tills jag har långa pärlband.

Gunnar köper sig en begagnad moped i Örnsköldsvik. Den är av märket Apollo och han ordnar så att han får den hemtransporterad med en lastbil som ska till sågen i Överboda. Pengarna till mopeden har han själv tjänat ihop, bland annat genom sitt springschasjobb. Nu upptar den en stor del av hans tid. Jag ser fram emot att få provköra den.

Vi åker till Bondböle för att titta till trädgårdslanden. Det är en vacker sommardag runt tjugonde juli och jag promenerar stigen ner mot älven och behöver kissa. Jag hittar en undanskymd plats och hukar mig. Då ser jag i de fula lappade trosorna jag har på mig lite blod som övergått i brun färg. Jaha, jag har alltså nu fått mens men jag säger inget till någon. Camilla är inte hemma och hon är den enda i familjen som jag skulle kunna anförtro en sådan sak. Ja, det blir ju inte så mycket mer blod den här första gången, tack och lov.

Gunnar ska få resa till Hannover andra halvan av juli och han är mycket glad och förväntansfull inför resan. Jag hoppas att det blir min tur snart men det kommer att dröja hela fyra år innan jag får åka.

En dag städas det vid simskolan i Stärkesmark och det ihopsamlade skräpet eldas. Det blir en stor brasa med en rejäl rökpelare som letar sig uppåt i atmosfären. Där står jag intresserad med bara fötter och petar i brasan. Det är skönt att värma sig efter badet. Någon slags tjärpappbit har hamnat i brasan och det sprätter en liten smält bit på min fot. Det gör ont och blir ett sår men sedan tänker jag inte mer på det. Ett plåster sätter jag på såret när jag kommer hem men jag tvättar det inte så noga. Jag fortsätter att simma och ta märken varje dag fram till avslutningen och snart ska jag åka på läger.

12. Gymnastikläger i Sörmjöle

Såret är ordentligt infekterat när jag kommer till Sörmjöle och jag får det jobbigt när skon plågar mig. Men annars är det underbart att vara här igen. Ledarstaben ser ut som förra året men en del nya gymnaster har tillkommit. Jag älskar verkligen att vara här men jag beklagar mig så småningom över mitt sår och de vuxna är inte sena att hjälpa. Sjukvårdslådan kommer fram och jag blir ordentligt ompysslad. Varenda dag tar de initiativ till att rengöra och byta bandage. Min stora kärlek från förra året, Axel, hjälper till och det känns som ett stort privilegium att få den här omtanken. Såret hindrar mig inte i mitt gymnastiserande och snart är det läkt. I år ljuder Paul Ankas »Diana« i högtalarna och vi tröttnar aldrig på att höra den spelas.

Räck, matta och hopp är roligast att jobba med. På räcket kämpar vi på med hjulomsvängen. Uppmärksamt lyssnar jag till instruktionen och gör mitt bästa för att omsätta informationen fysiskt när det blir min tur att svinga mig upp på räcket.

Fristående övningar är si så där men inget man kan hoppa över. I gläntan mellan träden drillas vår lilla grupp att göra vackra rörelser med ben och armar. Solen skickar sina strålar mellan trädkronorna och gör temperaturen behaglig.

Under träningen på mattan lär jag mig nu att utan mottagare göra stående flickflack. När jag återvänder hem demonstrerar jag för pappa på gräsmattan och han tycker att det är roligt att jag lärt mig att slå baklängesvolt. I Vännäs är jag ensam om att kunna det vid den här tiden, för vi har inte ledare som kan lära ut mer avancerade volter.

13. Ny bil

Pappa känner att det är dags att byta bil igen. Han kontaktar morbror Lasse i Örnsköldsvik som säljer Fiat och Borgward. Efter en del funderingar beslutar han sig för att köpa en Borgward Isabella och avtalar att han själv ska hämta den i Helsingborg. Priset för transporten av bilen till Norrland dras då av och pappa finansierar åtminstone en del av tågresan för tre vuxna till Helsingborg. Jag ska få åka med på tågresan för att träffa mamma och Dieter. De reser nu med Gunnar till Gilleleje i Danmark där de hyr en stuga nära stranden. Gilleleje är Själlands nordligaste samhälle och jag kommer att få bada i Kattegatt.

Jag packar de saker som jag behöver ha med mig för resan och vistelsen i Danmark. De små barnen lämnas återigen bort för Marianna ska med för att hämta bilen. Hon och pappa har tänkt sig en skön biltur genom Sverige utan barn. Från Vännäs innebär det en lång tågresa för att komma till Helsingborg. Pappa kan inte köpa sovvagnsbiljetter nuförtiden när Marianna ska vara med och bestämma.

Jag klättrar upp och lägger mig på en bagagehylla för att kunna sträcka ut mig och få sova lite under natten. Innan jag somnar tänker jag på tågresorna med mamma en gång i tiden. När vi hade egen sovkupé med pottkommod och jag fick ligga mellan stärkta lakan och somna till skenskarvarnas ljud.

Före tågbytet sitter vi i en kupé med dörr att dra för. Mariannas bröst börjar svämma över eftersom hon avbrutit amningen igen. Ja, där ryms det mycket och pappa säger, på skämt får man väl tro, att jag kan dricka lite för att lätta på trycket. Jag blir förnärmad, ja äcklad över blotta tanken. I så fall kan han väl själv dia! Han är ju medskyldig till hela situationen.

Under förmiddagen kommer vi fram till Helsingborg. När tåget rullar in på järnvägsstationen ser jag Gunnar stå på perrongen. Han har ensam tagit sig hit från Gilleleje för att möta mig.

Gunnar och jag lämnar pappa och Marianna och promenerar till färjan med min packning. Jag behöver inte längre resa med den gamla hattasken där låset kan gå upp eftersom jag fick en resväska av mamma och Dieter förra sommaren. Den rymmer också betydligt mer vilket är bra nu när kläderna har blivit lite större men knappast fler till antalet.

14. Gilleleje

När Gunnar och jag kliver ombord på färjan känner jag en stark längtan till Danmark och till en underbar återförening med mamma och Dieter. Det är tryggt att ha Gunnar med som hittar, hjälper till att bära och löser biljetter. I Helsingör kliver vi på en buss som ska föra oss till Gilleleje. Resan tar en stund, det är kanske tre mil att åka och runt omkring oss talas det förstås danska.

Vi kliver av vid lämplig hållplats i Gilleleje och påbörjar vandringen mot stugområdet vid stranden. En ganska bred stig leder förbi fält med rovor, över gräsbackar och lövskogsklädda kullar. Här och var är gräset på stigen helt bortnött och vi trampar på sandig mark. Så småningom skymtar stugor fram och längre bort ser jag havet och stranden. Gunnar pekar på rätt stuga och vi springer sista biten. Det blir ett glädjefyllt mottagande och många kramar.

Vilken lycklig tid de här veckorna blir! Vi badar mycket och njuter av trevlig samvaro. På kvällarna spelar vi Monopol som jag tycker är otroligt spännande. Då satsar Gunnar och jag en tjugofemöring var och mamma och Dieter kanske en femtioöring. Dieter brukar få ha hand om banken för det passar honom som arbetar i bank.

Om jag har tur landar spelpjäsen på Norrmalmstorg och andra dyra, attraktiva ställen som jag då får möjlighet att köpa. Det gäller att få in foten där och helst bygga hus så att vinsterna rullar in när de andra råkar komma dit. Jag köper också gärna de säkra aktierna och vill helst undvika att gå i fängelse. Dessutom vill jag passera GÅ så ofta som möjligt och inkassera pengarna som jag får där. Vi har verkligen roligt och jag lär mig en massa tyska ord.

En annan dag spelar vi fia med knuff och vinsten ligger i mitten och hägrar. Dessa tjugofemöringar blir betydelsefulla i spelets hetta.

Frukostarna är härliga med det goda danska franskbrödet, riktigt smör, något pålägg från den danska charken, ägg, ost samt apelsinmarmelad. Mamma skär upp hela långa franskor och jag brer den ena skivan efter den andra och lägger upp på bordet och gör dem i ordning. Så gott som hela bordet är fyllt med mina smörgåsar och sedan sätter jag igång att äta. Dieter påminner mig långt senare om hur mina smörgåsar fyllde hela bordet och vi skrattar åt det. Den danska mjölken är också god och längst upp i mjölkflaskorna flyter det upp ett tjockt lager grädde. Gunnar och jag skyndar oss för att få det gräddiga eftersom vi båda älskar grädde. Men det finns alltid tjock grädde i stugan för både mamma och Dieter använder grädde i kaffet.

En dag när vi promenerat in till samhället för att handla går vi på ett café och fikar. Här får vi goda danska wienerbröd och lemonad. Det känns lyxigt. Fikar ute eller går på restaurang gör vi aldrig med pappa längre. Inte sedan de stora katastroferna; skilsmässan och giftermålet med Marianna.

Vi är ute och går i närheten av en bondgård där de har sina grisar ute. Enormt stora suggor går omkring och bökar med trynet i marken med förhoppning om att hitta något intressant. Jag kommer då ihåg, när jag står och tittar på dessa stora grisar, att det i min geografibok står att Danmarks främsta exportvaror är smör, fläsk och ägg. Sommardagen är vacker och Dieter passar på att fotografera oss. Jag har min nya röda baddräkt på mig och är smal, smörgåsarna till trots. Jag har hunnit bli cirka etthundrasextiotre centimeter lång men har en bra bit kvar innan jag når mammas längd. Vi passerar förbi några kossor som ligger och idisslar och jag lyfter upp en liten katt som jag kärleksfullt kramar i famnen. Dieter fotograferar oss vid den lilla fina stugan där vi står framför verandan. Bakom oss hänger badkläder på tork. Vi är somrigt klädda och jag håller mamma i handen. Gunnar har lagt sin arm på mammas axel. Nu måste Gunnar vara en bra bit över en och åttio. Han har också en egen kamera som hänger runt halsen.

Jag kan återkalla känslor och bilder från den här resan i Danmark när jag nynnar på en schlager från den tiden. Den går så här:
»Melodi d`amour bär en sång till min kära.
Lilla fågel sjung, flyg och finn min vän.
Melodi d`amour bär en sång till mitt fönster?
....
................när vi skilda är
trängtan hjärtat bär ....
så flyg och flyg iväg och så till honom säg
vår kärleksmelodi skall bli min symfoni.

Ungefär så gick den men melodin sitter kvar i huvudet. Paul Ankas »Diana« framkallar också känslor och bilder från Sörmjöle och Vännäs sommaren1958.

Här i Danmark och en liten bit upp i vårt avlånga land kan man titta på svartvit TV. Innan jag anländer till Gilleleje går Gunnar till restaurangen och beställer en lemonad så att han kan beskåda underverket med fjernsyn, Fernsehen. Jag är lite nyfiken och närmar mig restaurangen och ställer mig så att jag kan se in genom fönstret och titta på nymodigheten. Det kommer att dröja två år innan vi kan se TV i Vännäs. Men vi har i alla fall en radioapparat hemma och grannflickan Lisa har minsann en grammofon.

En snygg pojke ungefär i min ålder rör sig i närheten av restaurangen och vi tittar intresserat på varandra. Jag ser honom några gånger under min vistelse här, vi säger hej men inte mer.

Jag får mens för andra gången i mitt liv och jag talar om det för mamma som undrar om jag har stoppdukar. Jag tittar förvånat på henne och frågar:»Vad är det för något?« Jag har bara hört och sett i annonser att det heter bindor, till exempel Mimosept. Men nu har jag en obetydlig blödning så det ordnar sig och vi tvättar trosorna.

Jag har aldrig pallat något i mitt liv och Gunnar och jag resonerar om att man kanske skulle försöka sig på att palla rovor. Vi har sett jättestora, fina rovland en bit härifrån. Sagt och gjort! Vi smyger oss dit och rycker upp ett par stycken. Det finns inte en kotte så långt ögat når men vi skyndar oss hem med bytet. Jag tvättar dem med vatten och tar en kniv och provsmakar. Det känns ungefär som en kålrot. På kvällen när jag går och lägger mig får jag så dåligt samvete över att jag stulit och bestämmer mig för att jag ska gå tillbaka med rovorna på morgonen. Jag somnar i alla fall till slut men den natten är inte samvetet någon bra huvudkudde. Dagen efter skyndar jag mig till det stora rovlandet och försöker återställa dem på sin plats. En är ju karvad i»men den kanske tar sig« tänker jag.

En dag blåser det mycket och jättestora vågor byggs upp. Nu är det läge att bada och ha lite roligt. Vågorna sköljer över och drar omkull oss men det är jättekul. Maneterna som finns här bränns inte och är roliga att ta i. Vi badar varenda dag de här veckorna för både luften och vattnet är varmt.

Vi har tillgång till en damcykel och jag cyklar på stigen in till samhället för att uträtta något ärende där. Jag minns så väl cykelturen som en behaglig utflykt.

Upplevelserna i Gilleleje ligger lagrade i mig som mycket kära och lyckliga minnen.

Den tjugonde augusti lämnar mamma och Dieter Danmark och
då har Gunnar och jag också startat vår hemresa. Det blir en lång
väntan och längtan till nästa sommar. Därför är avskedet svårt
att uthärda.

Gunnar och jag kommer hem till Vännäs och får se den nya bilen
som är reseda-grön till färgen. Den är mycket större och snyggare
än en folkvagn. Vid framsätet finns det säkerhetsbälten och en del
andra finesser som den förra bilen inte hade. Camilla ska ta körkort
men det är med nöd och näppe hon får någon enstaka lektion av
pappa. Under hösten kommer hon dock att få gå i körskola.

15. Utflykt

Innan höstterminen börjar får scoutpatrullen Svalan ett förnäm-
ligt erbjudande. Vi får disponera en stuga i Ockelsjö som ägs av
Maries mamma och pappa. Jag får låna med mig Gunnars jätte-
badring som egentligen är innerslangen till ett stort traktordäck.
Den kan också ge förströelse på landbacken. Jag brukar krypa in
i den uppumpade slangen och rulla iväg över gräsmattan men
nu ska vi använda den i vattnet. Jag tänker ta med den på cykeln
tillsammans med min övriga lilla packning och det blir minsann
inte så lätt. Den måste ju vara ordentligt uppumpad vilket inte
direkt underlättar transporten.

Det glada scoutgänget rullar ut ur köpingen, passerar över Ma-
rahällabron mot Nyliden och Hjåggsjö. Vi strävar med våra cyk-
lar uppför den långa backen som kantas av skog. Så småningom
svänger vi in på vägen som leder förbi Hjåggsjön. Efter idogt
trampande halvannan kilometer tar vi av på en smal väg som
leder fram till Ockelsjön. Idylliskt glittrar vattenytan inbäddad
i mörkgrön barrskog med lite lövskogsinslag. I detta lummiga
ligger den lilla stugan nära sjön.

Jag pustar ut medan jag lossar packningen från cykeln. Marie låser upp stugdörren och bjuder oss att stiga in. Vi ser oss omkring i den lilla men trevliga stugan. Här kommer alla att få plats om också golvet utnyttjas som sovplats. Men nu måste vi bada! Badkläderna letas fram och ombyte sker i snabb takt. Vattnet känns skönt för det har värmts upp under en lång sommar. Den jättestora badringen är med ut i vattnet och vi försöker klättra upp på den. Vi tappar tidsbegreppen under våra vattenlekar i det härliga vattnet. Till slut måste vi dock gå upp för att inte bli alldeles skrynkliga. Solen har gått ner bakom träden och det börjar skymma. Nära vattnet håller enstaka grodor till. Jag försöker ta en i handen men den hoppar iväg. Så får jag en idé. Den är kanske inte så ljus och inte heller så genomtänkt.

Med stor aptit äter vi den medhavda maten och underhåller varandra med våra upplevelser från sommarlovet.

Vi lägger ut våra sovsäckar. Ett par ligger på golvet och några andra av oss ockuperar de sängar som finns. Jag hamnar nära det låga taket i en överslaf. När ingen ser går jag ut och fångar en groda och tar den försiktigt mellan mina händer. Jag går till Vivis sovsäck och stoppar in grodan en ganska lång bit. Varför det blir just Vivi som får utstå det elaka skämtet beror på att hon är käck och orädd och kan vara med på lite roliga upptåg. Just då bedömer jag de andra mindre lämpade för att utsättas för detta.

Tiden går fort när vi har så roligt och det börjar bli dags att gå och lägga sig. Tandborstningen fixar vi nere vid vattnet som nu är svart som natten. Det kommer bara lite ljus inifrån stugan som lyser upp den närmaste omgivningen en aning. Luften är sval och fuktig. Nu skulle det vara kusligt att bada så vi skyndar in och kryper ner i våra sovsäckar. Jag hinner inte lägga mig tillrätta förrän ett tjut skär i öronen, ett gallskrik som tycks gå igenom märg och ben. Det blir livat värre nere på golvet bland sovsäckarna. Det tråkiga är att Vivi blir riktigt rädd, gråter och måste tröstas och hon tycker väl med rätta att jag är nedrig. Nu skäms jag verkligen och vill be om ursäkt tusen gånger om. Jag vet inte om jag får något vettigt ur mig för jag känner en sådan skam och försöker tänka mig in i upplevelsen som Vivi nyss har haft. De bara benen som kommer ner i sovsäcken och plötsligt rör sig något kallt och fuktigt över dem och man vet inte vad det är. Det brukar inte kännas så när man kryper ner i en sovsäck. Det kalla och fuktiga som sprattlar är en erfarenhet man aldrig haft.

På morgonen har jag besök av Tina uppe i min slaf och vi tittar på ett foto föreställande Ove taget i våras i solens glans. Han ser bra ut på fotot och jag är glad att han är lite intresserad av mig men jag måste tillstå att vi inte träffas så ofta, nästan aldrig tyvärr.

Under dagen packar vi ihop våra tillhörigheter och åker hemåt på våra cyklar. Nu har vi många nerförsbackar att rulla utför och jag får manövrera den stora slangen i farten. Den är då verkligen inte lätt att frakta men vi kommer lyckligt och väl hem.

Under hemfärden kommer minnena från förra sommarens utflykt med scoutpatrullen. I Pengsjö har Carinas familj en sommarstuga som de generöst upplät till oss. Vi hade med oss vår patrulledare Camilla Holmlund. Jag minns den stora grytan där vi skar ner potatis, lök, morötter och falukorv. Anrättningen smakade väldigt gott och jag imponerades av Camillas ledarskap och kunnighet.

16. Nya Skolor

Det är mycket spännande att börja i den nya skolan som efter fyra år leder till realexamen. Vissa går bara tre år och börjar gymnasiet utan realexamen. Men då följer fyra gymnasieår istället för de tre som vi kommer att plugga.

Vi får en klassföreståndare som heter Laila Andersson. Hon är ganska ung, snäll och rätt så snygg. Jag tror att vi har en lärare i varje ämne. Vår lärarinna i tyska kallas för »Russinet« och vi måste tillstå att öknamnet är träffande för hennes ansikte har med åren tillfogats åtskilliga förkastningssprickor. I ämnet gymnastik måste jag ha min egen far vilket kan kännas lite knepigt men med tiden fungerar det ganska bra tycker jag. Eftersom sommarvärmen dröjer kvar några dagar får vi tillbringa ett par lektioner vid badplatsen nära ungdomsgården vid Älvdala. Annars är våra gymnastiklektioner under hösten förlagda till idrottsplatsen och det tycker de flesta är roligt. Här är det friidrott som gäller och vi får tillfälle att springa, hoppa och kasta. Skolan har ingen egen gymnastiksal utan man använder sig av Folkskolans sal som vid det här laget börjar bli överbelagd.

Camilla börjar gymnasiet i Umeå och eftersom hon är språkintresserad tycks latinlinjen vara det rätta valet. Hon blir inackorderad i en trevlig familj med två små barn och etablerar kontakter med många nya vänner. Under helgerna kommer hon hem och vi får umgås men hon träffar också sina vänner. Den nyvunna friheten under veckorna innebär en utmaning för Camilla då det krävs mycket läxarbete för att klara gymnasiet. Det är något jag själv med tiden kommer att få erfarenhet av.

En ny hemhjälp anställs i samband med skolstarten. Hon är en duktig och erfaren kvinna i fyrtioårsåldern som heter Gerd. För småbarnen blir hon ett gott stöd när föräldrarna arbetar men Marianna har relativt korta dagar som småskollärarinna och hon har heller aldrig något förberedelsearbete i hemmet.

Gunnar trivs med sin moped. När han jobbar som springpojke kan han numera få använda handlarens flakmoped i sitt arbete. Men det blir på loven eftersom han också går i realskolan.

Om jag ber riktigt snällt kan jag få göra en provtur på Gunnars moped och det är jätteroligt. Han kommer dock på att situationen går att utnyttja. Diskveckorna är verkligen inget som någon av oss ser fram emot och om jag diskar åt honom så kan jag få låna mopeden ett visst antal minuter. Vi tycker båda att avtalet är bra och jag diskar som bara den. Påpekas bör att jag fortfarande har kvar lite tid som inte är utnyttjad.

17. Silveryxan

I september åker scoutpatrullen Svalan till Umeå för att tävla om Silveryxan. Det är Marie, Vivi, Stina, Carina, Tina, Inga och jag samt vår scoutledare Camilla Holmlund. Det blir en spännande tävling för oss med en massa roliga uppgifter att utföra. Vid en kontroll ska vi koka lingonsylt under tidtagning. En tom konservburk, lite socker samt tändstickor tilldelas vi och sedan är det bara att sätta igång. Vi fördelar arbetsuppgifterna så några plockar lingonen och andra samlar in brännbart material och tänder brasan. Något lite vatten i botten av burken behövs kanske också. Uppgiften lyckas bra och vi tar oss vidare till nästa kontroll. Här är problemet som vi ska lösa att tillverka en bår på tid och båren ska förstås också fungera. Den uppgiften klarar vi också bra vilket testet av båren visar. Vidare blir det höjdbestämning av träd, avståndsbedömning och lite annat spännande. Om jag inte minns fel så är det i den här tävlingen vi får ta oss vidare till nästa station med hjälp av en linbana som går över en ravin. Det gör vi hängande i armarna. Vi har bra flyt under vårt tävlande, samarbetet fungerar fint och därmed vinner vår patrull en inteckning i den attraktiva Silveryxan.

Pressen kommer och tar bilder och antecknar lite om våra bedrifter.

Den tjugoförsta september avlider vår käre morfar sjuttionio år gammal och ingen av oss syskon är närvarande vid begravningen. Jag tänker tillbaka på stunder av samvaro med honom. Jag minns väl när jag sitter i hans knä, de gånger vi tuggar tuggummi, åtminstone jag tuggar sedan jag erbjudit mig att köpa tuggummi åt honom. Tankar går till hans strumpor som jag stoppar och resultatet som blir en boll. När han fyller sjuttio år och firar födelsedagen hos oss. Efter skilsmässan får vi inte träffa våra morföräldrar så ofta och det känns inte bra med den förlorade kontakten.

De flesta helgerna kommer Camilla hem men det blir bara korta besök för skoltiden omfattar även lördagarna. Men då är inte skoldagen så lång och hon kan vara hemma redan under lördagseftermiddagen. Fars Dag närmar sig och Camilla och jag måste göra de sedvanliga farsdagskorten. Vi tar fram ritpapper och vattenfärger och påbörjar skapandet av fina kort till pappa. Jag målar bugande blåklockor på framsidan av mitt kort och inuti målar jag en blomstergirland som omgärdar texten: »Far, lilla Far vem är väl som Du? Ingen i hela världen«. Nu ser mitt bidrag lite mer avancerat ut tycker jag och jag känner en viss tillfredsställelse när jag betraktar resultatet.

Under hösten kommer Ove hem till mig och lånar ganska många böcker. Efter det besöket ses vi alltmer sällan men det har egentligen aldrig varit något umgänge att tala om. Jag får aldrig tillbaka böckerna och jag törs inte påminna honom. Det tycker jag inte heller att jag ska behöva göra. Han vet ju att det är mina böcker.

18. Året lider mot sitt slut

Förra julen gjorde jag min debut på arbetsmarknaden. Nu är jag tidigt ute och hör mig för om jag kan få arbeta i Ingas Blomsterhandel även denna jul. Det går bra det och när höstterminen slutar börjar jag jobbet som springflicka i blomsteraffären. Jag känner mig välkommen in i gänget igen. Det är slitsamt och dagarna kan bli riktigt långa men jag tycker att det är roligt att tjäna egna pengar och tant Inga och farbror Gunnar är så snälla och rara. Mitt arbete räcker i ungefär sju dagar och jag tjänar nästan sjuttiofem kronor med dricksen inräknad. Dessa pengar sätter jag in på banken. De ska gå till inköp av en moped när åldern är inne.

Gunnar använder sin kamera och förevigar en av middagarna under jullovet. Vi sitter till bords och äter middag tillsammans med Camillas kamrat Birgitta som är gäst idag. Den trebenta smidesljusstaken, som mamma och pappa hade i sitt första hem, är tänd. Julskinkan står på bordet och en ensam oöppnad läskedrycksflaska är placerad i närheten av gästen. Camilla är just i färd med att greppa sitt mjölkglas. Den enda familjemedlemmen som inte finns med på kortet är, förutom fotografen förstås, Lillan som antingen sitter så hon inte syns eller sover. Lillan är nu tretton och en halv månad och kan gå på egna små ben.

Senare under jullovet reser Camilla till Stockholm eftersom hon har blivit inviterad av familjen Westö, hennes arbetsgivare från i somras. De bjuder henne även på tågresan. Både Camilla och jag brevväxlar med dottern Margareta.

Under sin vistelse i huvudstaden köper Camilla en vit, lång teddykappa med ljusblått foder. Den är jättesnygg och ser ut som en päls. Kapuschongen är också fodrad med det ljusblå tyget och det ger plagget en elegant look. Hon får betala över hundra kronor för den trots att det är realisation. Att ha Camilla studerande och inackorderad i Umeå kostar en del pengar och det får vi ofta höra. Därför får hon knappast några andra saker annat än det absolut nödvändigaste.

När julen är över plockar pappa ner julbordssakerna i sina förvaringslådor. Han föser ihop den brännbara mossan och riset i den öppna spisen. På kvällen tänder han det knastrande torra materialet som utgjort grunden för julbordsskapelsen. Vi får då bänka oss framför brasan för att äta fikon, nötter och kanske en apelsin. Jag tycker mycket om fikon och brukar öppna mina och titta på de små kärnorna. När jag nu tar ett fikon och öppnar det ser jag hur det kryllar av larver där inne. Jag skriker och visar det rika djurlivet för de som är hugade att titta. Fikonet åker in i brasan. Det är kanske inte så dumt med öppningsproceduren ändå.

Del 2
Året 1959

1. Första riktiga dagboken

Jag trivs bra i den nya skolan och mitt intresse för det motsatta könet har ökat väsentligt vilket kan vara en nackdel när det gäller studierna.

Orienteringsklubben har årsmöte och jag får följa med pappa för att stå för underhållningen. Här är bara det motsatta könet representerat men inte intressant trots det. Pappa är ordförande och slöjdlärare Andersson är vice ordförande. Klubben har trettiofem medlemmar och ett tjugotal av dessa är närvarande i kväll. Man beslutar att DM i skidorientering ska gå den tjugoåttonde februari i klubbens regi och Midnattsträffen den fjortonde och femtonde juni.

Pappa har bett mig om en liten gymnastikuppvisning för att lätta upp stämningen efter årsmötets slut. Jag byter om till min gymnastikdräkt och gör med några volter entré på det hårda golvet i ungdomsgården. Det är inte särskilt hälsosamt för lederna men nu tänker ingen på det. Lite skonsammare är handstående-positionerna och promenaden på händer. Sedan följer, som ytterligare en programpunkt, en liten inomhusorientering efter en karta i skala 1:50. Tio centimetersmå skärmar finns uppsatta i lokalerna och bokstäverna på dessa ska bilda ett ord. Alla orienterar ivrigt runt i huset med kartan i högsta hugg och letar miniskärmarna. Ordet blir kompassnål.

Sista lördagen i januari jobbar jag hos tant Inga eftersom vi är lediga. Min nya spark är ett utmärkt fordon för transporten av blompaketen som tant Inga omsorgsfullt slagit in. Jag tjänar en femma och elva tulpaner. Dessutom blir det lite dricks.

På tisdagen får jag gå på min allra första teater som visas på Medborgarhuset i Vännäs. Det är egentligen pappa, Marianna och tant Olga som biljetterna är avsedda för men Marianna blir sjuk. Då får jag hennes biljett som en födelsedagspresent i förskott. Vilken tur får man väl lov att säga, då man ger »Anne Franks dagbok«. Det är förstås fullsatt i salongen och jag antar att teaterbesöket är något unikt även för tant Olga och de flesta andra som förväntansfulla sitter bänkade här. Jag tycker att teatern är bra och jag blir så gripen av det sorgliga slutet. Tant Inga, Carina, vår klassföreståndare och en klasskamrat som heter Vera ser också föreställningen.

Den fjärde februari börjar jag skriva i en dagbok som jag fick på tolvårsdagen. (Vad lustigt! Nu när jag skriver datumet kommer jag på att det är på dagen femtiosju år sedan.)

I dagboken står det att jag sedan lucia är lite kär i en kille som heter Kenneth. Han går i Gunnars klass. Jag skriver:

….Han har visserligen glasögon men det gör inget för han är så fin i sitt ljusa lockiga hår. När det är »Gammtjoa« brukar han spela dragspel på ungdomsgården har jag hört. Men det finns en annan kille på skolan som heter Bengt och han är också hemskt snygg med lockigt hår och allt. Men det är Kenneth jag är lite kär i. På gymnastiklägret i Sörmjöle förälskade jag mig i Axel och honom älskar jag än, men han är så gammal. Men honom har jag tänkt gifta mig med, om jag skall göra det någon gång. Honom är jag i alla fall mest kär i men jag träffar honom så sällan så jag har några här hemma till »vardags« ... .

Den femte februari får vi åka skidor under två gymnastiktimmar och målet är Middagsberget. Det är jättehärligt väder. Termometern visar nitton plusgrader i solen och fyra plusgrader i skuggan. För några dagar sedan var det mellan trettio och fyrtioen minusgrader i över en vecka så väderomslaget är välkommet. Nu känns det som vår i luften men det är ännu bara februari och dagarna är fortfarande korta.

Uppe på berget håller man på att iordningsställa en slalombacke och det är något att se fram emot, för backar gillar jag och många med mig.

I dagboken skriver jag att Camilla kommer hem i morgon på min födelsedag och att jag längtar till uppvaktningen. Sedan tar jag fram den bok som jag för närvarande läser,»Tragedi på en lantkyrkogård« av Maria Lang. Jag har läst många av hennes böcker som»Mördaren ljuger inte ensam«,»Inte flera mord«,»En skugga blott«, Mörkögda augustinatt« och jag tänker låna resten av böckerna hon har skrivit. Jag går ofta till biblioteket med Emmy som också gillar att läsa. Emmy är numera min allra bästa vän. Vänskapen tog fart i årskurs sex och vi har mycket roligt tillsammans.

Jag blir uppvaktad med många presenter på min fjortonårsdag. Ur Mammas och Dieters paket packar jag upp ett par rutiga långbyxor, en shetlandströja, ett par nylonstrumpor, näsdukar, en bh, en marsipanfigur i form av en snögubbe och en chokladkaka. Chokladen är fantastisk! Den har vitt omslag med text i rött och guld och namnet är»Kirschtropfen«. Den är underbart god och mamma skickar alltid just den chokladen. Pappa ger mig en klocka, Certina armbandsur, och presenten sägs också vara från Marianna förstås. Det var då på tiden. Jag har fått klara mig utan klocka alldeles för länge. De har betalat 132 kronor för den, får jag veta. Camilla och Gunnar ger mig tre böcker och en plastkudde med skumbad. Jag blir naturligtvis mycket glad över alla presenterna.

Efter skolan kommer Camilla hem tillsammans med sin väninna Birgitta som har en bakelse och en flottyrkrans med sig. Jag tycker att det är mycket snällt av henne att ge mig något. Lisa kommer med en chokladask och Carina ger mig en bok för hon vet att jag läser mycket. Tina dyker också upp med en ask skummande badsalt. Jag har oerhört snälla och generösa vänner och jag är inte säker på att jag förtjänat detta. Tant Gerd har gjort i ordning en stor tårta. Jag kokar te och bjuder alla på ett litet födelsedagsfika. Innan gästerna går hem blir jag hissad. Ja det var en fin födelsedag men alla födelsedagar kommer inte att bli lika fina, inte den sextonde i alla fall.

Camilla har gått och lagt sig när jag tar fram min dagbok. Jag går och sätter mig på toaletten för att, utan att störa henne, skriva ner dagens händelser i lugn och ro.

2. Slalomkurs och andra vinteraktiviteter

Efter skolan lördagen den sjunde februari deltar Pappa, Gunnar och jag i en slalomkurs. Den leds av Affe Westman och en österrikare vid namn Max Raggel. Pappa använder sina fjällskidor med stålkanter och låg fästpunkt. Gunnar och jag måste åka på våra vanliga skidor. Det får lov att gå för det finns inget annat alternativ men det känns spännande att få lära sig något nytt och särskilt nu när vi ska få en riktig backe. Vi undervisas och tränas i utförsåkningens konst hela eftermiddagen. På kvällen är det middag för alla kursdeltagare på Grand Hotell. Förväntansfulla går vi den korta vägen nerför Storgatan och förbi Johan Nilssons affär. Mitt emot Parcks ligger hotellet. Här serveras det mycket god mat och det hör inte till vanligheten att vi nuförtiden får smörja kråset på det här sättet. Till efterrätt bjuds det på tårta och kaffe och jag skriver i min dagbok att: »Gunnar och Bengt var inte kloka, dom åt fem tårtbitar var. Dessutom hade dom ätit förrätt för minst fyra.« Pappa och jag är måttliga och äter bara en tårtbit var. Slalomkursen fortsätter under söndagen och Gunnar och jag kämpar på med vår allt annat än ändamålsenliga utrustning.

Skidfrämjandet ordnar en ungdomstävling i ett skidspår nära slalombacken. Utefter spåret har farbror John satt upp tolv tipsfrågor.

Vivi, Tina, Marie, Carina och jag deltar. Dagens bästa resultat är tio rätt och det har fyra av oss lyckats kryssa i. Eftersom det är kallt och blåsigt är det bara sju ungdomar totalt som ställer upp på evenemanget den här dagen. Det kommer att ordnas ytterligare tre tipsomgångar där man hoppas på fler deltagare. Den här söndagen är det också premiärdag för säsongen med servering i Midstugan och många lockas till den nya slalombacken som ännu inte är helt färdig.

När jag kommer hem håller Marianna och pappa på med att göra något som de kallar apelsinmarmelad. Det går inte till som när mamma eller farmor gjorde marmelad. Då användes hela frukten i marmeladen men nu använder de bara skalet. Det är typiskt Marianna som är så oerhört sparsam av sig. Till exempel får disktrasorna bli fullständigt utnötta och svarta innan hon kan kasta dem. Mammas disktrasor var vita och kokades ofta för att de skulle behålla sin fräschhet.

I slutet av februari ges en fantastisk konsert i Umeå Sporthall. Louis Armstrong, femtionio år gammal, gästar Sverige och Norrland. Biljetterna är attraktiva då han anses vara världens bäste trumpetare. De kostar mellan sju och tretton kronor. Camilla går dit med sina vänner och jag kan höra sändningen i radion hemma.

Nu får jag ett par riktiga löparskidor med råttefällabindning. De är röda och fina men måste grundvallas innan jag kan ta dem i bruk. Lisa hjälper mig med grundvallningen och samtidigt får mina gamla skidor också en duvning. Men dem måste jag laga först. Jag snickrar till en liten träbit och limmar fast under och hoppas att det ska hålla. Men till vad ska jag ha de gamla skidorna förresten, de som pappa köpt begagnade för två år sedan? Det kommer inte att vara roligt att åka med dem längre. Mina pjäxor har inga hål under sulorna för piggarna i den nya bindningen, så jag får gå till skomakaren som med lätthet fixar detta.

En dag när vi har håltimmar går jag till skogen uppe vid Lägret och plockar lite påskris till tant Inga. Om hon dekorerar kvistarna med färgglada fjädrar så kan hon sälja dem i sin blomsteraffär. Jag får en krona och femtio öre av henne och tycker att det är en bra förtjänst.

En tisdag infaller ett så kallat fettisdagslov. Utrustade med matsäck skidar Vivi, Tina, Carina, Inga och jag till Flakaberget som ligger nära Starberget. Vädret och föret är bra vilket bidrar till att vi får en härlig dag tillsammans. Efter den sköna turen bjuder Vivis mamma oss alla på semlor och te. Det smakar mycket gott och slinker lätt ner i våra magar.

Senare under aftonen hinner Lisa och jag umgås lite. Hennes mamma dukar upp semlor och mjölk. Hon behöver inte truga särskilt länge förrän jag tar min andra semmelbulle från det stora fatet. De här är nämligen mycket goda de med. När jag kommer hem får jag ytterligare en semla efter maten. Det är en liten knatte som tant Gerd knåpat ihop. Hon får inte baka för stora bullar för då går det åt så mycket grädde och mandelmassa.

På kvällen är det kängskodans på skridskobanan vid Ungdomsgården och jag går nyfiken dit och tittar men det är inte mycket till dans, kanske beror det på brasaftonen i Midstugan uppe på berget. »Vår klassföreståndare och en mattelärare åkte till brasaftonen« skriver jag i min dagbok. En klasskamrat, som också var där, ser till att informera oss i skolan dagen därpå. Det ska bli spännande att följa utvecklingen av den händelsen.

Realskolan ska få en ny matsal. Hela höstterminen har vi ätit en trappa ner i källarvåningen där matsalen hamnade när skolan byggdes 1936. Nu ska lokalerna användas till annat och man uppför en separat byggnad innehållande matsalen. De första dagarna den här vårterminen får vi gå till Folkskolan för att äta. Där tycker jag också att skolmaten är bra och god och den är inte ransonerad som den nuförtiden är hemma.

När Camilla kommer hem på lördagen går vi på bio. Jag bjuder henne för att hon brukar vara så snäll mot mig. »Tid att älska dags att dö« är en film från 1954 efter Erich Maria Remarques berömda roman med samma namn. Den är förstås mycket tragisk. Jag har ännu inte åldern inne för barnförbjudna filmer men det är ingen som frågar.

Det pågår en Shopmässa här i Vännäs under några dagar. Varje dag slänger de ut saker till de besökande. Jag fångar en dag tre apelsiner och en annan dag en glasspinne. Camilla deltar i en tävling som heter »Felfinnarjakten« och kommer på femte plats. Därmed belönas hon med en blombukett, en Lux toalettvål samt ett paket tvättmedel.

Mässan erbjuder besökare att köpa glass i strutar trots att det är full vinter men jag nöjer mig med den glasspinnen jag har fångat.

En söndag har jag feber och hosta och känner mig risig men redan dagen efter är jag feberfri och kan, eller snarare måste gå till skolan. Det är kroppstemperaturen som avgör om man får stanna hemma, inte hur man mår. Jag har tur för i skolan får vi se en teater som heter »Äventyr med gammal bil« och den är mycket rolig och lättsam.

Nu är det tvättdag igen och jag får tillbringa en tid i tvättstugan med strumptvätten och tant Olga. Tant Gerd, som också hjälper till, har med sig sin egen smutstvätt för tvättmöjligheterna hemma hos henne är inte de allra bästa. Snuslukten breder ut sig när hon drar upp sin tvätt ur väskorna. Detta på grund av att hennes man Munter snusar. Han är en redig karl förstår jag av det som tant Gerd förtäljer. Munter kan minsann pinka till grannen på morgonståndet. Jag förstår det inte riktigt på en gång när hon berättar men insikten kommer med tiden.

Ett par dagar senare har vi friluftsdag halva dagen och då deltar jag åter i en slalomkurs. De som inte åker slalom får svettas i ett spår som är en mil långt. Eftersom det ännu inte finns någon lift i backen måste vi trippa upp, vilket är jobbigt och tar sin tid. Antalet åk blir därför begränsat. Mina skidbyxor går sönder då jag får en stav i benet men det går någorlunda bra med skånken. Det är dags att valla skidorna igen och den här gången hjälper pappa mig på kvällen med detta göromål. De gamla skidorna målar jag vid samma tillfälle i en blå färg.

När jag nu skriver ner de senaste dagarnas händelser i dagboken är klockan redan 22.30 och jag måste lägga mig för att orka upp i morgon bitti.

3. Kakbak

Det är lördag eftermiddag och tomt i lägenheten när jag kommer hem från skolan. Pappa och Marianna har åkt in till Umeå och tagit småbarnen med sig så det är lugnt och skönt. Suget efter något att äta får mina tankar att kretsa kring kakor. Jag letar fram receptet på knäckflarn ur »Sju sorters kakor« och plockar fram ingredienserna. Tyvärr måste jag baka med margarin och den grädde som ska vara i smeten måste jag byta ut mot mjölk eftersom vi inte har grädde hemma annat än i undantagsfall. I receptet står det också att de varma kakorna ska böjas över något rörliknande så jag brukar diska av dammsugarrören och använda dem. Det kanske inte är särskilt hygieniskt trots diskningen men än är det då ingen som har klagat, utan åtgången brukar vara stor. Jag tror att kakorna måste böjas till varje pris men det hade varit så mycket enklare att göra och att förvara dem om de fått vara platta kakor istället. Jag rör vanligtvis ihop en dubbel sats för en enkel räcker inte långt eftersom det blir ett visst svinn. Kakor ramlar ner från rören, en del är svåra att få loss från plåten och syskonen tycker både om smeten och om kakorna. Det slinker också ner en hel del i min mage. När jag bakat färdigt måste jag diska och städa undan ordentligt. Dammsugarrören som dryper av fett behöver en ordentlig duvning. Jag väljer ut några fina kakor och paketerar dem försiktigt. Paketet tar jag med mig och går till tant Inga. Farbror Gunnar öppnar dörren och skiner upp när han ser mig. Det generösa och snälla paret bjuder mig på frukt och choklad.

Sent på kvällen skriver jag i dagboken medan Camilla tjatar om att jag ska släcka lampan: »Det var min olycksdag i dag, för att jag lyckades välta ut en tillbringare med mjölk och slå sönder ett tefat. Tur att Marianna inte var hemma när det hände. Då hade hon skällt ut mig och bland annat sagt Va oschlögt!«

Under söndagen åker Camilla och jag skidor till Soldalen där naturen är inbjudande och vacker. Jag färdas på mina nya löparskidor eftersom färgen på de ommålade gamla skidorna ännu inte har torkat. Vi vänder ansiktena mot solen i hopp om att få lite färg men det är bara februari ännu så effekten på pigmenten blir inte stor.

När vi kommer hem får vi för oss att möblera om i vårt rum. Idén kommer förstås från Camilla som har ett mer utvecklat estetiskt sinne. Vi sätter ihop våra sängar så det blir som en hörnsoffa. Sedan lägger vi vita överkast på båda sängarna och beundrar resultatet. Det ser så fräscht och fint ut. Nu slipper jag det gamla tegelröda överkastet där det en gång legat en fet spolmask som Putte dragit ur stjärten och kallade gummisnodd, en väl tilltagen gummisnodd i så fall.

En kväll är jag ensam hemma och sitter i köket och dricker te. Telefonen ringer och jag skyndar iväg för att svara. En röst i den andra luren säger: »Hej det är Ove.« Jag blir alldeles ställd och mycket förvånad. Han frågar vad jag gör och undrar om vi ska gå på bio men jag svarar nej för jag har redan klätt av mig. Det blir tyst en kort stund innan jag artigt frågar om han tillfrisknat. Jag vet att han har legat på lasarettet för scharlakansfeber. Då svarar han att det var roligt på lasarettet och något mer som jag inte uppfattar och så läggs luren på. Jag hinner inte mer än sätta mig ner så ringer telefonen igen. När jag skyndar mig för att svara tror jag förstås att det är Ove som är i den andra änden. Men nu är det Gunnar som säger att han har träffat Ove och då sagt till honom att han ska ringa mig eftersom jag är ensam hemma. Jag är lite misstänksam och dagen efter får jag reda på att det var Bengt, Kjell och Gunnar som låg bakom telefonsamtalet.

Genom att sälja Simfrämjandets lotter kan man tjäna femtio öre per lott. Jag avsätter en kväll till denna försäljning och tjänar tio kronor på en timme och fyrtiofem minuter och är mycket nöjd över förtjänsten. Tidigare har jag sålt scoutkalendrar, Gymnastikförbundets lotter och majblommor med mera men all försäljning ger inte egna pengar.

Jag får en uppskrivning för att jag varit inne på rasten med Karin. Visst tycker vi att det är lite genant men inte är det väl någon värre förseelse vi gjort oss skyldiga till.

Vår nya matsal öppnar torsdagen den tolfte februari. Vi bjuds in i en fin och ljus matsal där det är trevligt att äta. På borden står riktigt smör och hårt bröd. Ibland serveras också mjukt bröd. Maten är god och här bjuds det på många favoriträtter lagade av de duktiga mattanterna. Kålpuddingen är oförglömlig och jag lär mig att äta palt här i skolan. Vi får platta kornmjölspaltar med mycket knaperstekt fläsk vid sidan om. Vissa lördagar står det nyponsoppa med gräddris på menyn och det är då mest grädde i anrättningen och det smakar otroligt gott. Den här tiden serveras det inte sallader eller så mycket grönsaker för man har ännu inte förstått nyttan med dem. Dessutom finns inte grönsallad annat än på sommaren.

Camilla kommer hem till helgen som vanligt. Hon säger att hon vill sluta gymnasiet till våren för hon tycker det är tråkigt att gå där. Istället vill hon resa till andra länder och lära sig språken riktigt och bli flygvärdinna. Jag tycker att hon ska gå kvar, det skulle jag ha gjort men det är ju för att jag vill bli gymnastikdirektör som pappa och då har jag inget val. Jag tror att Camilla har det tufft i skolan och hon är ingen plugghäst. När jag börjar gymnasiet drygt tre år senare förstår jag hur jobbigt det kan vara. Camilla får tyvärr inte välja själv utan hon måste genomlida gymnasiet i totalt fyra år mot sin vilja, vilket inte kommer att vara något bra beslut från pappas sida. Hon borde nu få följa sin egen önskan och övertygelse och senare tänker jag att flygvärdinna kanske ändå inte vore så dumt i hennes fall.

En dag efter skolans slut åker vi till Umeå på skorealisation. Jag får ett par svarta tygskor för fem kronor. Pappa köper sig ett par sandaler och ett par gymnastikskor som kostar en krona.

4. Tandreglering och slöjd

Jag har en tid hos tandläkaren idag och jag tror att han kommer att åtgärda åtminstone ett av tre hål. På den avtalade tiden går jag dit efter att först gruvat mig ordentligt. Det är verkligen inget nöje för jag tycker att det alltid gör ont.

Det är trångt i min mun och den tyske tandläkaren föreslår att jag ska låta dra åtminstone en tand i överkäken och en i underkäken. Framtänderna ligger lite över varandra och de skulle genom ingreppet få bättre plats. Jag blir först förskräckt eftersom jag tror att han tänker dra en av de stora framtänderna. Det skulle ju se konstigt ut. Men så är det alltså inte.

Tandläkaren bedövar och drar ut en tand som sitter i underkäken den här gången. Hålet efter tanden kommer att försvinna ganska fort säger han. Sedan gör han en lagning som inte gör ont tack och lov. Jag ska få en tandställning att ha på nätterna och om möjligt också på dagarna. Tandsköterskan Inga Windelhed kommer att ringa hem och berätta för pappa. Jag får en ny tid uppskriven på en liten lapp och tackar för mig.

Bedövningen sitter i länge och jag behöver inte gå på pianospelningen utan jag får en ny speltid på lördag istället. Nu kommer det att framöver bli många besök hos den tyske tandläkaren. Vill man bli fin så får man lida pin sägs det.

Camilla, Gunnar och jag skickar ett paket till mamma och Dieter. Det innehåller kardemumma, kaffe, vaniljsocker, lavendelpåsar och ett PK tuggummi. Kaffet är mycket dyrare i Tyskland och därför lägger vi alltid med det i våra paket som vi skickar till dem. Summan för varorna blir inte så stor när vi delar den på tre.

I slöjden har jag nu sytt färdigt pyjamasen som jag påbörjade för en tid sedan. Den är ljusblå och vit och jackan har en besparing för det skulle vi lära oss att sy. Jag tycker att det är roligt med syslöjd och lärdomen vi får här är mycket bra att ha med sig. Vi har slöjd två timmar idag och jag har inget att göra för jag får inte köpa något nytt tyg. Både igår och idag har jag frågat. I dagboken skriver jag:

»Jag skulle få sy åt Lillan sade Marianna. Nä tack, sade jag. Jag måste väl först få sy åt mig själv de kläder jag behöver. De är så snåla så oj, oj, oj. Stackars pappa har lärt sig av Marianna att vara <u>alltför</u> sparsam (snål rättare sagt). Och tant Olga bakar vetebullar utan socker och smör. Det är inte klokt. Tant Gerd (som jobbar hos oss) höll med mig om att Marianna är snål.«

Visst kan man tänka sig att jag skulle kunna sy något till min lillasyster men både tant Olga och Marianna förser henne med persedlar, så hon tycks inte sakna något. Vi äldre barn har bara det absolut nödvändigaste i klädväg och knappast några ombyten eller finkläder. På en söndagsskolefest 1955 får jag till exempel gå i de vanliga skolkläderna när alla andra har festkläder. Innan festen frågar jag pappa och Marianna vad jag ska ha på mig. Marianna hastar iväg till Camillas garderob och försöker hitta något lämpligt. Hon håller fram en kjol och inser att den inte passar eftersom det skiljer nästan fem år mellan oss. Det är lite pinsamt att komma i vardagsbyxorna när långbyxor är tabu för flickor på fest på den tiden.

Marianna kan väl förresten sy själv. Hon har korta skoldagar, inga läxor eller träningar och en hemhjälp som sköter hushållet och barnen och när hemhjälpen är ledig får vi ställa upp.

Vi får helst inte kosta något heller. Mjölken är fortfarande ransonerad till ett glas. Marianna försöker se till att pappas pengar ska räcka till allt. Hennes egna intjänade ska sparas. Det står tydligt och klart i det ensidiga äktenskapsförordet som Mariannas föräldrar såg till att upprätta inför giftermålet 1954. Där står det svart på vitt att Marianna inte ska behöva bidra med någonting och det gör hon inte heller.

Nu är det snart lov men innan det tar sin början ska vi ha ett två timmar långt matteprov efter den obligatoriska morgonsamlingen i aulan. Jag gruvar mig lite kvällen innan för vi får säkert biologiprov också, tänker jag. Men biologiläxan har jag läst på ordentligt.

Det anländer ett paket från mamma och Dieter i slutet av februari. Camilla och Gunnar får varsin pyjamas och jag föräras en ljusblå bomullskofta som jag tycker är mycket snygg.

Jag packar inför fjällresan. Det är en hel del som ska läggas i väskan. Camilla är inte ledig samtidigt och jag är ledsen för att hon inte kan följa med.

Slöjdlärare Andersson med familj ska också åka till samma ställe. De är inbokade i samma hus i Umfors. De har en dotter, Inga, som är ett år yngre än jag är. Vi tränar gymnastik i samma grupp. Deras son, som heter Lennart, är jämngammal med Gunnar.

Sista lördagen i februari är fyra stycken ur patrullen Svalan bjudna till en skolkamrat som heter Maj-Britt. Vi som får äran att gästa

Maj-Britt är Marie, Stina, Carina och jag. Det blir en mycket trevlig kväll då vi bland annat lyssnar på en radioföljetong som heter »Fallet Spencer«. Att den är mycket spännande och bra är vi alla eniga om. Te och smörgåsar dukas fram. Dessutom får vi fruktsallad, vindruvor, jordgubbar, vinbär, juice och glass. Vi blir alldeles hänförda av alla godsaker som erbjuds.

Kvällen till ära har vi klätt oss fina i nylonstrumpor och det är mycket kallt när vi går hem klockan halv ett på natten. Det känns som om strumporna fryser fast på benen och inte är det så mycket varmare heller där strumporna slutar på låren, fasthållna av strumpeband som sitter på en liten höfthållare. Detta år uppfinner Allen Grant d.ä. strumpbyxan men det dröjer innan den når butikerna i Sverige och Norrland. Mamelucker och täckbyxor finns ännu inte, inte heller något annat alternativ om man inte vill frysa men ändå vara fin 1959.

På hemvägen stöter vi på överläraren Palmer Åström och vi undrar vad han tänker om att vi är ute den här tiden på natten.

I morgon ska vi åka till fjällen klockan sju, så det blir inte många timmars sömn. Det tar också en stund för mig att skriva ner de senaste händelserna i min dagbok som jag sedan packar ner i väskan.

5. Fjällresa och skidtävlingar

Under vårvintern 1951 tillbringade vi en vecka i Umfors. Den fjällresan var glädjefylld och rolig och jag hade nyss fyllt sex år. Kära mamma var en del av familjen och hon såg till att alla hade det bra, att vi fick god och riklig mat och att vi aldrig saknade något att ta på oss.

Den här Umforsresan blir inte särskilt rolig även om Anderssons dotter Inga är med, men lite roligare blir det ju förstås. Inga och jag åker i vår bil och Gunnar färdas i Anderssons DKW med Lennart. De små barnen får vistas hos Mariannas föräldrar. Marianna har för vana att resa ifrån Lillan och Putte. Varför?

Vår sånglärarinna ska till Klippen som ligger några kilometer från vårt boende. Hon är gravid i sjunde eller åttonde månaden och åker alldeles ensam till fjällvärlden. Jag tycker att det är lite märkligt och jag är rädd att hon ska ramla. Hon kommer fram långt efter oss trots att vi startade samtidigt men hon gör nog rätt i att ta det lugnt med bilkörningen.

Vi anländer 15.30, installerar oss och lagar middag. Familjerna bor i var sina rum men Gunnar får ett alldeles eget vilket jag tycker är skönt.

Familjen From, som hyr ut rummen till oss, har två söta katter. Grålle Lagårdskisse och Svartis Huskisse blir mina kompisar under de dagar vi bor här och jag kelar gärna med dem.

Farbror Andersson luktar svett alldeles förfärligt. Alla dagar vi tillbringar i samma hus blir något av ett lidande på grund av den fräna svettlukten. Den sitter i de rutiga flanellskjortorna han har med sig, eller kanske har han bara en skjorta, men rutig är den.

Första dagen är det erbarmligt dåligt före. Snön klibbar fast vid skidorna och det går tungt. Efter ett tag börjar det regna lite också och föret blir inte bättre av det, knappast humöret heller. Fukten rinner efter kinderna och vantarna blir våta och luktar ylle. Tanken var att vi skulle bestiga Daalåejvie, 1337 meter högt, men vi kommer inte så långt på grund av klabbföret. Nerför fjällsluttningen går det långsamt trots att vi stakar på. Både farbror Andersson och Gunnar tappar en skida var men de får tag på dem turligt nog.

Det känns skönt att komma tillbaka till förläggningen igen. I vårt rum luktar det fortfarande drängkammare efter nattens sömn men jag tar nog hellre drängkammarlukten än farbror Anderssons outhärdliga svettlukt som i dunster emitterar från hans armhålor och sprider sig i en vidsträckt stinkaura där han drar fram.

Efter middagen börjar det regna igen och lite senare öser regnet ner. Vi har bjudit sånglärarinnan på kaffe men på vägen från Klippen halkar hon ner i diket i en kurva ungefär fyra kilometer från vårt hus. Hon fastnar i en snödriva och kan naturligtvis inte komma därifrån. Men hon har tur för postbussen kommer så att hon kan åka med den till Umfors. Pappa och farbror Andersson tar vår Isabella och kör försiktigt iväg för att hämta hennes bil. Gunnar, Lennart och sånglärarinnan följer också med. Med förenade krafter lyckas de få upp hennes bil på vägen och Gunnar följer med sånglärarinnan i hennes bil. Han tycker att hon kör bra i den förfärliga halkan. Vägen är som en blankpolerad, vattenbegjuten iskana. Det hinner bli sena kvällen innan vi får bjuda gästen på kaffetåren med doppa till och då är slurken efterlängtad. Därefter ska sångfröken försöka att ta sig hem och pappa ordnar så hon får eskort av vår hyresvärd farbror From och en granne till honom. De följer efter henne i en bil och ser till att hon kommer fram ordentligt.

Dagen därpå är vädret ännu mildare och det känns nästan som våren kommit. Vi ser nu att vägen är sandad när vi påbörjar vår färd till Klippen för att sedan fortsätta till Hemavan. Där tar vi linbanan uppför slalombacken och klättrar efter fjällsluttningen men det går tungt så det blir ingen fjälltopp idag heller. Inga blir så trött att hon kräks och Marianna är också alldeles slut. De är inte heller så vana skidåkare som vi andra, därför vänder vi och åker tillbaka samma väg. Vi får staka nerför sluttningarna igen. Paraffinet under skidorna hjälper inte mycket idag. Utför slalombacken går det lite fortare och jag och pojkarna får ta liften upp igen och åka ner.

Sånglärarinnan har valt att pimpla och det är nog en lämpligare sysselsättning. Det hade kanske varit ett bra val för alla idag.

Även den här dagen är det skönt att komma hem till huset. Vi värmer middagsmaten och dukar bordet. Idag blir det bruna bönor med fläsk och semlor till efterrätt. Tant Gerd har bakat och förberett en del mat så att vi inte ska behöva köpa och laga till så mycket här uppe.

Redan klockan halv sju är jag trött men jag noterar först dagens händelser i dagboken och därefter skriver jag brev till Camilla och tant Inga.

Nästa dag blåser det och regnar som bara den och då beslutar de vuxna att det är lika bra att åka hem två dagar tidigare än tänkt. Under förmiddagen packar vi ihop, tackar för oss och påbörjar resan hem. Vi kommer inte långt förrän vår Isabella glider ner i diket. Sanden har spolats bort av regnet och vägen ligger blank som en spegel. Men med hjälp av allas samlade muskelstyrka lyckas vi få upp bilen på vägen och kan sedan fortsätta till Vännäs. Vi anländer först 20.15 till vårt hyreshus och det ser Carina som ringer mig på direkten. Hon berättar att det lyser för Ulla som är vår kårledare. Medlemmarna i patrullen Svalan ska ge två kronor var till en present till de lyckliga tu.

Innan jag går och lägger mig badar jag skumbad och tvättar håret. Det känns skönt att vara riktigt ren och dofta gott. Apropå tvätta hår så händer det inte så ofta att Marianna tvättar håret. Det kan gå åtskilliga veckor, ja kanske månader? Hon skyller på att det är besvärligt och tar lång tid att torka. Men det torkar ju på ett par timmar och det är inte länge om man vill vara ren och inte lukta härsken get. Dessutom finns saxar att klippa med så att håret blir lättare att tvätta men Marianna klipper aldrig sitt hår. Sommaren 1954, när Marianna drabbade oss och vi var i Karlsborg, såg Camilla hur Marianna tvättade sitt hår i Klara tvättpulver. Camilla försökte protestera och menade att hon borde använda schampo men Marianna sade att det här är ju samma sak.

På lördagen ringer tant Inga och vill att jag ska jobba. Förtjänsten blir fem kronor samt en krona och tjugofem öre i dricks. Jag får också fem tulpaner med mig hem.

Söndagen efter hemkomsten från Klippen är det dags för Ungdomens Vinterspel. Vare sig jag vill eller inte anmäler pappa mig till tävlingar och läger av alla de slag. Jag blir aldrig tillfrågad utan bara anmäld. Men för det mesta tycker jag att tävlingarna är roliga.

Föret är inte det bästa på grund av nysnö. Camilla kommer och hejar på mig och hon har med sig sonen i den familj som hon hyr hos i Umeå. Pojken, som är sju år, tycker det är roligt att få åka tåg till Vännäs. Jag får starta med Barbro från Bjurholm, hon som har vunnit de senaste gångerna. Här gäller det att skaffa sig en bra position tror jag och lägger mig först i spåret. Drygt halva sträckan orkar jag hålla Barbro bakom mig men sedan måste jag släppa förbi henne. Jag hamnar på fjärde plats, en halv minut efter segraren Vivi.

Vid prisutdelningen får jag ett märke och en ep-skiva med Elvis Presley. Jag blir glad över priset som kostar runt nio kronor men jag hade hellre velat ha »Buona Sera« med Little Gerhard, som nu är Sveriges rockkung. Pappa gillar inte honom noterar jag i min dagbok. Kanske är det fel sorts musik för pappa som har ett mycket måttligt musikintresse. Tommy Steele är min favorit och jag tycker nog att han är snyggast. Jag har sett två filmer med Tommy Steele:»Tommy Steeles story« och »Hertig i jeans« där Tommy sjunger flera bra låtar. Hittills har jag bara varit på en enda film med Elvis och det var »Ung man med gitarr«. Det finns fler berömda killar som jag gillar till exempel Pat Boone men hans film »April Love« har jag ännu inte sett. Tommy Sands, Little Richard och Terry Deene går inte heller av för hackor.

Vi ska köpa en hulahoppring tillsammans, Camilla och jag. Den är större och tjockare än den rockring jag redan har. Alla har sådana nu och det ser ut att vara så roligt att rocka med dem.

Camilla hyr en kvartslampa som hon tar med sig hem över helgen och Gunnar och jag får kvartsa. Hyran är en krona per dygn. Skolan börjar igen efter en veckas lov och jag ser fram emot att träffa, eller åtminstone se Kenneth. Att se räcker långt än så länge.

Camilla och jag får brev från familjen Westö som bjuder ner oss till påsk. Jag vet inte om jag får åka men jag vill gärna. Annars är det tänkt att jag ska jobba hos tant Inga under påsken.

På scoutmötena tillverkar vi olika saker inför en auktion. Vi syr och stickar som bara den. Jag stickar ett par fina, vita vantar som blir mitt bidrag till evenemanget. När det så blir dags för auktionen kommer både pappa och Marianna dit. De ropar in de vantar jag stickat för sex kronor. Jag går sedan och hoppas på att jag ska få dem eftersom de är stickade efter min hand men det blir inte så. Det blir någon annan som slipper frysa om händerna.

Camilla kommer hem redan på fredagen och då går vi till Ingas Blomsterhandel för att hon ska köpa blommor till sin hyresvärdinna som fyller år. Jag får då sex tulpaner av snälla tant Inga.

Camillas teddypäls börjar bli för varm nu när våren är i antågande och hon behöver ha en ny jacka. Hon får ingen av pappa och Marianna utan hon tar ut nittiofem kronor från sin bankbok och köper sig en grön parkas med beige foder. De är mycket populära nu och hennes kamrat Birgitta har en likadan. Jag tycker att den är väldigt snygg.

Nu ska vi ha klassfest och den anordnas i skolans teckningssal. Jag har min nya strumpklänning på mig när jag gör entré i festlokalen. Camilla har fått en lika dan, de är marinblå till färgen. Jag får dansa med alla killarna utom tre. Flickorna bjuder inte upp utan det är pojkarnas privilegium. Vi dansar inte hela tiden för det blir även lekar och tävlingar. Efter festen konstaterar jag att jag kan dansa vilket jag noterar i min dagbok.

Också den här helgen kommer Camilla hem men först på söndagen. Vi promenerar upp till Lägret där det finns hästar att titta på och klappa. Sedan släntrar vi vidare till Camillas väninna Birgitta som bjuder oss på fika. Här är bakverken verkligen goda och vi låter oss väl smaka.

På medborgarhuset visas filmen »Och tranorna flyga«. Det är en rysk film som handlar om andra världskriget, spelades in 1957 och vann priset Guldpalmen på Filmfestivalen i Cannes 1958. Camilla och jag ser den tragiska filmen och får snyfta lite. När vi kommer ut från biografen är det hög tid att gå hem och lägga sig.

Jag gör ett nytt tandläkarbesök i syfte att laga resten av hålen samt för att förbereda för tandställningen. Tandläkaren kommer med en smet på en stor skedliknande sak och tar ett avtryck i överkäken och sedan gör han likadant i underkäken. Jag får en ny tid och säger artigt adjö. En stor lättnad över att hålen är lagade för den här gången gör att en känsla av upprymdhet infinner sig och stegen är lätta när jag vandrar hemåt.

Det kommer ett brev från mamma och Dieter. Ett av alla de kära breven som hon skickar under åren. Det här brevet innehåller en femma till oss var och vi känner en stor tacksamhet.

Helgen före påsk åker jag en skidtävling i Umeå och kommer fyra igen. Vivi upprepar sig och vinner också här. Priserna jag får utgörs av en bägare, en spegel och ett märke.

6. Spännande biobesök och utespring

Måndag kväll går Emmy och jag på bio för Odeon visar »Mannekäng i rött«. I biosalongen sitter vår klassföreståndare med två andra lärare från skolan. Bakom oss sätter sig några killar från Yrkan (Yrkesskolan) och en av dem känner jag igen från simskolan i Tväråbäck för två år sedan. Kent, som han heter, är en otroligt snygg representant för det motsatta könet. Det är något som både Emmy och jag är ense om. Föreställningen börjar med några underhållande reklamfilmer innan den riktiga filmrullen startas. I handlingen mördas flera personer vilket gör filmen både spännande och otäck. Kent, som sitter alldeles bakom mig, lutar och sträcker på sig och på något sätt får han tag i min hand och håller den under filmen.

Efter filmen går Kent före mig mot mitt hem, så sakta att jag måste gå förbi men då stoppar han mig och vi slår följe och språkar en stund. Vid vår stenmur stannar vi till och fortsätter samtalet. Han vill träffa mig i morgon klockan sju och jag blir salig. Jag vill inte och hinner inte heller protestera mot tidpunkten som krockar med min gymnastikträning. Nu måste jag skynda mig upp för klockan är 22.00.

I min dagbok skriver jag senare att: »filmen blev dubbelt så bra då han tog min hand och jag blev förälskad i honom men jag inte har glömt Kenneth än«.

Stor spänning och längtan vibrerar inom mig följande dag men den nya situationen innebär också problem. Jag kan ju inte säga till pappa att jag ska träffa en kille så det får bli ett biblioteksbesök först, före träningen. När jag går mot biblioteket träffar jag Kent vid Medis (Medborgarhuset). Han är så fin och nu vill han att vi ska promenera en bit men jag blir då tvungen att berätta om gymnastikträningen som jag inte får missa. Det känns förstås lite snopet men han följer mig till huset eftersom jag ska upp i lägenheten och hämta gymnastikdräkten. Han berättar att han åker hem i morgon, onsdag, för påsklovet börjar. Efter påsk vill han att vi ska ses igen och det har jag inget emot.

Naturligtvis går jag och längtar. Tänk att en så snygg kille är intresserad av mig!

Jag har inte så höga tankar angående mitt utseende eftersom jag ofta kan få höra:

»Jaså, du är syster till Camilla, men ni är då inte lika.«

Eftersom hon är otroligt fager så tar jag det som att jag inte är det. Men en gång får jag av en klasskompis till Camilla höra: »Jag tycker att du är snyggare än Camilla.«

Då undrar jag i mitt stilla sinne vad Camilla gjort henne för ont. Men lite förstår jag att skönheten kan ligga i betraktarens öga och hänger ihop med så mycket annat. Jag kommer hädanefter att känna en stor sympati för Camillas klasskompis Hjördis.

Kenneth, som bor i Björna, åker också hem över påsken men honom ser jag bara i skolan och det går bra det med, men nu ligger han i lä.

Det kommer ett påskpaket till oss från mamma och Dieter. Paketet är fullt av godsaker och påskägg. Vi får också varsin tvättlapp och min är gul för mamma vet att jag gillar gult.

Jag arbetar hos tant Inga under skärtorsdagen, påskafton och dagen efter annandagen. Arbetet är inte fullt så krävande som vid juletid. Nu är det andra sorters blommor som sprider sin väldoft i den lilla affären. De bär budskap om att våren är på väg.

Det mesta som jag tjänar sätter jag in på postsparbanksboken till mopedköpet.

Två kvällar under lovet går jag hem till Emmy där vi spelar skivor och fikar. Hennes mamma är mycket duktig i bakandets konst, så det som Emmy lägger på kakfaten är både gott och vackert. Jag är glad att ha någonstans att spela skivor. Vi har inte någon skivspelare hemma. Det kommer aldrig att köpas någon heller men jag brukar få spela min enda skiva på Lisas grammofon.

Efter arbetet hos tant Inga på påskaftonen är vi bjudna till Bondböle på middag. I dagboken skriver jag att det inte är så roligt precis men att de är snälla, tant Olga och farbror Nils.

Tant Olga har med tiden blivit lite vänligare inställd till mig. Hon har insett att jag inte gör så mycket väsen av mig, hjälper till, försöker vara till lags och går på religiösa möten. Därmed är jag någorlunda acceptabel i hennes ögon.

På påskdagen går Camilla och jag en promenad upp mot Lägret. Den smältande snön är lös och vattnig på vägen där vi traskar. Idag är det gummistövlar som gäller om fötterna ska hålla sig torra. Det är flera plusgrader och vår i luften. Vi ämnar sola oss lite och utplåna vinterns bleka hy. Talgoxhannarnas toner ljuder från snåren. De sjunger ihärdigt i hopp om att locka till sig partners. Solens strålar värmer redan skönt och dagarna är nu mycket längre.

På hemvägen träffar vi en beundrare till Camilla som heter Sten-Ove. Jag tror att de har hängt ihop ett tag. Det är en trevlig kille och han bor ganska nära oss. Nu gör han oss sällskap under promenaden tillbaka mot hemmet. Smältvatten flödar i strida strömmar utefter Umevägen. I en djup och strid rännil lägger vi flytetyg i form av tändstickor eller små pinnar och tävlar om vems farkost det är som är snabbast.

Det blir en sista skidtur till Middagsberget och Camilla har sin kamera med och fotograferar mig där jag sitter med en tepåse över koppen ute i solskenet vid Midstugan. Farbror John Hansson och en annan snubbe är också med på fotot. Farbror John är iklädd sportig hatt, jacka, knickers och rutiga golfstrumpor. Till det har han promenadskor och har alltså inte tagit sig hit med skidor. Den andre mannen har skidkläder och pjäxor som vi. Jag har den här vintern fått en grå anorak som jag använder mycket för den röda jackan som jag fick för två år sedan är för liten och sliten. Anoraken skyddar bra mot den friska vårvinden som drar fram runt knuten där vi sitter på solsidan. Men vantarna och mössan har jag tagit av mig.

Camilla och Gunnar går till biografen för att se »Bron över floden Kwai« eftersom de vet att den är mycket sevärd. Pappa och Marianna blir bjudna på samma film av magister Hagström.

Tisdagen efter annandagen jobbar jag hos tant Inga igen och

nu får jag fem kronor plus dricks. En del av de pengarna ska jag spendera på biobesök.

Skolan börjar onsdagen den första april och redan den dagen får vi tillbaka en skrivning i tyska, rättad och klar. Jag blir överraskad och glad då det står a på min. Jag berättar det för pappa som förstås också blir glad.

Putte är i Bondböle så det är lugnt och skönt hemma, skriver jag i min dagbok. Ja, lite livat brukar det ju bli med två småbarn i huset och det händer att Marianna blir irriterad. Jag ser inte när hon slår till eller örfilar Putte, men många år senare när hennes son drabbas av svår migrän, känner hon ånger och skuld över att det kanske är hon som orsakat migränen. Då försäkrar jag henne att det nog är helt andra orsaker som ligger bakom huvudvärken. Jag vill inte att hon ska behöva känna ruelse och skuld men samtidigt vet jag inte. Apropå aga så får till och med söta, väluppfostrade och duktiga Inga en lugg i småskolan utdelad av Marianna. Förseelsen består i att hon reser sig upp i bänken för att titta ut genom fönstret då det händer något spännande på skolgården.

Lillan, som varit torr en tid, börjar kissa på sig igen. När hon står i fönstret och ser sin mamma komma hem från skolan släpper fördämningarna. Antagligen gör Lillan det för att mamma ska bry sig om och ägna sig mer åt henne.

Den första kvällen efter påsklovet går Emmy och jag för att se »Bron över floden Kwai«, filmen som alla talar om. Utanför biografen träffar vi Kent. Han har köpt sig nya byxor så nu har han inte pengar till bion. Han tänker gå och låna av någon kompis. Fastän filmen är barnförbjuden löser vi in oss själva för tre kronor och sjuttiofem öre per biljett, dyrt tycker vi. Vi håller en plats till Kent men det blir fullsatt i salongen ganska snart. Filmen börjar klockan 20.00 och slutar cirka 22.30. Vi är ense om att det är den bästa film vi har sett och att den är väl värd pengarna. Tant

Inga, farbror Gunnar och några äldre skolkamrater ser samma föreställning som vi.

När filmen slutar står Kent och väntar på mig. Vi följer med Emmy en bit för att hon inte ska behöva gå hela vägen ensam. Uppe i backen vänder vi då jag måste skynda mig hem. Vi går och ställer oss bakom garaget i det skyddande mörkret och aprilluften vibrerar av spänning. Han kysser mig på kinden som rodnar och jag går upp till lägenheten medan han promenerar hem till sitt inackorderingsrum på sin skola. Camilla är hemma och har gjort i ordning te men pappa och Marianna har gått och lagt sig. Det är tur för klockan är mycket.

Dagen därpå, fredag, sätter jag in tjugofem kronor på banken. På kvällen klockan 18.00 till cirka 20.00 är det ett religiöst möte hos komministern i prästgården. Carina, Marie, Stina, Emmy och jag promenerar dit och ringer på dörrklockan. Vi niger vackert för prästen och prästfrun. Här är också tandsköterskan Inga, Birgit Johansson och ytterligare en ledare. Maj-Britt och Britta finns också här ikväll. Britta är några år äldre än vad vi är och henne betraktar vi som riktigt religiös. Här sjunger vi, fikar, ber och umgås i största allmänhet. Vi vet att vi inte bör skratta eller fnissa i vissa sammanhang och det är just då det är som svårast att låta bli. Jag törs inte titta på Emmy för då är det färdigt. Men vi har rätt trivsamt ihop och pappa tycker nog att det är ett bra tillhåll, för här kan ju inget otillbörligt hända dottern. Den här flickgruppen är en fortsättning på söndagsskolan som vi till slut växer ur. Ledarna är snabba att fånga upp oss och lättledd som jag är hänger jag på. Ibland har vi möte hos Birgit Johansson som bor nära oss. Hon är duktig på att spela piano och vi sjunger mycket. Jag tycker att det är roligt med alla nya sånger som jag får lära mig. En av dem är »Långt bortom rymder vida«.

Efter mötet kan Carina och jag vara ute till klockan 21.00. Vi slår följe med Maj-Britt till Sagabiografen då Kent och en annan kille dyker upp från ingenstans och följer efter oss. Carina och jag vandrar runt lite, förbi Parcks, Lindströms konditori och ställer oss sedan vid vår stenmur. Pojkarna kommer fram till oss som vi hoppats på men nu hinner vi bara prata en liten stund. Carina och jag räknar högt sekunderna fram till klockan 21.00 och fnissar blygt. Vi måste tyvärr gå hem nu och killarna bugar sig så artigt och säger god natt. När jag flåsande kommer uppför alla trapporna och in i lägenheten frågar jag pappa om jag kan få gå över till Carina till 21.30 eftersom hennes föräldrar är borta. Det känns som om vi har mycket att prata om nu. Carina bjuder på tårta och vi bestämmer att vi ska gå ut i morgon kväll.

Vi går ut kvällen därpå men träffar inte Kent och hans kompis. Snopna vandrar vi runt för att sedan lomma hem något besvikna. Men det kommer väl fler kvällar.

Söndagen för med sig snöblandat regn men nu är det april och då kan det få regna ibland. När kvällen kommer går jag ut igen men ser tyvärr ingen Kent. Då jag är på väg hemåt märker jag hur två killar kommer efter mig. Jag försöker promenera lagom avspänt och i normal hastighet. Pojkarna hänger på och är snart ifatt. Vi stannar och pratar en stund. Roland Sandström ser trevlig ut och går på »Yrkan«, den andre jobbar i fiskaffären och heter Kurt. Roland klämmer ur sig att han vill träffa mig i morgon kväll men jag tänker på Kent och säger att jag inte tror att det är möjligt.

Det bjuds på underhållning i Medborgarhuset veckans första kväll. Emmy och jag lockas dit då inträdet bara kostar femtio öre för skolungdom. Här visas film och besökarna kan delta i tävlingar. Evenemanget kallas Gotlandsafton.

När vi kommer ut från Medis står Kent och väntar på mig i den dalande aprilsnön. Han berättar att han stått utanför mitt fönster och visslat förgäves. Nu följer han mig på vägen mot hemmet. Vi går och ställer oss på samma ställe som förra gången bakom garagebyggnaden. Han håller om mig när tant Lundström kommer ut och sopar snön av trappan till sitt hus. Vi flyttar oss runt hörnet och står där några minuter. Det är möjligt att vi nu syns från Carinas fönster trots att det är mörkt ute. Klockan är mycket och jag måste skynda mig hem.

Nästa kväll tänker jag gå ut igen men då frågar fru Österberg mig om jag kan sitta barnvakt. Jag vill ju inte säga nej till det snälla paret och deras söta dotter Lena. De bor i den högra trappuppgången i samma hus som vi. Jag går dit 18.15 som vi kommit överens om. Det blir en mycket lång kväll för de kommer inte hem förrän 00.05. Förtjänsten blir i alla fall en femma.

Hos skolsköterskan får flickorna lämna blodprov och det visar sig att jag har på tok för lågt blodvärde. Jag måste köpa järntabletter som jag ska ta regelbundet och när jag har ätit hundra stycken ska jag komma tillbaka och lämna ett nytt prov. På apoteket köper jag en stor burk innehållande tvåhundrafemtio tabletter för Camilla ska också ha. Även hon har blodbrist har det visat sig. Burken kostar över nio kronor och det tycker jag är mycket pengar. Kanske är det inte så konstigt att vi fått järnbrist med kosthållningen under Mariannas ansvar.

När onsdagskvällen kommer går jag ut en liten sväng och får se Kent på avstånd. Men då är klockan redan mycket så jag väljer att gå hem.

På torsdagseftermiddagen åker pappa och Marianna till Vindeln och jag får vara barnvakt. Nu är det bara Lillan som är hemma. Putte är i Bondböle hos sina morföräldrar. Jag tror att han trivs där och har det bra men varför är han fortfarande där? När jag lagt Lillan och hon somnat, går jag ut på gården där jag träffar Carina. Fönstret har jag öppnat lite så jag ska höra om Lillan vaknar. Roland släntrar förbi och vi morsar på varandra men sedan måste jag gå upp till Lillan.

En film om Sydamerika visas för hela skolan på Medborgarhuset. Den är bra och för oss innebär den ett angenämt avbrott i undervisningen. När kvällen kommer är jag återigen barnvakt till Lillan men först hinner jag följa Camilla till järnvägsstationen.

Nästa afton promenerar jag upp till Emmy som bor ganska nära Samrealskolan. Vi går ut en sväng men Kent syns inte till vilket jag tycker är synd. Eftersom vi ska ha provräkning i morgon, lördag, så blir det till att pallra sig hem tidigt för att vara någorlunda utvilad.

Inför provräkningen får andra och fjärde bänkraden flytta in i 1 A:s klassrum och deras motsvarande rader flyttar in i vårt. Det tycker vi är roligt.

Lördagskvällen bjuder på maskerad i Folkskolans gymnastiksal. Det blir en ganska rolig tillställning men en kille som heter Arne hänger efter mig hela tiden och jag är inte så road av hans uppvaktning. Redskapsrummet med de stora plintarna blir ett bra gömställe vid något tillfälle när jag försöker freda mig.

Ny vecka kommer och jag har min gymnastikträning som vanligt på tisdag kväll. Den vill jag inte gärna missa för det finns alltid något nytt att lära sig.

Efter middagen följande dag tillbringar jag drygt två timmar i tvättstugan. Emmy ringer på vid 19.30-tiden och vi går ut för att kolla läget men ser inget intressant, det vill säga Kent som just nu är den som huvudsakligen upptar mitt intresse.

Mitt i veckan går Emmy och jag till biblioteket och lånar böcker. Det är alltid trivsamt i lokalen som ligger en trappa upp i Medborgarhuset. Deckarhyllorna lockar oss för närvarande, för spänning vill vi ha. När vi kommer ut med vår litteratur under armen ser vi Kent stå i Hörnan. Gun-Marie dyker också upp och vi följer henne med några brev till stationen. Kent och en kompis till honom slänträr efter oss när vi går mot Emmys bostad. Väl framme vid Emmys hem säger jag god natt till henne och Kent vågar sig fram till mig. Vi promenerar gatan ovanför Yrkan och pratar. Det var ju ett tag sedan. Han säger att han gärna skulle vilja träffa mig mer men att killarna på skolan retar honom för de vet hur ung jag är. Kent är själv arton år men ganska liten till växten. Vi stannar utanför hans skola, språkar och vänslas lite men så kommer det några personer gående mot oss. Vi skiljs och går åt var sitt håll. Kommande helg ska Kent åka till Umeå för att hälsa på en kusin.

På söndagskvällen går hela patrullen Svalan på bio och ser »Fröken April« med Jarl Kulle. Jag är bortskämd vad gäller filmer nu sedan jag såg »Bron över floden Kwai.« Den här filmen gör inte något större intryck på mig.
Vi skriver brev till mamma och Camilla skickar med ett mönster. Vår kära lilla mamma!

När ny vecka börjar går Carina och jag på ett kårmöte i scoutstugan. Sankt Georgsdagen närmar sig och det gäller att inte missa något väsentligt inför högtiden. Efter mötet tar vi oss till biblioteket. Där granskar vi noga hyllorna för att se om det kommit in några nya böcker. Vi promenerar sedan uppför Ögrensbacken och träffar Birgittas syster och hennes kompis Gunilla som vi samtalar med en liten stund. Eftersom Gunilla bor med sin familj i Yrkesskolans huskomplex passar vi på att följa henne hem. Det känns pirrigt att promenera inne på skolområdet. När vi passerar Kents fönster kastar jag en liten sten på det men jag vet inte om han hör det. Jo då, han kommer ut i farstun och tittar och vinkar att jag ska komma dit men det vågar jag inte. Då kommer han till entrén och pratar en stund men han kan inte komma ut. Det gör inte så mycket för Carina och jag måste i alla fall gå hem för klockan är 20.50. Kent berättar att de ska åka på skolresa på fredag och vara borta i tio dagar. Roligt för honom men tråkigt för mig, för jag hade hoppats att jag skulle kunna gå på »King Creole« med honom. Och på Valborgsmässoaftonen skulle jag kanske kunna vara ute till 24.00.

»Det var ju synd« skriver jag i dagboken och fortsätter: »Idag tog matteläxan två timmar och sju minuter. Jag har dessutom tre läxor till, till i morgon.«

Det är slaskigt den här årstiden och jag får ett par nya gummistövlar som är svarta med rött reflexband upptill. De bruna har jag vuxit ur. Gunnar får en mockajacka som pappa köper hos Jonssons. Den är dyr men ska väl hålla länge är det tänkt. Pappa prutar ner den till 200 kronor och Gunnar blir väldigt snygg i den. Han behöver ha något varmt när han kör mopeden.

»En sån skulle man ha« skriver jag i min dagbok och lägger mig sedan och läser en bra bok.

Den 23 april är det Sankt Georgsdagen och nu invigs vi till 1 klass-scouter. Någon vårvärme har ännu inte kommit men högtiden hålls inomhus numera.

Carina och Emmy följer mig till stationen då Kent ska åka iväg på sin skolresa. De vill också titta på pojkarna som ska lämna samhället för en tid. Vi tycker att eleverna på Yrkan är intressantare, de är lite äldre och inte så mesiga som pojkarna på vår skola kan vara. När tåget lämnar stationen vinkar Kent så rart och jag vinkar förstås tillbaka.

Vi lämnar järnvägsstationen och går till gymnastiken. Flickorna väntar på mig och efter träningen går vi ut en stund igen men jag är hemma till 20.45. Då har kyrkoherde Lidström med fru, som besökt oss, hunnit gå.

En lördag när jag kommer hem från skolan är det ingen hemma. Familjen har åkt till Bondböle. Först går jag och köper mjölk för att sedan sätta igång och baka knäckflarn. När jag håller på som bäst kommer Camilla hem från Umeå. Hon känner kakdoften och blir alldeles salig. Jag tror bestämt att hon håller på att äta ihjäl sig av flarnen. När jag är klar och röjt undan går jag till tant

Inga med några stycken i en påse men hon och farbror Gunnar är inte hemma. Sonen Tommy är dock hemma så jag lämnar över kakorna. På vägen hem möter jag tant Inga och farbror Gunnar.

Camilla vill att jag ska gå med henne på skoldans men jag har bestämt med Emmy att vi ska se »King Creole«. Visst skulle det vara roligt att gå på den skoldansen men jag vet inte heller om jag får tillstånd av pappa. Camilla åker iväg på dansen men lovar att hon ska komma hem i morgon igen. Emmy och jag går på bion. Vi tycker att Elvis är snygg och sjunger bra men: »Kent är mycket snyggare« skriver jag i min dagbok.

7. Sköna maj och ett hägrande sommarlov

Hyllningen till våren på Valborgsmässoaftonen lockar Carina, Tina, Vivi och mig till Folkskolan. Manskörens sköna toner ljuder över skolgården och når de församlades öron, vissa ännu instoppade i mössor. Tenorerna sjunger frejdigt sin stämma som bär melodin och jag får lust att sjunga med. Sångerna är numera välbekanta eftersom jag lyssnat till dem under många vårar.

Vi besöker majbrasan på Myran. Det känns skönt att stå och värma sig framför den flammande elden för det är fortfarande kyligt i luften. Eftersom första maj detta år infaller på en fredag får vi ledigt på lördagen också vilket är välkommet. Ikväll får jag vara ute till klockan 23.00.

Jag har tid hos tandläkaren på tisdag morgon redan klockan åtta. Han lagar ett hål och provar in den löstagbara tandställningen som ska sitta i munnen på nätterna och på dagarna om det går bra. I ungefär ett och ett halvt år ska jag använda den. Ja, vad gör man inte för att bli fin?

Torsdagen den sjunde maj visas »Karneval« med Pat Boone och Tommy Sands. Emmy, Carina och jag bestämmer oss för att se den. Framför oss, med en bänkrad emellan, sätter sig Kent och en kompis till honom. Vi har inte träffats sedan han kom hem från skolresan men jag har sett honom ute och då har han inte kommit fram till mig. Efter filmen tar inte Kent kontakt med mig, kanhända har han ledsnat? Nu när jag ska börja använda tandställning och bli fin!

På fredagskvällen är det dags igen för flickgruppen att samlas på ett möte i prästgården. Programmet blir ungefär detsamma som förra gången men det är roligt att sjunga och vi får gott fika.

Söndagen bjuder på en träningstävling i orientering. Nu börjar det bli torrt i markerna och vi orienterare längtar ut i skogen för att förbereda oss inför kommande tävlingar. Och visst är det skönt i naturen så här års med den spirande grönskan och fågelkvittret.

Lördagen den nionde får vi tillbaka en engelsk skrivning som jag har bra på, bättre än de allra flesta, men det är inget som kommer att hålla i sig. Resultaten kommer längre fram att bli tämligen mediokra.

Turen kommer till mig att hålla föredrag och jag dammar av ett gammalt anförande om Martin Luther som jag höll i Folkskolan. Allt som jag ska berätta om den här viktiga personen är nerskrivet och jag lär mig innehållet utantill. Sedan försöker jag att ta det lite lugnt under rabblandet. Att stå där framme i klassrummet och hålla föredrag känns både obekvämt och nervöst. Det gör det kanske för de andra också.

Det är skoldans på ungdomsgården den här lördagen och jag får låna Camillas röda, rundskurna kjol. Av Carina lånar jag en skumgummiunderkjol eftersom hon inte ska gå på evenemanget. Jag tycker att jag blir fin i mitt vita jumperset till den röda kjolen. Men tyvärr, redan klockan 23.00 måste jag vara hemma och det känns lite skämmigt. Att vara tvungen att gå när alla andra fortsätter dansen, förtar en hel del av nöjet.

Här tar dagboken slut och nu har jag bara minnet att ösa ur fram till jul. Men minnet är bra!

Pappa, Gunnar och jag åker på DM i orientering. I min tävlingsklass är vi sex stycken idag. Jag har bra flyt och hittar kontrollerna snabbt vilket gör att jag vinner tävlingen.

Camilla har tillsammans med Birgitta övat in »Oxdansen« med hjälp av doktorinnan Timståhl. Deras framträdande blir ett av de bättre numren under gymnastikuppvisningen. Lingdagarna har inte innehållit dans tidigare. Det är ett välkommet nytt inslag.

Ungefär den här tiden börjar Camilla sällskapa med Gustav. Han är en mycket snygg ung man som arbetar i en bilaffär i Örnsköldsvik. Han klär sig propert i kostym, vit skjorta och slips och dessutom kör han omkring i egen bil.

Mamma skickar ett vårpaket och Camilla och jag får var sin rosa jacka i samma tyg men med olika snitt. Min jacka har kapuschong och Camillas har krage. Vi blir riktigt fina i jackorna och jag hinner ha min i skolan innan sommarlovet börjar.

På skolavslutningen tilldelas jag tre stipendier som jag naturligtvis blir mycket stolt över. Det bästa är de etthundrafemtio kronorna som jag får i ämnet biologi. Det delas ut till skolans bästa elev i ämnet. Vi har en mycket trevlig biologilärare, vilken gör lektionerna intressanta och dessutom har jag ett icke oansenligt herbarium där jag kan alla växterna både på svenska och på latin. Det andra stipendiet får jag på grund av flit och framsteg i ämnet gymnastik. Det är en bok som heter just »Rolig gymnastik«. Det tredje, kanske lite otippade stipendiet, är i teckning. Jag har visat ett stort intresse för ämnet och målat många bilder under läsåret. Det är Camilla som inspirerar mig då hon är mycket duktig så jag ska väl tacka henne. Vi sitter ibland tillsammans och målar och en del av hennes bilder fascinerar mig verkligen.

Ett långt sommarlov tar vid och vår hemhjälp Gerd får ledigt. Gunnar fyller sexton år och börjar arbeta på Domsjö Elektriska i Örnsköldsvik. Hans arbete innebär huvudsakligen att gräva diken. Så gott som hela sommaren arbetar han, försörjer sig själv och ligger inte familjen till last till Mariannas stora förtjusning.

Camilla, som nu fyller nitton år, drabbas av mycket svåra smärtor och hamnar så småningom på sjukhuset. Där konstateras att hon har njursten. Då går Marianna igång och skäller och säger att hon får skylla sig själv för hon äter för mycket fett. Camilla umgås med mejeristens dotter och får kanske lite mer grädde och smör än vi andra. Marianna tar alla chanser att racka ner på Camilla. Hon visar ingen medkänsla för familjemedlemmen som har drabbats av en så stark smärta. Det hela avlöper dock bra för läkaren kan gå in via urinröret och avlägsna stenen som Camilla får med sig hem och stolt kan visa upp, en lite avlång taggig sak.

Marianna får nu lära sig att njursten inte orsakas av fett. Man hävdar att det är oxalsyran som är boven. Tyvärr hör jag inget om att vätskeintaget förmodligen är för lågt. Vi får ju inte dricka mer än ett glas mjölk till maten och något annat att dricka får vi inte. När vi inte erbjuds det enda mjölkglaset serveras saft i stället. Den är gjord på rabarber och röda vinbär vilket kanske inte heller är så bra. Den här tiden dricker man inte vanligt vatten, i alla fall inte hos oss. Men på kvällarna får vi i alla fall te.

8. Ett stort ansvar

Camilla åker till Stockholm för att återigen arbeta hos familjen Westö. Vi ska förstås brevväxla regelbundet så att vi kan delge varandra vad som händer i vår tillvaro. Telefonen används aldrig till rikssamtal för det anses vara alldeles för dyrt, åtminstone i vårt hus.

Pappa och Marianna ämnar resa bort en dryg vecka och nu ska de återigen lämna de små barnen. Putte ska få vara i Bondböle hos tant Olga och farbror Nils och det bestäms att jag ska ta hand om Lillan, blomvattningen och trädgården. Jag, som fyllt fjorton år, är stor nog anser föräldrarna i det här fallet. Men hur kan de lämna oss ensamma under så lång tid?

Det är ett bra tag sedan Lillan slutade med blöjor vilket är tur tycker jag. Nu är hon ett år och sju månader men pratar inte just någonting. Hon är en tystlåten typ, skulle jag väl säga, men hon förstår desto mer. Jag tror att vi kommunicerar på ett annat plan. Jag begriper när hon behöver gå på toa och göra det ena eller det andra och aldrig någonsin händer det någon olycka under den här tiden.

Vi handlar mat hos Nilssons som skriver upp varorna i boken som jag alltid tar med mig. En del djupfrysta grönsaker finns i frysboxen som står i källaren. Pappa var nog först med att skaffa frysbox i det här hyreshuset. Electrolux lanserade sin första box 1956 och nu börjar frysboxar bli allt vanligare. Jag lagar förstås enklare mat för jag kan inte så mycket än, men det går ingen större nöd på oss. Lillans mat finfördelar jag och mosar med potatisen. Men hur vet jag när hon fått i sig tillräckligt med mat? Jag matar på och är rädd att hon ska få i sig för lite. Hon vill vara till lags och tar emot och till slut ser hon ut som en hamster. Hon sväljer inte längre ner det jag lassar in men fortsätter att gapa, snäll som hon är. Men är kanske Lillan mätt nu? Är det därför hon inte sväljer? Kinderna är väldigt runda länge men så småningom åker nog det sparade ner i alla fall för det kommer inget ut genom munnen.

Jag sätter Lillan på min cykel och så trampar jag ut i samhället för att kolla läget. Det blir förstås också en runda till järnvägsstationen så att vi kan titta på tågen. Jag påminns om att när jag var i tvåårsåldern, var jag väldigt förtjust i att hänga här, både med och utan kläder. Vi bodde ganska nära stationen på den tiden så det innebar en kortare promenad hit.

En snäll farbror kommer fram till oss och pratar. Han plockar fram sin stora börs och vill ge mig pengar till glass. Jag tar tacksamt emot allmosan och niger artigt. Med Lillan i handen går jag sedan till kiosken och inhandlar två präktiga glassar. Jag hittar en bänk där vi kan sitta ned, eller upp som det blir för Lillan med sina små ben. Solen skiner behagligt på oss medan vi i fulla drag njuter av den goda vaniljsmaken.

Pappa har fina krukväxter som jag också måste sköta. Den ljusrosa Blomsterlönnen i söderfönstret blommar nu så vackert med sina stora klockor och den kräver ganska mycket vatten, annars slokar bladverket. Browallian, som har intensivt blå blommor, får inte heller torka ut för mycket. Den tycker jag ska byta namn till Blåwallia i stället. Tåligare är då Nattens Drottning som blommar med en jättelik blomma om vi har tur. Blomman är bara utslagen under en enda natt och doftar sagolikt. Det här exemplaret kommer från pappas föräldrahem så den måste vi vara rädda om, har jag förstått. När en knopp visar sig och ser sprickfärdig ut blir det till att sitta uppe under natten för att beskåda skönheten. Vidare är det Streptocarpusen, Väpplingen, Hibiskusen och någon Porslinsblomma som jag inte får glömma att vattna. Pappa har fyllt alla fönster med krukväxter som står och prunkar. Här och var får de verkligen trängas om livsutrymmet på sina marmorbänkar.

Jag kan förstås inte gå ut på kvällarna under den här veckan utan blir bunden till hemmet. En kväll när jag nattat Lillan och hon sover fridfullt, ställer jag upp fönstret och går i alla fall ut på gården en stund. Nu kan jag höra om Lillan vaknar och ger ifrån sig ljud. Men om hon inte ger ifrån sig ljud när hon vaknar? Klasskompisen Göran kommer gående och vi pratar en stund. Han hänger med upp för jag vågar inte stanna ute längre. Göran har sällskap med en tjej sedan en tid så vi är bara kompisar och han stannar inte så länge men lite te hinner han i alla fall dricka.

Den här kvällen, medan jag är ute på gården, ringer tant Olga för att kolla läget. Telefonen står längre in i hallen nära ytterdörren och signalen hörs inte ut.

Det är bestämt att Lillan och jag en dag ska ta bussen och åka till Bondböle, antagligen för att visa upp oss, att vi lever och har hälsan. Pappa har lämnat pengar till biljetten så en förmiddag mitt i veckan kliver vi på bussen utanför vårt hyreshus och åker mot Bondböle. Här gäller det att välja rätt buss så att vi inte hamnar på fel sida av älven. Bussen stannar i närheten av Bondböleskylten och vi får gå från stora vägen in i byn, kanske fyrahundra meter. Det är en bra bit med små ben. Putte, som leker i gruset utanför det gula huset, släpper det han har för händer och kommer springande när han ser oss. Han är naturligtvis mycket glad över att vi dyker upp här i obygden. Det kan ju kännas lite ensamt för honom med bara två äldre människor runt omkring sig hela dagarna. De är kanske inte heller så lekfulla.

Tant Olga berättar att hon ringt en kväll och att ingen svarat. Jag kommer inte på någon bra förklaring att ge henne och är därför tyst. Jag är rädd för att få ovett. Hon frågar heller inget mer, vilket jag är tacksam över. Hon ser ju att allt är frid och fröjd och att vi båda ser välmående ut. Tant Olga bjuder på mat och det känns skönt för mig att slippa laga lunch idag. Nu blir det bara till middagen som jag måste hitta på något för oss att äta. Under eftermiddagen tackar vi för oss och vandrar den dammiga byvägen fram till stora vägen för att invänta bussen som ska ta oss till Vännäs. Vi behöver inte vänta länge förrän bussen dyker upp. Lillan upplever resan som spännande men trots det roliga, dröjer det inte länge förrän hon sover gott.

I trädgårdslandet bakom hyreshuset har det börjat komma upp små plantor, för pappa sådde tidigt. Trädgårdsskötseln hör också till mina arbetsuppgifter den här veckan och Lillan försöker hjälpa mig. Jag gallrar försiktigt morötterna som pappa brukar göra. Sedan tar jag rödbetorna som syns bra med sina röda små stjälkar. Det faller också på min lott att varje år hämta stödpinnar i skogen till ärtorna. De brukar vara svårt att hitta lämpliga och när man väl hittat dem är de besvärliga att frakta hem på cykeln. Men det är inte aktuellt ännu.

När föräldrarna så småningom återvänder från sin nöjestripp tycker de att Lillan är rundare. Jag berättar då om mitt matande och Lillans hamsterbeteende. Marianna uttrycker ingen tacksamhet över allt som jag tagit hand om. Men hon har synpunkter på och ondgör sig över hur köksgolvet ser ut. Hon tycker att det är smutsigt och låter mig förstå att jag borde ha städat också. Det föll mig då aldrig in för jag hade ändå fullt upp.

Camilla och jag skriver som sagt till varandra under hennes Stockholmsvistelse. Det kommer ett brev från henne som pappa och Marianna öppnar fastän det är adresserat till mig. Nu kan varken Marianna eller pappa avhålla sig från att läsa mitt brev när de drar fram det ur kuvertet. Pappa kommer farande med brevet i högsta hugg och är upprörd. Camilla har i brevet kallat Marianna för »La maison« (huset). Det är Camilla som hittat på namnet »Huset« på Marianna för hon tycker att det är passande. Hon tycker att Marianna är stor som ett hus, ja, men definitivt inte ett höghus. Även det franska ordet för hus har Camilla lärt mig.

De som helt fräckt öppnat mitt brev, förstår av sammanhanget att det är Marianna som är »La maison«. Pappa vet vad ordet betyder och berättar det för Marianna som aldrig har läst ett franskt ord. Han är som sagt mycket upprörd när han ger mig brevet. Men jag har ännu inte läst franska, så jag spelar dum när han talar om betydelsen för mig. Jag visar upp en oförstående min inför öknamnet och säger ingenting. Jag säger inget heller om att de öppnat mitt brev fastän jag borde vara rasande arg. Hur kan de öppna mitt brev?! De kan möjligen be att få läsa det om jag tillåter. Jag anar att det är Marianna som ligger bakom öppnandet. Hon söker efter tillfällen att djävlas och kränka oss och hoppas att kunna hitta något i brevet vilket hon gör.

9. Sommarupplevelser

Efter midsommar är det dags för mig att åka till gymnastiklägret i Sörmjöle. Innan avfärden dit får jag köpa mig en ny baddräkt, sommarens viktigaste plagg. I Freds Manufakturaffär vid Grand Hotell hittar jag en fin baddräkt. Den är ljusblå med lite vitt ovanför bysten. Tyget är elastiskt, men fast och stabilt, inte som i våra gamla baddräkter av strumpmodell.

Det är roligt att komma till Sörmjöle och återse de underbara ledarna och vännerna. Många fina minnen har jag kring den här platsen som egentligen är en barnkoloni vid en fin sandstrand.

En speciell händelse inträffar den tjugosjätte juni. Då går matchen mellan Ingemar Johansson och Floyd Patterson. Över tre miljoner svenskar följer matchen direkt i radion via Radio Luxemburg. Lägerdeltagarna finns med bland dem som under natten andäktigt lyssnar till den stora händelsen. Vi glömmer aldrig var vi befann oss när Ingemar Johansson blev världsmästare i tungviktsboxning efter två minuter och tre sekunder i tredje ronden.

Mamma och Dieter reser till Sverige och Örnsköldsvik efter midsommar. När jag kommer hem från gymnastiklägret tvättar och packar jag för att ansluta.

Camilla kommer också hem från Stockholm och får ett mycket kyligt mottagande av Marianna, kyligare och mer fientligt än vanligt.

»Hej« säger Camilla när hon kommer in genom dörren och ser Marianna i köket. Marianna svarar inte. Det går en lång stund men till slut så kommer det:

»Jaså, du är hemma nu« fnyser hon korthugget och elakt. Det är sättet som hon säger det på som gör Camilla ledsen och får henne att känna sig mycket ovälkommen i sitt eget hem.

Vi åker till mamma och Dieter som hyr en stuga i Gullvik. Där blir mottagandet ett helt annat. Äntligen får vi krama om vår kära mamma och Dieter efter ett helt år av längtan.

Den lilla stugan är fin och vi har bara några meter ner till stranden. Huset är byggt på skogsmark så vi kan höra tallskogen susa bakom knuten. En trädgårdsmöbel är placerad på framsidan av det bruna huset och den kommer att bli flitigt använd i det sköna vädret den här sommaren 1959. Gunnar kommer förstås och gör oss sällskap när han är ledig från sitt jobb. Det är inte långt att åka för honom eftersom han arbetar på Domsjö Elektriska. Han är solbränd och vältränad på grund av arbetet med att gräva diken. Som vanligt spelar vi fia och monopol en del kvällar och gör andra roliga saker tillsammans andra kvällar.

Något hus bort bor en familj med två pojkar som är i Gunnars och min ålder. Jag kommer att umgås lite med dem båda. En dag promenerar och klättrar jag upp på ett berg med den yngre gossen och på kvällen bjuder han mig på surströmming tillsammans med sin familj. Eftersom vi inte äter surströmming hemma innebär det här surströmmingspremiär för min del. Pappa tror att strömmingen är otjänlig som föda och han vill inte ens smaka när vi en gång bjuds på läckerheten i Bondböle. Jag tror att pappa har rätt och vågar knappt smaka. Nu äter jag i alla fall en hel strömming och tycker att det går bra ihop med tillbehören.

En annan dag får jag pröva fiskelyckan tillsammans med den äldre pojken Styrbjörn. Vi promenerar ett par kilometer efter vägen till Vikbottenbron och letar upp ett lämpligt ställe men det vill inte nappa. Det är i alla fall en skön promenad.

I den varma och ljusa sommarkvällen vistas vi på stranden, den blonde Styrbjörn och jag. I en omklädningsbod läser vi vad som står skrivet på väggarna. Det är runda ord och fula teckningar. Plötsligt gör han närmanden och trycker sin kropp emot min. Jag är oförberedd och upplever det som höjden av fräckhet att han attackerar mig så att jag känner hans styva, uppsvällda sak genom kläderna. Jag drar mig loss och skyndar förnärmad ut och går hem.

Eftersom sommaren är varm och solig badar vi mycket vid den fina sandstranden. Camilla har en rosa bad- eller soldräkt med ett par volanger som sitter på höfterna. Jag tycker att den är väldigt fin och jag skulle inte ha något emot att äga en likadan fastän jag redan har en fin baddräkt. Camillas pojkvän Gustav kommer i sin fina bil och hälsar på oss. En kväll klär Camilla upp sig i sin nya mörkgröna klänning med vita prickar. Det är mycket vidd i kjolen som börjar på höfterna och slutar strax nedanför knäna. Livet är figursytt, lagom urringat och har några centimeters breda axelband. Klänningen är verkligen mycket snygg och med Camillas figur kan det inte bli bättre. Gustav ser stolt ut i sin grå kostym med näsduk i fickan när han kommer för att hämta Camilla. Nu ska de förstås ut på något roligt.

Samma gröna klänning bär Camilla på det porträtt som pappas kusin Ruth målar den här sommaren. Numera finns porträttet i Camillas ägo.

Vår kusin Jan kommer en dag och hälsar på. Det är väldigt roligt för vi har haft så lite kontakt. Han har nu fått moped och visar stolt upp den för oss. Jag berättar för honom att jag sedan några år sparar till en moped.

En av de varma dagarna kommer moster Majken, moster Doris och morbror Yngve med sina adoptivbarn. Nu får vi umgås och ha trevligt med dem. Det är så sällan vi har möjlighet att ses.

Stranden med bad lockar och vattnets svalka gör gott. Efter badet solar vi oss liggande på den mjuka sanden och Dieter passar på att fotografera. Camilla har en vit bikini som framhäver hennes solbränna. Även jag är riktigt brun.

Som vanligt är det mycket smärtsamt att ta farväl av mamma och Dieter när den underbara samvaron tar slut. Hemma väntar nu arbete på simskolor. Camilla ska i år undervisa barnen från byarna utanför Vännäsby. De kommer att simma i älvens svala vatten. Jag ska minsann få vara biträdande simlärarinna med pappa. Det blir naturligtvis spännande och roligt att tjäna några kronor.

Det är tur att Gunnar inte är hemma den här sommaren när vi som vanligt har gäster i huset. Tant Ruth gör oss den äran i år igen och berättar om den jättestora rädisan som räckte till hela familjen i flera dagar, om att möjligt bröd minsann är nyttigt och att det går bra att äta brännässlorna som de är.

Tant Ruth målar och gamle morbror kommer med antikviteter till pappa som tack för gästfriheten och att han ordnar fina upplevelser för dem.

Under förmiddagarna håller pappa och jag simskola i Pengfors där jag får undervisa de yngre barnen. En vacker dag tar pappa några diabilder på stranden. Jag står i min nya baddräkt och undervisar en grupp rara småpojkar i torrsim. Sandstranden är underbart mjuk och fin där de sitter och koncentrerar sig på utförandet av armtagen. Vattnet i älven är ganska kallt men de små pojkarna är duktiga att doppa sig i det kalla vattnet där de sedan ihärdigt övar på simtagen, vilket ger gott resultat.

Efter förmiddagspasset mellanlandar vi hemma och äter lite lunch. Sedan bär det av mot Pengsjö där vi håller nästa simskola. Barnen från Vännäsby kommer med buss till simskolan i Pengsjö, så sammantaget får vi många barn att ta hand om.

De barn som bor i de små byarna på andra sidan Vindelälven har som sagt Camilla hand om i sin simskola i Östra Spöland.

Även här i Pengsjö är det främst de yngre barnen jag undervisar men inte hela eftermiddagen. Pappa jobbar lite mer än jag så att jag hinner ta märken, bada och umgås lite.

Men ett av proven till guldmagistern gör jag av någon anledning i Pengfors där vattnet bara är runt sexton grader. Jag simmar de tvåtusenfyrahundra metrarna bröstsim och håller på att frysa ihjäl. En mycket ohälsosam sysselsättning skulle man kunna säga men jag litar ju på min pappa, att han vet bäst. När vi åker hem kör pappa full värme i bilen, även den extra värmefläkten som sitter monterad vid passagerarsätet. Det är skönt men jag har ett stort värmeunderskott och fryser så jag skakar en lång stund.

Under simskoletiden i Pengsjö blir jag bekant med en pojke som heter Sverker. Han är faktiskt två år yngre än jag men han är en mogen och alert kille och jag tycker att han är fin. Med tiden kommer han att visa sig vara mycket duktig, bli framgångsrik och kändis. Ja jag anar att han är speciell. Vi tittar på foton en dag, men jag kommer inte ihåg om vi byter, för jag har inget foto av honom. Sverker åker med bussen från Vännäsby där han bor och går i skola. När han börjar ett-fyran kommer vi att gå i samma skola.

I Camillas simskola kommer det varje dag en stor skara barn. De ser ut att trivas och tycker antagligen att det är roligt att bli undervisade av den i särklass snyggaste lärarinnan de någonsin kommer att ha. En dag står det några pojkar runt Camilla när hon skriver in provtagningsresultat. En av gossarna tuggar frenetiskt på ett tuggummi med öppen mun då en annan gosse utbrister:

»Men va` du tjaske!«

Simskolorna slutar i början av augusti med sedvanliga tävlingar, pris- och märkesutdelningar samt simpromotioner.

10. Konfirmationen

Emmy och jag är anmälda till en konfirmationsundervisning i Vännäsby. Den ska starta i början av augusti. Camilla följer mig till Parcks för att köpa ett vitt tyg samt mönster till konfirmationsklänningen. Hon hjälper mig också med tillklippningen av tyget och med sömnaden. Klänningen får mycket vidd i kjolen som slutar strax nedanför knäna. Den får en liten krage och trekvartsärmar. Vi blir mycket nöjda över resultatet och jag får prova den tillsammans med mina allra första »högklackeskor«. Skorna är förstås också vita och spetsiga framme i tårna som de ska vara. De är kanske inte så bekväma men vill man vara fin så får man väl stå ut med att tårna kläms ihop. Nu blir det till att öva lite med skorna på så att gångarten ser någorlunda elegant och avspänd ut. Camilla visar hur man går fint i högklackat för det kan hon.

Emmy och jag tar cyklarna och trampar iväg mot Vännäsby där vår konfirmationsläsning ska äga rum. Den fortfarande varma sommarvinden tar tag i cyklarna och ger ett visst motstånd under trampandet. Eventuellt mjäll blåser all världens väg och håret blir käckt vindrufsat. Vägen följer den mäktiga älvfåran till bron över Tvärån. Därefter väntar uppförsbacken mot kyrkan och klockstapeln. Här delar vägen av kyrkobyggnaderna så att klockstapeln kommer att stå på den norra sidan och kyrkan på den södra sidan.

Vi är tolv stycken som läser och de flesta är äldre än vad vi är med våra fjorton år. Emmy är förresten bara tretton år, för hon fyller år sent i december. Det är endast en pojke i konfirmandgruppen men jag tror att han kommer att trivas bra bland oss flickor. Vi har två veckor på oss att lära in det nödvändiga inför förhöret angående allt det gudeliga som en konfirmand måste kunna svara på. Därför cyklar vi varje dag den drygt tre kilometer långa vägen till kyrkan i Vännäsby. Det är klart att vi tycker det ska bli spännande med konfirmationen. Efter den kommer vi väl att räknas som mer vuxna.

En dag blir det riktigt spännande! När vi är färdiga med undervisningen och ska cykla hem ser jag att mitt bakdäck är platt och lufttomt. Emmy och jag resonerar och kommer fram till att det är bättre att gå den långa backen ner i byn och till den Essomack som ligger där än att tvingas gå hela den långa vägen hem. Vi vandrar alltså iväg nerför den långa backen och fortsätter fram till macken som ligger på höger sida av vägen i det lilla samhället. Nu gäller det att försöka få luft i däcket och jag hoppas förstås att det inte är hål i det. Vi går till en bensinpump och tittar efter luftslangen för cyklar, som brukar vara stationerad i närheten. Då kommer det fram en kille i overall och vill hjälpa till, något som jag tacksamt tar emot. Han plockar vant ner slangen och ställer sig på huk och börjar pumpa däcket medan jag håller i cykeln. Men så tittar han upp på mig med de vackraste, bruna ögon jag sett och ler med hela ansiktet. Ögonen och leendet med skrattgropar i kinderna gör att jag blir såld. Pojken är så otroligt vacker att jag tappar andan och blir alldeles betagen. Jag tackar för hjälpen och nu måste vi bege oss hemåt. Vi cyklar därifrån men jag vet att jag aldrig kommer att glömma det där ansiktet med ögonen som tittade upp på mig.

Om det redan var dagen efter eller någon dag senare minns jag inte, men vi gör oss ett ärende till Essomacken för att få se och prata med Lage som han heter. Det är tur att jag har Emmy vid min sida för jag skulle aldrig våga åka tillbaka ensam. Hon blir mitt stöd under det nya mötet med Lage.

Lage är tjugotre år och har en DKW vid den här tiden men byter den till en grön Volkswagen under hösten. Han sällskapar lite med en flicka från Vännäsby och har sitt föräldrahem i Rödåsel.

Så kommer konfirmationshelgen. Vi får klä oss fina i våra klänningar. Jag får en ros att bära på vänster sida strax nedanför kragen. Alla konfirmanderna har en likadan ros och de vita klänningarna har ungefär samma längd. Den ende pojken har fått sin första kostym och han ser väldigt prydlig ut i den. Under lördagen är det förhören som går av stapeln och vi gör bra ifrån oss för vi har lärt oss läxan. På söndagen blir det högmässa med nattvardsgång. När vi knäböjande står framme runt altarringen kommer en humla surrande och det går inte att hålla tillbaka fnisset. Vi försöker skärpa till oss för att högtidligt kunna ta emot nattvarden och bli välsignade av prästen. En av psalmerna som ljuder i kyrkan under högtiden är

»Fädernas kyrka i Sveriges land
kärast bland samfund på jorden!
Vida hon famnar från strand till strand
fast är hon grundad av herrens hand
byggd till hans tempel i Norden.«
I den nya psalmboken från 1986 finns den inte med.

Jag får en hel del presenter men jag kommer inte ihåg dem alla. Pappa har köpt sex silverskedar i tornedalsmodellen och låtit gravera dem med mina initialer CL. Mamma och Dieter har skickat ett silverhjärta som går att öppna. Där inne kan jag sätta små foton. Carina, som är en mycket god kamrat, ger mig en liten silverberlock som föreställer Vattumannen. Det är första gången jag blir uppmärksammad på att jag är född i Vattumannens tecken. Pappa fotograferar mig stående på gården nära gungställningen och sedan tar han ett par bilder när jag står på balkongen. Bilderna visar mig med min vita psalmbok i händerna och ansiktsuttrycket liknar ett som man har under en begravning. Detta gäller samtliga bilder utan undantag.

Gustav kommer från Örnsköldsvik för att träffa Camilla. Han är mycket stilig när han världsvant kliver ur sin välpolerade bil. Idag bär han en grå kostym och en vit skjorta där slipsen håller kragen i ett strypgrepp. Gunnar kommer med sin kamera och tar några bilder på oss ute på gården. Camilla och jag står med Gustav mellan oss. Han har lagt armarna om våra axlar. Camilla har sin röda rundskurna kjol, vit blus och ett skärp åtdraget i midjan. Jag är klädd i ett par egenhändigt sydda khakibyxor med ficka på låret, en mörkblå lite grövre stickad tröja. Silverhjärtat som jag fått av mamma och Dieter bär jag i en kedja om halsen. På ett annat foto poserar bara Camilla och jag med armarna om varandras axlar.

Camilla köper en reseradio. Den är ganska liten, som en mindre handväska och röd till färgen. Vi tycker att det är ett herrans under att vi kan bära med oss den och lyssna på musik eller nyheter.

Lage gör ibland turer med sin bil till Vännäs. Det ilar till i maggropen och hjärtat börjar dunka frenetiskt när jag ser den gröna bilen och registreringsnumret. Han stannar och pratar och ibland åker jag med honom en liten bit och är överlycklig, men rädd för att föräldrarna ska komma på det. Det är mycket oskyldiga turer vi gör och det tar lång tid innan den första kramen kommer. På sin höjd kramas vi och pussas lite under hela vår bekantskapstid som kommer att omfatta åtminstone tre år. Något annat finns över huvudtaget ännu inte i tankevärlden för min del men under de här åren kommer han att vara nummer ett.

Nu femtiosju år senare kommer jag fortfarande ihåg registreringsnumret på Lages bil.

Skolan börjar, vi flyttas upp i två-fyran och får en del nya lärare. Snälla tant Gerd kommer tillbaka och tar hand om de små barnen varje skoldag. Hon städar, bakar och lagar mat.

Under den tidiga hösten är det friidrott som gäller under gymnastiklektionerna. Vi tränar också inför en triangelkamp som ska stå mellan Bjurholms, Nordmalings och Vännäs realskolor där pappa står som arrangör detta år. Jag blir uttagen att representera skolan i längd och höjd. När tävlingen går av stapeln kommer jag fyra i båda grenarna men Vännäs vinner den totala kampen. Skolorna spelar också fotbollsmatcher där Nordmaling vinner följt av Vännäs.

Någon vecka senare reser vi med tåg till Vindeln för att där tävla mot realskolans lag i friidrott. Här deltar jag i sextio meter, längd, höjd och slungboll. Det innebär att jag får gå mellan längdhopps-gropen och höjdhoppsställningen eftersom tävlingarna går samtidigt men det är inget större problem. De tunna gymnastikskorna blir fulla av sand och måste tömmas emellanåt. Det går bra att landa i höjdhoppsgropen när vi saxar över ribban, men några av pojkarna använder dykstil och den landningen verkar vara lite hård och brutal. Jag kommer tvåa i två av grenarna och är väl någorlunda nöjd med min insats. Vännäs vinner friidrotten men förlorar fotbollsmatchen som spelas av pojkar. Fotboll är inget som flickor ägnar sig åt på den här tiden.

En helg bär det iväg till Lycksele på gymnastikledardagar för Camilla och mig. Där ska vi övernatta på ett hotell som ligger i centrum. När lördagens kursverksamhet är fullbordad letar vi oss fram till hotellet som är en äldre, grå byggnad av trä. Hotellet hyser också en överförfriskad man som noterar oss när vi letar oss upp till vårt rum på den övre våningen. Mannen utstöter glada tillrop och tycks vilja ha kontakt. Vi rusar uppför trappan och det känns som om vi inte får upp dörren fort nog, vräker oss in i vårt rum, slår igen dörren och vrider om nyckeln. Utanför står den överförfriskade mannen och ylar. Vi hör sedan hur han sluddrande ber om att få komma in, bankar på dörren och vädjar till oss att öppna. Jag känner mig olustig och otrygg men så småningom tröttnar mannen därute och det blir tyst. Då förbereder vi oss för sänggåendet och konstaterar att toaletten är en gemensam sak som ligger ute i korridoren. I rummet finns bara ett handfat. Varken Camilla eller jag känner någon större lust att uppsöka toaletten så vi bestämmer oss för att uträtta det lilla behovet i handfatet. Det sker med hjälp av en stol som ger lagom höjd för att komma till. Och spola, det går ju bra.

11. Missunnsamhet men riktig dans

Vi sitter som vanligt, vardagsvis hopträngda runt köksbordet och äter. Köksmöbeln är den som mamma och pappa köpte som nygifta. Så gott som allt i vår lägenhet är från mammas och pappas bohag eller det pappa har ärvt. Det enda Marianna bidragit med är pianot och den mörkbruna byrån som hon åtminstone ropade in på en auktion men knappast betalat. Hon flyttade in i ett komplett hem och fick till och med mammas symaskin, syskrin med innehåll och ärvde sedermera även mammas och pappas bröllopspresenter.

Min matplats är i hörnet där köksbänken tar vid bakom mig och där det är lite trångt att sitta. Jag knaprar på en hårdbrödssmörgås och äter min mat som jag låter tysta munnen. Plötsligt säger Marianna till mig:

»Du behöver inte vända bort smörgåsen så att jag inte ska se hur mycket margarin du tar.«

Jag blir mycket överraskad och förvånad. Marianna tror att jag sitter och vänder bort smörgåsen med flit för att hon inte ska se om jag tar för mycket av det äckliga norska margarinet! Hon missunnar mig att äta annat än det tunnaste, tunnaste margarinavskrapet på smörgåsen. Jag känner mig orättvist anklagad för jag har ingen som helst tanke på mängden margarin eller hur jag håller smörgåsen. Skamsen tappar jag lusten att äta och jag kan inte försvara mig. Nu önskar jag att pappa hjälper mig.

Men han är dålig på att ställa upp för oss och jag får många år senare höra att farbror Aje, hans egen bror, ansåg att pappa inte hade någon »ryggrad«.

För husfridens skull säger han aldrig emot Marianna eller hävdar att hon bör be om ursäkt när hon kränker oss eller mamma. Och för husfridens skull berättar jag aldrig för mina yngre syskon om hur deras mamma behandlat oss och jag säger aldrig ett ont ord om henne till dem.

Det är pappa som betalar handlare Nilsson varje månad, hyran, bilen, alla resor, kläder, alla presenter, allt till trädgården, allt. Marianna kan inte skiljas från sina pengar eller prylar och det är otroligt vad det sparas. Allt ska tas rätt på och läggas någonstans även om det är gammalt och trasigt. I det inte alltför stora köket växer berget med prylar på köksbänkarna och nuddar undersidan av skåpen.

För pappa blir det just ingen skillnad ekonomiskt från före skilsmässan, han var ju ensamförsörjare då också och han fortsätter av bara farten att betala alla utgifter. Nu är det visserligen fler munnar att mätta men allt ransoneras nu och Marianna ser till att köpa den allra billigaste maten så det går ändå ihop. Pappa odlar också mycket. Potatisen och rotfrukterna räcker hela året. Det blir dessutom lite över till försäljning. Vi äldre barn får slava hela långa dagar med att ta upp grödorna.

Marianna tar alla tillfällen hon kan för att ge oss en verbal snyting, oftast då pappa inte är närvarande. Syftet är att vi ska känna oss underlägsna, vi som är födda av den kvinnan som är vår mor. Jag försöker ändå att vara henne till lags i alla lägen, något annat är ju inte att tänka på. Jag tror att det måste vara så här!

När jag är på återbesök hos den tyske tandläkaren för att kontrollera tandställningen och eventuellt spänna den, frågar han om jag skulle kunna tänka mig att sitta barnvakt hos dem. »Ja men visst, det kan jag göra«, säger jag. Han ger mig en tid och adressen till deras hem.

Jag kommer att få sitta barnvakt hos dem fler gånger. Att tjäna lite pengar är välkommet. En kväll eller natt blir det väldigt sent, eller tidigt kanske man skulle kunna säga. Jag är så fruktansvärt trött och tycker att tiden går långsamt. Det känns ju skämmigt att luta sig tillbaka och somna så jag pinar mig och försöker att hålla mig vaken. Pappa, som vet var jag är, känner ingen oro och det är aldrig någon vaken när jag kommer hemsmygande under natten.

När helgen kommer ska jag få lov att åka till Umeå och hälsa på Camilla och stanna över natten i hennes lilla inackorderingsrum. Det kommer att bli mycket spännande att få tillbringa helgen med henne i staden. I kväll är det dans i Sporthallen och tanken är att vi ska gå dit och dansa, så jag packar med mig något lämpligt att ha på mig inför kvällen. Jag nämner naturligtvis inte någonting hemma om dansen eftersom den betraktas som mer eller mindre syndig och allt vad den minsann kan leda till. Det här är ju heller ingen skoldans precis.

Camillas snälla hyresvärd ordnar med en madrass så jag kan bädda på golvet i det lilla hyresrummet. Vi klär oss fina och målar oss lite för att sedan vandra iväg till Sporthallen som inte ligger särskilt långt bort. Jag har definitivt inte åldern inne för denna tillställning men det går bra att komma in med Camilla vid min sida. Inte ser jag väl så barnslig ut heller. Jag är i alla fall konfirmerad.

Här spelas det härlig levande dansmusik och Sporthallen är full av danssugna. Vi blir båda flitigt uppbjudna och det är tur att jag övat under skoldanserna. Det går skapligt, tycker jag.

Camilla kommer fram till mig efter en dans och utbrister:

»Killen jag dansade med bet mig i örat, kan han vara riktigt klok«, klagar hon för det gjorde väl ont. Det är en spännande kväll och kul för mig att få uppleva en riktig danstillställning. När spelandet lider mot sitt slut går vi hem och lägger oss och ventilerar händelserna innan vi somnar.

När kylan kommer får jag en lottapäls som är fodrad med teddy. Den är ljust grå på utsidan och fodret är vitt. Jag blir mycket glad över den för nu är lottapälsar populära och jag kan också få känna mig fin och dessutom slipper jag frysa.

Lillan firar sin andra födelsedag i början av november. Leende och skrattande visar hon uppskattning över sina presenter och nöjd och glad leker hon med dem. Hon är ett mycket snällt barn.

Camillas pojkvän Gustav ska hjälpa mig att skaffa en moped till min femtonårsdag. Tant Gerd har en blå mopedscooter som hon åker med för att ta sig till Vännäs och jobbet varje dag. Det kanske blir en sådan. Pojkarna har annars mest svarta Puchmopeder.

Kondomerna under madrassen i föräldrarnas dubbelsäng har kanske tagit slut eller så ska det sparas in på en onödig utgift. I alla fall så blir Marianna gravid igen och Camilla råkar höra ett hetsigt samtal mellan pappa och den blivande modern. De låter inte så glada precis över det välsignade tillståndet som Marianna hamnat i. Kanske är det för att Camilla ska höra som Marianna på sitt typiskt snäsiga sätt högt utbrister:

»Det är väl bättre att jag väntar barn än att Camilla kommer hem med en unge!« Att graviditeten inte är planerad avslöjas härmed men varför dras Camilla in i den? Begriper hon inte att hon gör en familjemedlem illa?

Snön låter vänta på sig och det är inte förrän de allra sista dagarna före jul som det börjar snöa. Men då snöar det desto mer i flera dagar och jag längtar nu efter att åka skidor, på mina röda löparskidor som jag fick förra vintern.

De sista dagarna före jul jobbar jag som vanligt hos tant Inga och kör ut blommor med sparken. Ett par kunder bor väldigt långt bort och då åker sonen Tommy och jag med tant Ingas och farbror Gunnars Mercedes för att leverera blommorna. Det är spännande att åka med Tommy som är en av de tuffa ishockeyspelarna i Vännäs lag.

12. Nu är det jul igen

Att jobba på julafton är tufft med mycket att göra. Jag är trött när vi önskar varandra God jul och jag äntligen får gå hem. Tant Inga skickar med mig en hyacint, en chokladask och ett presentkort på fem kronor som jag kan lösa in på Present- och Leksaksaffären. Hon är verkligen en generös och godhjärtad människa.

Jag får ungefär trettio julklappar sammanlagt skriver jag i min nya julklappsdagbok. Mamma och Dieter skickar fyra paket. I ett paket är det kakor, mandlar, russin och godsaker. De andra paketen innehåller inslagna julklappar. I dem ligger bland annat en ljusblå tröja, en vit börs, en beige blus, ett par tofflor, ett brevpapper och en låda med godis. Pappa och Marianna ger mig ett par fina skidstavar, ett par allt-i-ett-byxor, ett par sockor, en reservoarpenna, brevpapper och ett par underbyxor. Dessutom får jag tjugofem kronor av pappa till idrottslägret i Umeå som jag ska åka på den tjugosjunde december. Tågresan dit kostar också en del. Camilla ger mig en rutig bag och Gunnar förärar mig dagboken. Putte och Lillan ger mig två julgranskulor. Jag får ett par sockor från tant Olga och farbror Nils och ett halssmycke i en läderrem av Nils-Erik och Vega. Moster Mary skickar en tia och gamle morbror en femma.

Emmy och jag byter julklappar och ger varandra en bok som heter »Fallet Maria«. Den lär vara mycket spännande.

Redan på juldagen börjar jag skriva i min nya dagbok och det fortsätter jag med till den tjugonde februari 1961.

På annandagen åker vi till Bondböle för att äta julmat och lämna Putte och Lillan i elva dagar! Gunnar tar samtidigt mopeden för att åka och hälsa på sin flickvän Inga-Lill som bor i Rödåsel. Trots att det är vinter och kallt använder han mopeden vid behov och nu handlar det om trängande behov eftersom han ämnar vara borta ganska länge. Pappa, Marianna och Gunnar tar på kvällen tåget till Stockholm. Det är antagligen en kurs de ska ta del av samt passa på att besöka släktingar. Jag skriver inget i dagboken om anledningen till deras resa så jag kan bara gissa. Camilla är redan i Stockholm inbjuden av familjen Westö. Jag följer resenärerna till järnvägsstationen och vinkar av dem och sedan går jag till Lisa som jag ska bo hos när föräldrarna är borta.

Dagen efter, på kvällen, börjar idrottslägret i Umeå med ett sjuttiotal ungdomar som deltar. Camilla har inte tagit med sig sin transistorradio till Stockholm så jag lånar med den. Det känns stort och betydelsefullt att ha en radio med i packningen. Jag packar också med mig en stor bit av fruktkakan som mamma skickat från Tyskland. Kakan, som är underbart god, ska jag äta på kvällen och tänka på min goda moder.

Idrottsgrenarna är handboll, bordtennis, bandy, ishockey, konståkning och skidor och jag är anmäld i skidgruppen. Vi är förlagda i den nya sporthallen som byggdes förra året och lägret kommer att pågå till dagen före nyårsafton. Barbro och Anders från Vännäs är också deltagare här, så det finns i alla fall ett par bekanta ansikten. Vi får delta lite i alla sporterna för att vi ska lära känna dem. Det tycker jag är bra.

Det blir mycket längdåkningsträning för mig. Syftet här är att göra oss till goda skidåkare.

Jag umgås en hel del med Monica Lindgren från Lycksele och vi byter adresser innan vi skiljs åt. En del av ungdomarna åker med samma rälsbuss till Vännäs när lägret är slut. De ska sedan fortsätta vidare till sina hemorter. Vi har trevligt på resan i rälsbussen hem men Barbro är inte med för hon har stannat hos en moster i Umeå.

På kvällen går jag ut en sväng för att om möjligt se Lage. Jag har tur för han kommer i sin fina, gröna bil och fjärilarna i magen killas. En liten stund åker vi omkring och pratar sedan måste jag hem till Lisa där jag bor. Att bara få se Lage en liten stund kan jag leva länge på nu när vi ska åka till Fredrika och fira nyår.

Jag har tur som nu blir omhändertagen av Lisa och hennes familj. Så bra har det inte alltid varit. Pappa försöker att hitta på alla möjliga lösningar för att Marianna ska bli fri från oss så mycket som möjligt under loven. Mest är det olika läger som jag skickas till utan att bli tillfrågad. Tyvärr äger jag inte förmågan att säga ifrån. Dessutom blir jag invaggad i en tro, att det jag ska åka på är så fantastiskt roligt och bra. Det som pappa säger är sant. Något annat finns inte.

Jag är till exempel alldeles för ung när jag sommaren 1955 måste åka på mitt första läger i Munkviken. Utan ett enda öre lämnas jag där en vecka. De andra barnen har pengar med sig och kan handla godis och kex när markan öppnar. Jag får stå där och titta på. Inte kan jag ta emot något heller eftersom jag aldrig kan bjuda igen. Jag har inte heller femtioöringen som det kostar att åka med båten då vi ska på utflykt. En tant får betala för mig.

Redan efter jul samma år lämnas jag på ett skidläger i Umeå, tio år gammal. Jag känner ingen av de andra deltagarna. De är lite äldre ungdomar som jag måste hänga på för att hitta till de olika ställena, K 4 och I 20 och till skidspåren. Det gäller sedan att hitta tillbaka till huset inne i staden där vi bor. Lyckligtvis är det snälla ungdomar som inte ser mig som en belastning fastän jag inte är så gammal. En kväll går en av flickorna till ett konditori och köper en butterkaka. Jag har aldrig hört ordet butterkaka förut men nu får jag både se och smaka av den.

Den allra värsta upplevelsen, då jag blir lämnad ensam, är när jag är tolv år. Pappa och jag bevittnar Gunnars konfirmation på Norrbyskär och därefter åker pappa och Gunnar hem. De lämnar mig i ett alldeles tomt, stort och gammalt trähus i närheten av pojklägret. Där ska jag bo ensam och fördriva tiden till dess mitt läger börjar några dagar senare på en annan del av ön! Jag berättar om våndorna i första boken »Resan till barndomen«.

I breven till mamma skriver jag bara om positiva saker för jag inte kan sätta »det otäcka« eller de jobbiga känslorna på pränt. Men mammas intuition, hennes förmåga att läsa mellan rader och uppfatta känslor och tankar gör att hon oroar sig. Hon skriver till pappa att hon är orolig och undrar hur jag har det på lägren, att jag kanske till och med blir misshandlad. Nu är det aldrig frågan om fysisk misshandel men visst far jag illa några gånger. Det anar hon!

Pappa och Marianna skrattar åt brevet där mamma uttrycker sin oro och kommer till mig med det och frågar:

»Du har väl inte blivit slagen på något läger?«

»Nä« säger jag frågande.

»Ha, ha din mamma tror det, så fånigt. Vilka griller... fortsätter pappa som lever i en helt annan värld sedan han träffade Marianna. Det jag utsätts för när jag lämnas ensam på Norrbyskär sommaren 1957 är misshandel. Det kan man lugnt säga.

Jag får följa med Lisa och hennes föräldrar till Fredrika där hennes mormor och morfar bor. De har inget annat val än att ta mig med. Tre av hennes små kusiner är också här för att hälsa på. Vi har det trevligt under nyårsfirandet och löder i tenn. Jag glömmer att önska och får göra om lödandet och nu önskar jag att jag ska ha tur i kärlek.

Resultatet av lödningen föreställer en lappojke. Jag tror att det är den rockande samen Sven Gösta Jonsson som jag tycker är fin. Ja, jag kommer åtminstone att få hans autograf inom en mycket snar framtid. Hans låt »Jag är lapp och jag har mina renar...« har blivit mycket populär och spelas flitigt. Vi vakar in det nya decenniet sextiotalet medan vi i två timmar lyssnar på »Toppoppmuff« som sänds för sista gången.

Därmed är det fina femtiotalet slut som utan skilsmässa kanske hade blivit perfekt.

Det kommande sextiotalet, i alla fall de första åren, blir ingen lycklig tid i mitt liv. Tonåren är jobbiga med många krav som ställs i en kärlekslös miljö. Marianna är fientligt inställd till oss alla tre och då särskilt till Camilla och det är något som vi alla lider av.

Del 3
Året 1960

1. Midvinter

Nyårsnattens uppesittande innebär en skön sovmorgon åtminstone för husets gäster. Efter en långsam uppstigning och en god frukost tar vi det lugnt under årets allra första dag.

Milda luftmassor strömmar in över Norrland och ger regn framåt kvällen.

På årets andra dag är det tänkt att vi ska göra hemfärden. Jag tycker att det ska bli skönt att komma hem till Vännäs. Det är trots allt främmande människor jag gästar och Lisas föräldrar var mer eller mindre tvungna att ta mig med. Vädret har nu slagit om under natten och termometern visar på morgonen minus femton grader. Det är väldigt halt men resan går bra. Vaktmästaren har gjort i ordning en liten skridskobana på gården. Lisa och jag tar fram skridskorna och åker en liten stund. Ganska snart konstaterar vi att isbanan nog är i minsta laget för oss. Här går det inte att ta ut svängarna.

Jag ringer till Lage på macken, hoppas att han ska vara där och att det är han som svarar. Det gör han. Jag får höra hans röst och önskar honom ett gott nytt år.

På kvällen tar jag en promenad till Hörnan för att sedan vika av mot ungdomsgården vid Älvdala. Jag tittar en liten stund på dem som åker på rinken. Här är det bara pojkar som skrinnar så jag går hem till Lisa. Vi får stanna uppe ganska länge nu när det är skollov.

Lisa och jag ligger halva dagen innan vi masar oss upp ur sänghalmen. Hemma skulle jag aldrig få ligga så länge på morgonen. »Upp och gör nytta, det här duger inte« skulle jag få höra.

På eftermiddagen går vi på en ishockeymatch. Jag köper ett ungdomskort som kostar fem kronor och som jag kan använda för att gå på olika evenemang. I dag är det Vännäs som spelar mot Åsele. Vännäs vinner med fyra-tre. Tant Inga och farbror Gunnar är också där och tittar på matchen eftersom sonen Tommy spelar i laget.

På kvällen går jag på bio och ser »Vikingarna« med Tony Curtis. »Oj vad jag tycker att Tony Curtis är snygg i sitt svarta skägg och lockiga hår. Filmen var bra men rå« skriver jag i dagboken.

Nästa dag kommer med härligt vinterväder och det vill vi ta vara på. Alltså går Lisa och jag till hockeyrinken vid ungdomsgården och åker en stund. Isen är bra och vi har riktigt roligt. När vi kommer hem med rosiga kinder tar jag fram mitt brevpapper och min nya reservoarpenna. Jag skriver ett brev till Putte och Lillan som jag ömmar lite för. De måste vara borta så länge från hemmet. Medan jag sitter och skriver undrar jag hur de har det och om de saknar familjen. Pappa skickar ett vykort från Stockholm där han meddelar att de kommer hem på onsdag den sjätte januari.

På kvällen går jag ut och postar brevet till Putte och Lillan. Då kommer Rune körande i bil. Han har arbetat i verkstaden vid vårt hus men nu går han på Yrkan för att skaffa sig en ordentlig utbildning. Rune vill bjuda på en åktur i sin nyinköpta men begagnade bil. Jag åker med en bit för att vara snäll när han nu vill visa upp sitt fordon. Det blir en kort sväng och jag är hemma tjugofem minuter senare. Fastän jag hade ju mycket hellre åkt med Lage som jag tycker är den finaste killen.

Så är det dags för bio igen. Carina och jag ser den barntillåtna filmen »Dadda för tre« med Gary Grant och Sophia Loren. Ja, lite roar den väl men inte gör den något större intryck på oss. Det är ganska glest med ungdomar ute nu när det är skollov. Efter bion träffar vi i alla fall Ingrid som arbetar i Nilssons affär. Ingrid, som är mycket godhjärtad, bjuder mig på en varm korv, vilket känns lite lyxigt för mig. Jag känner mig tacksam.

Dagen efter, onsdag, går jag till stationen för att möta Stockholmsresenärerna. De har ett paket till mig från Camilla. I det ligger en vit bomullskofta. Den är fin och jag tycker att Camilla är snäll som tänker på mig. Jag flyttar hem från grannarna och upplever det samtidigt lite ledsamt. De har varit så snälla och gästfria och jag känner en stor tacksamhet.

Nu ska pappa och Marianna åka till Bondböle för att hämta barnen och jag skottar utanför garaget för att de ska komma ut med bilen. Sedan skriver jag ett brev till tant Ruth och tackar henne för en senkommen konfirmationspresent. Hon tycker att jag behöver en bok som heter »Tonen från himlen«. Ett kort som hon målat själv är också med i det lilla paketet. Jag måste erkänna att jag ännu inte läst den. Men än är det inte för sent. På insidan av pärmen står det skrivet med tant Ruths vackra handstil:

»O herre giv
att allt mitt liv
må Dig en hyllning bära,
att det må bli en melodi
allenast till Din ära.«

Ja, vi får väl se hur det blir med det men en gör så gott en kan.

Tant Inga ska fylla år och jag tänker ge henne några fina marsipanfigurer som jag redan slagit in i ett vackert paket. Till julklapp gav jag henne en parfymflaska och jag undrar så här i efterhand om hon kunde använda den. När man är fjorton år är kunskapen om parfymer inte så stor och det är inte plånboken heller.

2. Mer utespring

I hemmet ges inga kramar, bekräftelse eller uppskattning, därför känns det som ett måste att gå ut, om så bara för en liten stund. Mina vänner är mycket viktiga för mig under barn- och tonårstiden, likaså mina syskon och tant Inga.

Därför går Emmy och jag ut på promenad i köpingen när kvällen kommer. Yrkesskolan börjar sin termin direkt efter trettondagen så det är lite liv och rörelse ute. Vi råkar möta en kille vid namn Valle, som stannar framför oss. Han syns ibland tillsammans med andra pojkar från Yrkan som vi vanligtvis hejar på. Nu språkar vi med honom en stund där vi står i Hörnan och trampar i den knarrande snön. Vi måste titta upp för att se honom i nunan eftersom han drar åt tvåmetershållet. Jag drar upp kragen på lottapälsen för att skydda mig mot kylan när Valle frågar om han får bjuda mig på bio. Jag tackar ja och vi måste då säga hej till Emmy som verkar vara förstående inför erbjudandet jag fått. Men det känns ändå lite dumt att lämna Emmy så här. Vi ser »Blå Ängeln« med May-Britt Wilkens. Den är förstås barnförbjuden men nu är jag snart femton år. Efter filmen följer vi strömmen av biobesökare ut ur den varma lokalen. Kylan slår emot oss vilket gör att jag, från det lite dåsiga tillståndet, piggnar till lite. Valle följer mig vägen hem mot Kraftbolagets hus. Vid trappan säger vi god natt till varandra.

Följande dag går jag till tant Inga och gratulerar henne på födelsedagen. Hon och farbror Gunnar bor i en liten gul tegelvilla som ligger nära skogen åt Myran till. Jag tror att hon fyller fyrtioåtta år idag. Hon visar glädje över de enkla presenterna. Som vanligt är hon generös och ger mig två kronor och femtio öre till bio. Jag blir glad när hon säger att jag kunde ha bott hos dem när föräldrarna var i Stockholm. Det är klart att det också hade varit roligt.

På hemvägen köper jag ett bacstift för att jag vill lukta gott under armarna och inhandlar samtidigt två hårrullar.

Hemkommen tar jag fram brevpapperet och reservoarpennan. Min kära moder och Dieter ska få ett brev. Jag vill delge dem lite av vad som händer i mitt liv. Jag skriver också ett brev till min snälla syster och tackar för den fina presenten hon köpt till mig.

På kvällen, när jag är på väg till biblioteket, dyker Rune upp vid vägkanten med sin bil. Han vevar ner rutan och frågar om jag vill hänga med på en tur. Jag har verkligen ingen lust och tackar snällt nej för att sedan gå till stationen och posta breven.

Det blir fredag och dags för en ishockeymatch igen. Lisa och jag klär oss varmt innan vi går till hockeyrinken för att se när Vännäs vinner mot Lycksele med sex-två. Vi erbjuds skjuts hem av tant Inga och farbror Gunnar och det tackar vi för.

Hemma hos oss sitter Lisas föräldrar och slöjdlärare Anderssons när vi kommer in. Pappa och Marianna har, i sista minuten innan skolorna börjar, ordnat ett litet kaffekalas. Lisa och jag tar oss lite te och förser oss av det som bjuds på fatet.

Lovet är nu slut men lördagen den nionde januari är en kort skoldag. Emmy och jag letar oss ut på kvällen. Hon föreslår att vi ska gå till järnvägsstationen. Hon verkar ha något på känn. På stationen stöter vi ihop med Sven-Gösta Jonsson och vi blir lite smått saliga. Han har ätit på restaurangen och är nu på väg för att hämta sina väskor i väntrummet. Då passar vi på att be honom om en varsin autograf. Under skrivproceduren studerar vi honom med lite nervös förtjusning. Rocksamen är klädd i en snygg mockapäls med vitt skinnfoder och han ser mycket stilig ut. Han är inte särskilt lång, ungefär som jag. Det är etthundrasextiotre centimeter men jag har inte växt färdigt än. Nu är han på väg till Björna för att bland annat sjunga: »Vid foten av fjället«, »Där fjällbruden blommar« och »Jokkmokk Rock«.

Camilla kommer hem från Stockholm under söndagsförmiddagen och jag möter henne vid stationen bland annat för att hjälpa henne att bära. Hon har mycket nya saker med sig när hon packar upp sin väska och visar innehållet. Jag tycker att det är roligt med allt det nya som hon så väl behöver.

Klockan ett är hela familjen bjuden till skolvaktmästare Lundberg. Han är en snäll och hygglig person som alla elever gillar. Vi är en stor familj så det är många gäster som på den utsatta tiden hänger av sig ytterkläderna i deras lilla hall. Hallgolvet fylls av skodon som mer eller mindre lämnar smältande snö ifrån sig. Det blir mycket stök för vaktmästarfrun men hon verkar ha förberett invasionen på ett bra sätt. Vi får njuta av en trevlig samvaro och god mat. Efter tillställningen måste Camilla ta tåget till Umeå för att börja en ny jobbig termin när hon helst velat göra något annat. Jag följer henne till stationen och hjälper henne med packningen.

På kvällen går Emmy och jag och ser filmen »Döden gillrar fällan« med Richard Widmark. Vi är överens om att filmen är bra. När den slutar vandrar jag över till Lisa som har besök av tant Inga och farbror Gunnar. Umgänget med dem alla uppskattar jag verkligen.

Måndagen kommer med en vanlig skoldag och inga sensationer. På kvällen går jag till tant Inga och farbror Gunnar och får kaffe och tårta. Tommy är också hemma och fikar med oss.

Två timmars sovmorgon på tisdagen känns skönt. Jag äter min grötfrukost i lugn och ro medan tant Gerd bakar vetebröd med mycket kanel. Så får hon för sig att berätta en fräckis för mig:

»Det är två fullgubbar som är ute och går.

De passerar en inhägnad med två stora suggor.

Den ene säger medan han tittar på de stora skinkorna:

»Åh, tänk om det vore Marilyn Monroe eller Sophia Loren!«

Den andre svarar:»Nej, men tänk om det vore mörkt.«

Ja, tant Gerd kan vara fräck. Jag tror att jag förstår historien och hur det är tänkt, men något liknande har jag förstås aldrig hört. Jag hinner också få mig en bulle innan jag vandrar iväg till skolan.

På kvällen går jag till järnvägsstationen för att posta brev. Ett är till mormor där jag tackar för en femma som jag fått. Jag har dessutom ett brev att posta till Monica som jag träffade på lägret i Umeå. När jag lämnar tågstationen och ska gå till biblioteket kommer Lage körande emot mig. Jag känner ilningen inombords när jag ser att det är hans registreringsnummer. Han bromsar in med ett leende, vevar ner rutan och frågar om jag vill åka med. Om jag vill! Glad sätter jag mig tillrätta i hans fina bil. Vi åker en sväng och stannar på lämpligt ställe för att prata och kramas. Lage berättar att han kanske ska låna bort bilen i två månader och få tusen kronor per månad. Då blir det svårt för honom att komma till Vännäs. Han vill att jag ska skriva brev till honom. Själv vill han inte skriva. Han säger att han inte kan.

Det är mycket trevligt och mysigt att umgås med Lage så jag struntar i det planerade biblioteksbesöket för jag kan inte vara ute så länge.

I dagboken skriver jag bland annat:

»Men det knasiga med honom är att han är så gammal, tjugotre år. Men det är ju egentligen inte så mycket. Hoppas att jag träffar honom snart men det är ju det att han ska låna bort bilen i två månader.«

Nästa kväll går vi ut igen, Emmy och jag, för att lufta oss och se att allt är i sin ordning i samhället. Vi drar en lång repa in mot Myran och nödgas gå in i ett Riksbygge för att värma oss. Det är stjärnklart och mycket kallt så vi promenerar raskt hem igen för att dricka te och värma våra frusna händer över koppen.

Emmy har ett patrullmöte och kan inte gå med till Gammtjoan kvällen därpå. Jag får gå ensam dit för jag vill lära mig gammaldans. Till dansen kommer Valle, lång och ståtlig med sina 1.92 centimeter. Då det ska väljas partner bjuder Valle upp mig alla gånger utom en. Annars får vi byta kille genom att ta ett steg framåt vid inlärningen så att säga. Det är roligt att få lära sig nya danser som polka, schottis, vals och hambo. Jag kommer att ha stor nytta och glädje av denna danskurs och det är jättekul att dansa med Valle och få känna sig uppskattad.

När dansen slutar går Valle till Yrkan för att hämta sin mössa eftersom det är så kallt. Sedan följer han mig hem till dörren där vi står och pratar en stund men klockan 21.35 måste jag skynda mig upp.

Det är dags för gymnastik igen. Emmy är snäll och följer med mig dit på fredagskvällen så att jag får lite välbehövlig träning. Troget sitter hon på bänken med ryggen mot ribbstolen och iakttar aktiviteterna. När jag är klar går vi en sväng för att informera oss om läget i köpingen och därefter följer jag henne uppför Ögrensbacken mot hennes hem.

Gunnar ska framkalla kort och jag hjälper honom igång för jag vill ju ha några bilder som han tagit på mig. Det finns pojkvänner som önskar foton av mig och jag har lovat att jag ska göra vad jag kan. Det röda kräppapperet sitter runt lampan i framkallningsrummet och förändrar ljuset och gör det lite svårare att se. Gunnar har fina bilder på sin filmremsa som han satt i förstoringsapparaten. Han lägger ett fotopapper under lampan, belyser papperet för att därefter lägga det i framkallningsvätskan. Där växer bilden fram och blir allt skarpare. Innan bilden läggs i fixeringsbadet måste den sköljas i vatten. Jag har varit med om den här proceduren många gånger då pappa har fotograferat åtskilligt i sina dagar och framkallat alla sina bilder själv.

Idag får jag ett brev från Monica som bor i Lycksele och ett annat från en brevvän som bor i Nyliden nära Slagnäs. Det ligger uppåt fjällkedjan till, en bit från Arvidsjaur. I dagboken har jag skrivit: »Torolf är så gullig. Han är bara tolv år.«

Han skriver med vackert präntade men lite barnsliga bokstäver. Det är tur att jag fått brevpapper i julklapp, för det går åt en hel del så mycket som jag brevväxlar.

Söndagens väder verkar inte så inbjudande med trettio minusgrader men pappa och jag åker i alla fall till Middagsberget. Snön kärvar under skidorna och gör det trögt. Kylan biter i kinderna men vi är härdade. Uppe på berget är temperaturen betydligt behagligare med bara sexton minusgrader. »Rena blian« skulle man kunna säga. Det är fint med snö och rimfrost på träden och en blek, lågtstående januarisol skickar sina strålar genom grenverket. Det är mycket vackert.

Valle och jag har bestämt att vi ska gå på bio och jag går ut för att möta honom. Då tar Camilla emot ett telefonsamtal från en pojke som söker mig. Hon meddelar honom att jag gått på bio. Därefter går Camilla till järnvägsstationen för att åka till Umeå. Förmodligen är det Valle som ringt och tänkt meddela mig att han inte kan komma, för han dyker aldrig upp. Jag börjar gå mot hemmet då jag möter pappa, Marianna och magister Hagström. De är på väg för att se en film som heter »Regnträdets Land« med Elisabeth Taylor och Montgomery Clift. Magister Hagström bjuder med mig trots att jag ännu inte har åldern inne för barnförbjudna filmer. Men nu är det inte så många dagar kvar innan jag fyller femton år.

Jag tycker att filmen är fantastiskt bra och jag känner mig tacksam. Tant Inga och farbror Gunnar ser också den här föreställningen. När vi kommer hem dricker vi te med Gunnar som snällt suttit barnvakt.

3. Hockeymatcher och kurragömma i källaren

Den nya veckan börjar med läxläsning hos Emmy. Då kan jag också kolla av läget i samhället under promenaden till henne. I övrigt bjuder veckan på gymnastikträning och den månatliga tvättdagen. Hela onsdagskvällen är jag nere i tvättstugan för att hjälpa till med tvätten. »Roligare kan man ha« skriver jag i dagboken men jag förstår att också jag måste hjälpa till.

Gamm-tjoan blir inställd på grund av en viktig ishockeymatch. Vännäs AIK spelar mot Skellefteå AIK och cirka niohundra åskådare infinner sig för att bevittna drabbningen vid Älvdalarinken. Vännäs ishockeylag blir utklassat av Skellefteåspelarna som har flera medlemmar vilka deltar i mycket stora sammanhang. Vi får bland andra se Acka Andersson, Hasse Svedberg och Garvis Määtä vinna med tretton-ett. Tänk att våra kära hockeypojkar ändå kunde peta in ett mål i kassen! Några av de fina pojkarna i Vännäs lag är Runar Bäckström, Tommy Ståhl, Ulf Bodin, Sven-Erik Bengtsson, Martin Johansson, Lennart Nordlund, Sune och målvakten Gottner Holmberg.

En härlig friluftsdag får vi uppleva under fredagen då en del av skolans elever och två lärare styr kosan till Middagsberget och slalombacken. De två lyckliga lärarna som får nöjet att vaka över oss är Torsten Eriksson och Per-Olov Palm.

På kvällen sitter jag barnvakt hos tandläkare Siems och erhåller sju kronor för besväret. Jag får på grund av tandställningen göra regelbundna besök på tandkliniken och i samband med dem händer det att jag erbjuds barnvaktsjobb och kan tjäna några kronor vilket jag är tacksam för.

På söndagen åker Camilla och jag med pappa, Marianna och barnen när de ska till Bondböle. Camilla och jag kliver dock av i Vännäsby för vi ska hälsa på tant Gerd och farbror Munter. Tant Gerd visar upp ett glatt ansikte i dörren när hon ser oss. Hon känner att vi tycker om henne. Vi får en trevlig stund i det snälla parets sällskap. Först bjuds vi på kaffe och sedan gör tant Gerd i ordning mat till oss. Det känns skönt med omtanken vi får här. Efter en tid dyker Gunnar upp med en kompis och snälla tant Gerd serverar dem te. Pojkarna har åkt moped hit. Mopederna används hela året, oavsett väderlek, tycks det. Så småningom tackar vi för oss och Camilla och jag promenerar hem till Vännäs i lätt duggregn. Vi passerar macken där Lage jobbar men han syns inte till. Promenaden, som tar cirka tre kvart, känns härlig, vädret till trots.

Arbetsveckans första kväll viker jag till lottförsäljning. Jag åker spark för att hinna med så många ställen som möjligt och gör även en sväng förbi tant Inga och farbror Gunnar. Jag besvärar dem inte med lottförsäljningen eftersom de är på väg ut med sparken men tant Inga bjuder mig på ett äpple. Det tar jag tacksamt emot för frukt får vi nästan aldrig hemma. När jag sparkar tillbaka genom samhället dyker några pojkar från Yrkan upp och vi pratar en stund. En av gossarna, Stig, följer med mig ut och åker en bit. Det är många flickor som beundrar Stig och lite stolthet kan jag väl känna under sparkfärden men det är ju Lage som är min verkliga idol.

Emmy och jag säljer lotter de två följande kvällarna också. Det är Simfrämjandets lotter vi försöker bli förmögna på, men avansen är måttlig. När vi, efter en god stunds arbete med lotterna, närmar oss Ögrens kondis beslutar vi att ta en paus. Nu är det Emmys tur att bjuda på fika. Konditorn bakar goda krämbullar som kostar femton öre styck och dem brukar vi välja till teet. Vi njuter av fikat samtidigt som »Red river rock« med Johnny & Hurricanes ljuder från jukeboxen. Melodin är bekant för det är samma som rocksamen sjunger i sången »Vid foten av fjället.« Den här instrumentella versionen är mycket rockig och det svänger bra om den. Senare får vi veta att melodin kommer från en nordamerikansk folksång »Red river valley«, men den har också andra namn. Det är en populär melodi med andra ord.

Vi promenerar en stund genom Vännäs för att sedan gå hem till mig. Där fikar vi igen. När Emmy kommer hem till sig är det dags för en tredje fikastund tillsammans med familjen. Emmy är smal trots sitt ätande och ännu är jag rätt så lagom i omfånget men under kommande hösten och vintern går jag upp i vikt och blir tyvärr lite onödigt bastant.

Oj, vad Emmy och jag har roligt på Gamm-tjoan. Valle är förstås där och höjer stämningen. Danserna börjar flyta på nu och den svåraste tycker vi är hambon. Men även den börjar gå någorlunda bra.

Efter dansen följer Valle mig hemåt. Eftersom det fortfarande är januari och flera minusgrader ute går vi in i farstun en stund. Här kan vem som helst komma och störa så vi öppnar källardörren och går ner för trappan och sätter oss på nedersta trappsteget. Här är det varmt och skönt att sitta och prata. Men plötsligt så hör vi att det kommer någon och vi skyndar oss in i var sitt förråd och stänger trädörrarna så ljudlöst som möjligt. Jag vågar knappt andas när jag hör stegen som närmar sig och någon står utanför dörrarna och lyssnar. Vi rör inte en fena där vi står i respektive bås och väntar med hjärtat bultande av spänningen. Plötsligt åker min dörr upp och där framför mig står vaktmästaren och tittar mig rakt i ögonen. Jag får lust att dra igen dörren igen men inser att det kan jag ju inte göra. Mycket skamsen går jag ut utan att säga ett ord och ställer mig på gården och avvaktar utgången.

Efter ett tag kommer Valle ut. Han har blivit ordentligt utskälld och utfrågad om det är han som slängt fimpar i källaren. Stackars Valle bedyrar att han aldrig varit där förut, dessutom röker han inte.

Nu vill Valle gå hem och då frågar jag förhoppningsfullt:

»Kommer du på Gamm-tjoan nästa vecka?«

Han svarar då:

»Jag börjar bli less på gammeldansen men om inget hinder dyker upp så går jag väl dit.

Dessutom tycker jag att det är svårt att träffas och umgås. Men vi skulle kunna gå på bio snart i alla fall.«

Han vill kanske ha ett tryggt ställe att vänslas på men jag tycker att det räcker som det är. Jag kan inte heller komma dragande hem med mina pojkvänner. Det skulle se ut det!

I maj ska han rycka in i lumpen och vara borta i nio månader vilket känns lite tråkigt.

På grund av att det är pedagogdagar blir vi lediga fredagen och lördagen. Fredag kväll hade jag tänkt gå på hockey och se Vännäs AIK spela mot Hörnefors IF, men rektor Haggren behöver barnvakt och jag vill tjäna pengar, därför ställer jag gärna upp. Mopedinköpet hägrar. Klockan sex är jag på plats för då ska Haggrens gå. När klockan passerat åtta har barnen fortfarande inte somnat noterar jag i min dagbok som jag tagit med mig. Jag har en lång kväll framför mig.

Den trettionde januari sätter jag in tio kronor på banken till mopedköpet som närmar sig. Kvällen bjuder på en ungdomsafton i Vännäsbys församlingssal och ungefär etthundrafemtio ungdomar samlas där. Jag får åka dit med Stinas föräldrar men Emmy som egentligen också vill gå, åker till Hössjö för att hälsa på sina släktingar.

Alla som ska konfirmeras till våren är inbjudna men även vi som redan blivit konfirmerade är också välkomna på denna kyrkans afton. Vi får kaffe med bullar och kakor men programmet i övrigt kommer jag inte ihåg.

Slalombacken får sig ett besök under söndagen och jag kostar på mig en fika i Midstugan. Nu är det många skidintresserade som letat sig upp på berget för att åka i den fina backen. På kvällen går Emmy och jag på Vännäs OK:s årsmöte. Jag antar att det är pappa som insisterar och tycker att vi ska närvara. Vi hinner också sälja några lotter.

Kvällen efter besöker Emmy och jag biblioteket där vi letar bland hyllorna efter något spännande att läsa. Vi har ungefär samma smak vad gäller litteratur och tipsar varandra när vi läst något bra. Här inne i biblioteket trivs jag. Medan jag väntar på att mina böcker ska stämplas tänker jag på alla ord som finns här inne och undrar hur många de är totalt sett. Många timmars arbete har gått åt för att sätta samman alla ord i dessa volymer. »Smack, smack, smack« och så är korten tillhörande mina böcker stämplade. De blir insatta i sin ficka längst bak på insidan av pärmen. Vi tar våra böcker och promenerar hem till Emmy för att fika. Sedan tvättar jag hennes hår och lägger upp det på rullar. Nu ska hon sova på rullarna men återigen vad gör man inte för att bli och få känna sig fin. Det är särskilt viktigt i tonåren.

Lite skidåkning måste jag klämma in mellan de andra aktiviteterna. Jag avverkar sex kilometer en eftermiddag för pappa ska väl som vanligt anmäla mig till någon tävling och jag ställer snällt upp.

Det blir hockeymatch igen och Vännäs spelar mot Teg. Jag går dit med en stockholmsflicka som i slutet av december flyttade in i vårt hyreshus, i samma trappuppgång som Lisa. Hon heter Monica och bor tillsammans med sin moster och morbror. Morbrodern är föreståndare i affären som ligger i samma hus som vi bor i. Hockeymatchen slutar 4-3 till Teg.

På frukostrasten hinner jag sätta in tio kronor på banken igen och köpa en kulspetspenna. Nu har jag jobbat och sparat ihop elvahundraåtta kronor, en mycket stor summa anses det.

Under aftonen spelar jag korgboll med lärarna. Det är spännande och intressant att se dem i en helt annan situation än den bakom katedern. Nu är de mer uppsluppna och glada.

På slöjden ska jag sy en soldräkt som liknar den Camilla har. Jag har köpt ett vitt tyg till den för att eventuell solbränna ska framhävas. Den kommer också att ha en liten volang på höfterna.

På väg till gymnastikträningen ser jag Valle men han ser inte mig. Nu har jag inte heller tid att träffa honom. När jag kommer hem skriver jag ett brev till Torolf i Slagnäs.

Två dagar innan min födelsedag får Putte ha julgransplundring för då tycker pappa att granen har gjort sitt. Då är det arbetsdag, torsdag, och tant Gerd får hålla i förberedelserna och ordna lite ätbart till de små. Det blir livat i holken när alla barnen leker och stojar.

Jag måste vara barnvakt hemma på kvällen och missar Gammtjoan. Emmy berättar att Valle var där. Attans!

Gunnar tycker att det är roligt att skämta om namnen i almanackan kring min födelsedag. Han säger dagen före jag fyller år:

»Idag är det Agata och i morgon är det Ragata« och så skrattar han och har roligt åt det. Ja, jag kan ju inte annat än skratta med. Men någon ragata är jag väl ändå inte.

4. Femton år

Lördagsmorgonen den sjätte februari uppvaktas jag med paket på min femtonårsdag. De innehåller en röd kjol, en mössa, ett par handskar, lakan och örngott, två anteckningsböcker och ett skrivunderlägg. Mamma och Dieter har skickat trettiotvå kronor, en flaska parfym, en almanacka och en stor chokladkaka.

Senare under dagen åker Emmy och jag skidor till Midstugan. När vi ska bege oss hem får vi sällskap av Vivi och en klasskamrat som heter Åke. Det gör att hemfärden blir lättsam och rolig.

Emmy och jag går på skoldans på kvällen. »Inget särskilt kul« står det i min dagbok. Valle är ju inte där och jag går hem halv tolv.

På söndagen får jag ha kalas för åtta av mina vänner som kommer med fina presenter. Lisa, Carina och Emmy ger mig den skivan jag mest av allt önskat mig: »Travellin Light« med Cliff

Richard. Inga och Marie förärar mig en ep-skiva av Ricky Nelson. Vivi ger mig en chokladask och Tina kommer med badsalt och talkpuder. Stina har packat in skumbad och två fina tvålar och Carina, som är med på Cliffskivan, ger mig dessutom badsalt och en burk med popcorn. Popcornen är något nytt som jag aldrig sett eller tillagat tidigare. Jag vet inte att man måste lägga ett lock på kastrullen, så det blir en ganska rolig tillställning när popcornen flyger ur kastrullen och yr runt i köket.

Lisa hämtar sin grammofon så att jag kan spela de nya skivorna och alla njuter av välljudet medan vi smakar på tårtan. När kalaset är slut lämnar Lisa grammofonen hos mig för att jag ska få spela lite mer. Jag inser att jag har underbara, snälla och generösa vänner. Vad gäller mina vänner är jag sannerligen lyckligt lottad! De är, tillsammans med syskonen, ljuset i tillvaron under en jobbig uppväxttid.

Dagen efter skriver jag ett brev till mamma och tackar för presenterna. Dieter får ett brev på tyska och engelska där jag också tackar honom. Senare under dagen går Emmy och jag på ett religiöst möte hos Birgit. Där är också de andra vännerna som brukar delta i dessa begivenheter. Här sjunger vi andliga sånger medan Birgit sitter vid sitt piano och spelar. »Långt bortom rymder vida« ljuder i lägenheten och tonerna tränger mycket svagt ut i trapphuset och avslöjar Birgits andliga intresse. Det blir fika, något som vi sett fram emot och betraktar som höjdpunkten under mötet. Och naturligtvis ber vi tillsammans.

Valle är inte längre särskilt intresserad och bjuder bara upp mig en gång under gammeldansen. Efteråt ser han till att snabbt försvinna därifrån och jag blir faktiskt ledsen, att det lilla vi haft, tycks vara slut. Han verkar ha blivit avskräckt men man kan ju alltid hoppas att mötet med vaktmästaren är orsaken.

Jag går med Emmy och ser »Sängkammartjuven« med Jarl Kulle, Lars Ekborg, Lena Söderblom och Gaby Stenberg. Därmed får vi lite roligt en stund. Magister Hagström, pappa, Marianna och en fjälla till Hagström ser filmen samtidigt och det blir Gunnar som får sitta barnvakt igen. Han ska ändå göra någon läxa så det går väl bra. Pappa och Marianna har det bra förspänt, för det finns alltid barnvakter att tillgå.

När lördagen kommer är det biodags igen. Jag går med Emmy och ser »Ett människoöde«. Det är en rysk film som handlar om Andra Världskriget. Den är mycket känslosam och tragisk. Författaren Michail Sjolochov som skrivit berättelsen som filmen bygger på, kommer 1965 att tilldelas nobelpriset i litteratur.

5. Stor invigning och skidtävlingar

Denna söndag, den fjortonde februari ska Vännäs kyrka invigas. Bygget har kostat över åttahundraartontusen kronor. Den är efterlängtad eftersom köpingen aldrig haft någon egen kyrka. Emmy och jag hänger på låset redan kvart i tio. Vi släpps in i byggnaden klockan tio. Förundrade blir vi stående en bit in i det väldiga kyrkorummet. »Vad fint och så stort«, tänker jag medan blicken får svepa runt för att ta in skapelsen. Biskopen Ivar Hylander, min konfirmationspräst och många andra av kyrkans tjänare befinner sig här idag. Pastor Björk, vår tidigare granne som flyttat till Huskvarna, ska också hjälpa till med invigningen. Den mycket snälle och vackre prästen från Norrbyskärlägret ser jag komma gående i gången. Han är verksam i Hörnefors så han har inte så lång väg att åka för att ta sig hit. Jag tycker att det är roligt att han känner igen mig och kommer fram för att hälsa. Han berättar:

»Till sommaren ordnar vi fjälläger. Det har du kanske hört talas om? Det kunde väl vara trevligt för dig att vara med, eller hur? Men välj då Saxnäs där jag kommer att vara ledare.«

»Nä, jag har inget hört om dom. Jag vet inte hur sommaren

kommer att se ut för min del. Men det vore kanske roligt...« säger jag lätt generad eftersom jag känner att jag kanske borde veta om dessa läger.

Det blir inte mer sagt nu för folk formligen väller in i kyrkan, tar plats i de nya bänkarna och ser sig omkring. Huvudena vänds och vrids åt alla håll. Den nya helgedomen ska beskådas liksom folket som kommer hit idag.

»Jaså han är här, och dom, det hade jag inte väntat mig« hör jag bakom mig.

Kyrkan blir fullsatt på kort tid. Pappa, Marianna, tant Olga och farbror Karl har tur att få sittplatser. Camilla stannar hemma som barnvakt och Gunnar är måttligt intresserad av det kyrkliga men desto mer av sin flickvän i Rödåsel. Invigningen, som börjar klockan elva, tar en bra stund. Programmet omfattar också nattvardsgång. Emmy och jag som är konfirmerade får gå fram men vi känner oss inte värdiga eller tillräckligt religiösa. Jag upplever dock pressen från min lägerpräst. »Vad tänker han om jag inte tar nattvarden?«

Det blir alltså min gamla prästbekantskap som påverkar mig till att på darrande ben vandra fram till altaret för att för andra gången i mitt unga liv ta emot nattvarden. Emmy blir sittande kvar i kyrkbänken för att hon inte känner sig tillräckligt religiös eller gudfruktig för att ta emot Jesus lekamen och blod.

Klockan tre är det dags för en ny föreställning i kyrkan. Camilla och jag går dit för att ta del av musikgudstjänsten som är både rogivande och njutbar. Det innebär att jag idag tillbringar fem timmar i detta nya Guds hus.

På kvällen sitter jag barnvakt hos rektorn från klockan halv sex. Först äter barnen och jag den glass som är avsedd för oss. Glassen är gräddigt god med en fin vaniljsmak. Vi njuter av den till sista skeden och skrapar noga assietterna. Sedan hinner vi leka en stund innan det är dags för mig att lägga barnen. Lite senare kommer Gunnar och avlöser mig. Då hinner jag gå en liten sväng för att snabbt kolla av läget i samhället. Kanske finns det något intressant därute. Sedan skyndar jag mig hem till klockan nio för jag ska nämligen göra i ordning herbariet. Pastor Björk tackar för sig och går när jag kommer innanför dörren. Han åker nu tillbaka till Huskvarna.

Vi har det här läsåret tolv olika lärare, en i varje ämne. Det är mycket omväxlande kan jag säga. En del av dessa är nyanställda. »Vi har Rune Westermark i matte. I engelska har vi Kjell Ulfhielm. Det är den bästa läraren på skolan. Han spelar trummor i Inge Burströms orkester som är Norrlands största och bästa«, är noterat i min dagbok.

Matteprovet som vi får tycker jag är svårt. Jag undrar hur det går för jag har inte lagt ner så mycket tid i ämnet. Men efteråt får vi semlor till lunch som en slags tröst. Jag äter en fylld och fyra ofyllda. »Tänker inte mycket på linjerna. Behövs inte« står det skrivet i dagboken men redan under den kommande hösten lägger jag på mig onödiga kilon. Jag passar på att äta när det bjuds. Det kan bli för mycket och dessutom fel produkter. Under flera somrar har det gått alldeles för lång tid mellan måltiderna vilket gör att jag är rädd för den jobbiga hungern som sätter kroppen och humöret ur spel. Är också den fysiska aktiviteten omfattande, samtidigt som maten är ransonerad, känns det inte så bra.

Lördagskvällen bjuder på ungdomsafton i den nya kyrksalen under ledning av Rolf Nyberg, en relativt ny präst i församlingen. Vi sjunger och det dukas fram fika. Kvällen avslutas i den nya kyrkan med en liten gudstjänst.

Jag har sedan länge lämnat tillbaka Lisas grammofon och fått låna Monicas. Vilken tur jag har att det finns vänner som har grammofoner och som de dessutom är snälla nog att låna ut.

Emmy och jag går till Älvdala och snör på oss skridskorna när måndagskvällen kommer. Vi anstränger oss inte precis utan vi skrinnar lugnt och avspänt i den friska kvällsluften som ger oss färg på kinderna. Jag vill inte sitta hemma och längta ut till friheten, så jag ser till att komma ut i stort sett varenda kväll.

Redan nästa kväll går vi till den nya kyrksalen på ett möte igen. Efteråt tar vi en sväng förbi Hörnan bort mot Sagabiografen: »och ser bara Stig och Roland«, har jag noterat.

Det drar ihop sig till Ungdomens Vinterspel så jag åker skidor ett par eftermiddagar för att få lite träning. Det blir sista året jag deltar, elfte gången för min del. Vivi tränar varje dag efter skolan och är mycket duktig. Det blir också Vivi som välförtjänt vinner. Jag slutar som femma men lyckas slå resten av Vännäsflickorna utom en. Camillas hyresvärdsfamilj har kommit till skidtävlingen för att deras barn ska få delta. Putte har nya, röda skidor och hans åldersklass ska åka en kilometer. Han slutar på fjärde plats bland fyra startande, mer än två minuter efter trean och drygt fem minuter efter segraren, men kanske är han yngst. Han åker inte skidor så ofta, i varje fall inte på det sätt som jag gjorde i hans ålder. Men än så länge protesterar han inte mot att bli anmäld till tävlingar och han tycker i alla fall att det är roligt att få gå fram för att hämta sitt märke och ett riktigt bra pris.

Veckan som nu kommer har Yrkesskolan lov och det innebär att det är ganska dött i samhället.

Carina, Marie och jag promenerar på måndag kväll mot scoutstugan för att delta i ett möte. På håll ser vi att det inte lyser i fönstren men vi går ändå fram och känner på dörrhandtaget. Dörren är låst och vi måste vända om och gå hem eftersom mötet tydligen är inställt.

Det kära biblioteket får sig ett besök då jag måste se till att ha något läsvärt hemma och så kommer jag ut även på tisdagskvällen.

Onsdagens begivenhet är brasafton i Midstugan. Jag går dit med Inga och vi får en rolig och annorlunda promenad upp till berget eftersom vi går i ett fackeltåg tillsammans med en hel drös friluftsmänniskor. I den fina stugan med den sprakande elden blir stämningen gemytlig.

Carina ber mig om hjälp i rollen som ledare för Vargungarna. Nu är det möte för de små gossarna på fredagsaftonen i scoutstugan. Här har vi några små, busiga men rara pojkar att hålla ordning på och lära lite nyttiga saker. Carina är mycket duktig och innehar självklart ledarrollen. Jag fungerar mer som en assistent till henne och det är helt i sin ordning för mig.

När lördagen kommer går Emmy och jag på bio igen och nu ser vi »Kusinerna« med Gérhard Blain och Jean-Claude Brialy. »Den var <u>bra</u>«, skriver jag i dagboken.

Vi som ska delta i skidtävlingen i Umeå åker med buss från Vännäs under söndagsförmiddagen. Till hjälp har vi folkskolläraren Rune Andersson. Här tävlar vi med dem som är ett år äldre och åker fem kilometer vilket jag upplever som mycket långt. Jag slutar på fjärde plats bland ett stort antal startande och Vivi vinner igen. Vid prisutdelningen får jag en väska.

Camilla kommer till tävlingen i sällskap med en kanadensare som hon träffat i Stockholm. Enligt Camilla är han fotograf och miljonär och jag tycker att det låter som en spännande bekantskap. Jag försöker prata lite engelska med honom, man vill ju vara trevlig och visa att man kan.

Enligt Marianna gör kanadensaren Lloyd även ett besök i Vännäs. Hon vet att han tagit in på Vännäs nya hotell Vingen. Marianna drar slutsatsen att han inte kan vara miljonär eftersom kragarna på hans skjortor är vända. Lloyd lämnade nämligen in skjortorna för tvättning och sedan går djungeltelegrafen som vidarebefordrar informationen till Marianna. Kanske är vi i fjällen då. Marianna påstår också att kristallglasen i vårt silverskåp var använda och att ett fattas. Hela livet går hon omkring och saknar detta glas och hon kan aldrig glömma eller lägga förlusten bakom sig. Jag undrar nu för mig själv om det är kristallglasen från Urshult som mamma och pappa fick i bröllopspresent av farbror Aje och faster Barbro.

När jag kommer hem från Umeå badar jag skumbad och njuter

av väldoften som skummet ger och låter det varma vattnet om-
sluta kroppen som fått slita idag. Fem kilometer på en tävling!
Långt och jobbigt! Jag ligger länge och slappnar av, men så är det
någon i den talrika familjen som måste komma in för att sätta sig
på toa och friden upphör.

6. Mopeden - äntligen

På måndagen får jag ett brev från Camillas pojkvän Gustav. Han
har fått tag i en moped till mig, en Apollo som är beige och röd. Den
är alldeles ny, men eftersom den har stått ett tag ska jag få den för
sjuhundrasjuttio kronor. Värdet på den är egentligen elvahundra
kronor kan jag läsa i brevet. Upphetsad och ivrig skriver jag svar
samma dag och på lätta steg går jag till stationen för att posta svars-
brevet. Inom en snar framtid kommer jag att ha en moped i min ägo.

Det är fettisdag och skolan har friluftsdag. Vi åker en ganska lång
omväg till Midstugan och får våra Skolsport-sextiokort stämp-
lade. Efter utflykten serveras det semlor på skolan. Jag äter bara
en fylld och två ofyllda idag men Gunnar slukar åtta semlor, fyra
fyllda och fyra ofyllda. Ja, vi måste ju passa på när det bjuds för
hemma blir det inte mycket.

Jag sitter barnvakt på onsdag kväll i stället för att gå på bio och se
»Raggare«. Det är föräldramöte på skolan så det är därför jag får
vara hemma och ta hand om barnen. Gustav ringer och meddelar
att mopeden skickas i morgon och att den är transportförsäkrad.
Oj, vad jag längtar till den kommer! Jag kan knappt tänka på
något annat. Nu går jag varje dag och väntar och hoppas.
   En ny tand dras på torsdagen och tandställningen spänns lite
grann. Visst gör det lite ont men jag ser fram emot slutresultatet.

På kvällen ser Emmy och jag den berömda filmen »Raggare« med Hans Wahlgren och Christina Schollin. Jag skriver i dagboken: »Den var bra men rå,« vad jag nu menar med den kommentaren. Det minns jag inte.

Skolan har bjudit in till åhörardagar. Eftersom Camilla har vinterlov nu så kommer hon till skolan för att lyssna på oss. Det är roligt för mig med besök i klassrummet för jag har aldrig någon som kommer och lyssnar, inte sedan mammas tid under det allra första skolåret. Jag blir stolt när min kära syster kommer och åhör våra lektioner.

Första fredagen i mars är det ett gemensamt kårmöte för vargungar och pojkscouter i scoutstugan. Carina och jag infinner oss där med våra vargungar. Vår kårledare Hasse håller i hela evenemanget och ser till att det avlöper på bästa sätt. Även Vännäsbys scouter deltar här ikväll och min vän Sverker är med noterar jag i dagboken.

Hela skolan gör en utflykt till Middagsberget och Midstugan under lördagen. Eftersom vi åker i slalombacken missar vi SM i backhoppning som går samtidigt och jag får höra att Valle är där och tittar.

Jag känner en stor längtan som övergår i besvikelse när jag kommer hem och ser att mopeden ännu inte har kommit. Ja, då måste jag vänta ända till måndag.

På kvällen sitter jag barnvakt igen och Emmy är snäll som kommer och gör mig sällskap. Vi bakar chokladbollar och fikar.

Skol-SM i längdåkning går i Umeå och pappa har naturligtvis anmält mig. Vivi, som tyvärr är sjuk, slipper det omöjliga föret den här dagen. Men hennes pappa kan förmodligen valla skidor så det skulle säkert ha gått bra för henne idag. Många av mina medtävlare har vallningsexperter med sig och får skidorna preparerade i sista stund efter det just då rådande underlaget. På alla deltagarnas skidor stämplas bokstäverna SM medan vi står uppställda på rad i väntan på vår tur. Jag kommer fram till startlinjen med mina dåligt förberedda skidor. Det har snöat och temperaturen ligger runt noll grader vilket gör att snön klibbar fast under träskidorna. Det går över huvud taget inte att glida. Det blir värre och värre tills det känns som jag går på styltor. Jag tvingas att för allra första gången bryta en tävling men jag tror faktiskt inte att jag är den enda som gör det. Som minne av den här tävlingen har jag märkningen kvar på mina skidor.

Måndagen den sjunde mars blir en stor och betydelsefull dag för mig. Efter nästan fyra års sparande och gnetande går äntligen min dröm i uppfyllelse. Mopeden står utanför vår port när jag kommer hem från skolan. Den är ordentligt emballerad i wellpapp och snören och jag får bråttom med att öppna det stora paketet. Jag tycker att den är helt underbart fin. Mätaren står på en mil och tre kilometer. Jag startar den och åker till macken för att fylla på bensin. Det är fortfarande mycket snö kvar eftersom det ännu bara är början av mars så nu det gäller att köra försiktigt. Vinterkylan känner jag inte av, jag bara njuter när jag åker och visar upp den för mina vänner. Det blir också en tur till tant Inga i blomsteraffären. Hon tycker förstås att den är fin.

Jag måste hem för att äta middag och göra läxor men halv sju är det mopedåkning som gäller igen. Jag kör på skoj ikapp en klasskamrat till Gunnar. Han har en Monarkscooter som också är röd. Mätaren står på trettiofyra kilometer i timmen när jag har fullt gaspådrag. Inte illa tycker jag i alla fall. Gunnar vill naturligtvis provköra den och gör en liten sväng efter Umevägen där det inte är så mycket snö. Sedan kan jag inte avhålla mig från att åka till Vännäsby. Jag passerar macken och ser Lage som hejar när han ser att det är jag. Det står många killar och gubbar på macken så jag stannar aldrig utan vänder lite längre bort och åker tillbaka mot Vännäs.

När jag strax före klockan nio parkerar mopeden Apollo Bel Rock utanför porten och låser den, står mätaren på fem mil och nio kilometer.

Jag är mycket stolt på tisdagen när jag åker moped till skolan och parkerar den utanför. Den blir förstås beundrad av mina skolkamrater. Efter plugget spelar jag korgboll med lärarna. Nu är bollen utbytt mot en större modell och spelet kallas basket där andra regler tillämpas. Jag hinner även med ett tandläkarbesök och blir röntgad. Han är noga min tyske tandläkare och mån om att resultatet ska bli bra.

När kvällen kommer går jag och mina vänner på ett religiöst möte hos tandsköterskan Inga. Själen måste få sitt förstår jag.

Putte har sedan en tid gått i lekskolan. Den håller till i ett hus mitt emot Yrkan. En dag kör jag dit med mopeden när han ska till att gå hem. Han blir väldigt glad när han ser mig och förstår att han ska få åka med. Jag kör försiktigt nerför Ögrensbacken mot hemmet och Putte ler med hela ansiktet.

Rektorsfamiljen behöver barnvakt under onsdagskvällen och jag tjänar tre kronor och femtio öre för de två timmarna och kvarten jag sitter där. Pengarna kan behövas till bensin.

Det drar ihop sig till fjällresa. Det innebär att jag behöver tvätta en hel del kläder som ska packas ner men jag hinner ändå ut en repa på köpingen med Emmy. Vi ser dock inget spännande den stunden vi är ute och eftersom jag har fått mensvärkar vill jag gå hem. Jag hoppas att eländet ska ta slut innan fjällresan på söndag morgon. Bindorna är stora och sitter inte så bra och det är skönt ifall jag slipper packa med sådana. Jag har köpt två russinpaket som jag ska ta med. Det kan vara gott med något sött när det suger. Vår populäre magister, Kjell Ulfhjelm som vi har i engelska, har fått förhinder och kan inte följa med på fjällresan. Han spelar trummor tillsammans med bland andra Bernt Egerbladh och Lars-Gunnar Gunnarsson.

Magister Eriksson ger oss en läxskrivning i fysik på fredagen. »Bara fyra frågor. Jag tror att jag har ganska bra på den«, skriver jag i dagboken.

Det är svårt för oss att hålla ordning på Vargungarna under fredagsmötet fastän vi har hjälp av Marie. Pojkarna är mer vilda än tama och vill inte alltid göra som vi säger.

Efter vargungemötet, när jag åker hem, träffar jag Lage. Oj vad jag tycker att han är gullig och vacker. Jag ska skicka ett kort till honom från Riksgränsen.

Vår snälla, rara och bussiga lilla mamma och Dieter har skickat en tjugomarkssedel till oss och vi får drygt åtta kronor var när vi växlar in den.

En skrivning i modersmål måste vi klara av på lördagen innan lovet. Jag köper mig också en röd plånbok i skinn på Liljas Pappershandel. Den kostar tio kronor och kommer att få hänga med länge för den är fin och hållbar.

7. Fjällresan

Det blir inte mycket sömn den här natten eftersom jag skriver det sista i dagboken klockan 00.10, för redan klockan 5.38 på söndagsmorgonen den trettonde mars avgår tåget från Vännäs station. Med på resan är trettionio elever och tre lärare samt två duktiga mattanter. Putte och Marianna är också med men Lillan får stanna i Bondböle. Det är synd om henne som inte får vara med familjen och njuta av fjälluften.

För Putte är det roligt att åka tåg och nu får han sitt lystmäte. Resan tar ungefär tolv timmar och vi försöker roa oss på bästa sätt. Pojkarna vandrar runt i tåget och i Gällivare kliver en äkta samegubbe ombord. De sätter sig med honom och språkar lite och har trevligt. Gubben berättar för pojkarna att:

» Joo förstå je lappjäntern har minsann hår ända upp till brösten, de ni pojka.«

När pojkarna senare återkommer till vår del av tåget, får vi naturligtvis höra av dem om det sensationella och vi förundras över den rikliga behåringen. Kan den ha att göra med kylan här uppe i Lappland? Det blir ju varmt och gott. Lappjänterna bär kanske heller aldrig tvådelad baddräkt.

Strax före halv sex är vi framme i Katterjokk som är vår slutstation. Jag delar rum med Vivi, Tina och en klasskamrat som heter Karin och vi får det trivsamt tillsammans. En av överslafarna i det lilla rummet blir min och det trivs jag med.

Några pojkar bäddar säck i min säng redan första kvällen. De måste ha ansträngt sig lite för att nå upp och ordna med lakanen. Jag undrar om det är Karl-Olov och Bengt, de två killarna som jag har ett gott öga till.

Efter en bra och närande frukost som mattanterna Morén och Jonasson dukar fram rustar vi oss för en utflykt. Det bär iväg till Riksgränsens högfjällshotell som ligger cirka två kilometer från Katterjokk. I slalombacken tar vi liften upp och åker ner igen. Karin och Anders är nära att sätta en lavin i rörelse, sägs det. Skärrade skidar vi tillbaka till vår förläggning. Där lugnar vi ner oss och packar upp termosarna. Det gör gott att dricka av den varma chokladen. När vi styrkt oss med smörgåsar stakar vi iväg till Katterjokksjön och en stuga som ligger vid den, sex kilometer bort. Det blir en härlig skidtur i en vacker omgivning.

Tisdagen viks för en tågresa till Narvik. Förväntansfulla kliver vi upp i vagnen när tåget stannat vid Katterjokks lilla station. Tåget sätter sig i rörelse och accelererar långsamt med den tunga lasten av malmvagnar. Ingen annan järnväg i Skandinavien tål ett högre axeltryck, 30 ton. Farten ökar allteftersom och tåget susar fram i det vintriga landskapet. Det långa tågsetet dyker in i den ena tunneln efter den andra för att sedan följa fjorden en lång bit och erbjuda en mycket vacker vy. Vi ser en båt som ligger kvar sedan andra världskriget. Vår lärare i engelska uppmanade oss att titta efter om båtarna fortfarande ligger kvar.

I Narvik går vi omkring och tittar i affärernas skyltfönster. Jag handlar kornbröd, mesost och räkor i Saluhallen. Vi blir hungriga så Vivi och jag går till Svenska Sjömanskyrkan och sätter oss i en kyrkbänk. Där skalar vi räkor, fnissar och äter med god aptit. När vi ändå är i Narvik måste vi se var alla de små malmvagnarna som passerar Riksgränsen tar vägen. Malmtågen, som är jättelånga, tippar av sin last i Narviks hamn. Stora högar med kulsinter ligger och väntar på att bli lastade ombord på stora fartyg. När vi tittat färdigt på detta skådespel vandrar vi mot stationen och vid fyratiden lämnar vi Narvik för att hinna hem lagom till middagen.

Nästa dag tar vi tåget med våra skidor och ryggsäckar och åker en bit mot Låktatjåkka. Där kliver vi av, spänner på oss skidorna och rättar in oss i ett långt led. Pappa tar ledningen längst fram med sitt kartfodral hängande på magen och den mörkblå skärmmössan med öronlapparna i uppvikt läge på grund av det vackra vädret. Nu vidtar en lång klättring i sakta mak uppför fjällsluttningen med lagom utspridda pauser för att vila och äta apelsiner. Efter ungefär sju kilometers klättrande anländer vi till Låktatjåkkastugan. Vädret är soligt med en behaglig temperatur. Chokladen och smörgåsarna smakar underbart här uppe under himlens ljusblå valv som vi närmat oss. När magarna är fyllda och vi hunnit pusta ut en stund, vidtar en härlig, underbar utförsförslöpa i nio kilometer och vi landar i Björkliden. Det var lön för mödan! Lite trötta men mycket nöjda tar vi malmtåget tillbaka till Katterjokk.

Efter en skön dusch väntar oss en god middag som våra underbara kockor lagat. Kinderna har antagit en rödaktig kulör som gradvis ska ändras åt det bruna hållet hoppas vi.

På kvällen åker några av killarna med tåget till Lapplandia i Riksgränsen. De är lite nyfikna på stället och vill förstås kolla läget.

Det blir väderomslag vilket innebär en temperatur kring noll grader med blötsnö och vi åker därför till Katterjaurestugan igen. Där äter vi vår medhavda matsäck i snögloppet innan vi fortsätter skidåkningen till Björnfjäll, som är en norsk station. Tåget kommer ganska omgående, vi kliver på och åker med till Katterjokk. Detta blir en lagom tur en dag som denna.

En driftig klasskamrat till Gunnar ordnar program till ett samkväm som vi får njuta av under kvällen. Pappa vill lattja lite och utmanar mig i att gå på händer. Jag är envis och naturligtvis vältränad, därför vinner jag utmaningen.

På fredagen styr vi kosan in i en lång dalgång och husmödrarna, det vill säga våra mattanter, är också med idag, vilket är roligt. De försöker hinna med att åka lite varje dag men inte så långt. Det blir inte långt i dag heller för de flesta vänder efter fyra kilometer. Vi andra fortsätter till en jökel och jag är den enda tjejen som åker med. Pappa ser aldrig ut att bli trött utan han kan mala på i evighet, tycks det. En mil och fyra kilometer har vi att åka innan vi anländer till jökeln men sedan ska vi ju hem också.

Under kvällen gör vi ett besök på Lapplandia hotell i Riksgränsen där vi bodde för tio år sedan. Det var på den gamla goda tiden då mamma var med! En klass fyra från realskolan i Backe är också här på skolresa och det blir tillfälle att byta några ord med dem innan vi återvänder till vår fjällby.

Mina rumskamrater kokar te och jag bjuder på bullar och chokladbollar. Vi får en mysig stund innan sänggåendet. Efter tvättning och tandborstning tar jag fram min pyjamas som ligger under kudden. Den ser inte ut som den brukar. Någon har knutit ihop benen och ärmarna på pyjamasen och fyllt lite spisbrödsmulor i den. Våra sängar ser inte heller ut som de ska. När jag ska krypa ner i min säng upptäcker jag att någon har bäddat säck och lagt smulor också mellan lakanen. Nu blir det till att städa, fundera på om det går att klura ut vilka pojkar det är som är ansvariga och ruva på hämnd.

Sista dagens morgon skickar jag ett mycket vackert kort till Lage. Jag tänker ofta på honom och längtar hem till honom och mopeden, skriver jag uttryckligen i dagboken. Efter frukosten åker vi till Riksgränsen, tar linbanan upp och bestiger Riksgränsfjället. Sedan måste vi tillbaka för att byta om och packa samt binda ihop skidorna. Efter det får vi en välbehövlig fikapaus.

Det blir en mycket tidig uppstigning på söndagsmorgonen inför hemfärden. Tåget avgår sju och nu åker vi återigen sträckan som har valts till Sveriges vackraste järnvägssträcka, Riksgränsen – Torneträsk. Efter den långa hemresan kliver vi av i Vännäs på kvällen strax före klockan sju. Nu känns det skönt att komma tillbaka till civilisationen!

8. Vårvinter

Jag får hjälp med att kånka ner mopeden från vinden samma kväll som vi kommer hem. Det är många trappor att gå med bördan innan vi når markplanet. Väl nere känner jag för att ta en liten tur i samhället innan jag ska möta Emmy. Det känns bra att vara här igen. Efter några minuter åker jag hem och parkerar mopeden vid huset. På bestämd tid går jag Emmy till mötes och vi promenerar en sväng. I närheten av Hörnan träffar vi på Valle som bara flyktigt hejar på oss. Det gör ingenting att han inte vill prata. Det känns i alla fall bra att vara tillbaka i köpingen.

Den regelbundet återkommande tvättdagen infaller dagen efter hemkomsten så det passar bra för pappa att hämta Lillan och tant Olga på en och samma gång. Lillan är märkbart glad över att få komma hem. Hon springer runt med sina leksaker och skrattar. Jag tvättar i ungefär tre timmar och min vita lottapäls är med i byket denna gång. Den krymper en aning men den blir i alla fall ren.

Putte fyller fem år och vi uppvaktar honom med tårta och presenter. Han får många paket och jag ger honom en pennvässare som ser ut som en TV-apparat med rörlig bild när man vickar på den. Han får också en liten bok av mig. Marie fyller år samma dag och till henne köper jag en flaska nagellack och badsalt.

På eftermiddagen efter skolan tar jag min moped och åker till Vännäsby för att hälsa på Lage. Han är jättefin och det är roligt att se honom igen. Nu har han sitt jobb att sköta men han lovar att komma till Vännäs senare. Samma kväll strax före sju kommer han körande i den välbekanta bilen. Blotta åsynen av den gör att det hisnar i maggropen. Jag åker med honom i ungefär en halvtimme men sedan måste jag gå på Maries födelsedagskalas. Vi har mycket roligt hos Marie och hon blir glad över presenterna. Tårtan som hon bjuder på är alla tiders god!

Varje dag den senaste tiden har jag hämtat Putte vid lekskolan där han går. Han tycker att det är kul att jag kommer så att han slipper gå hem ensam men att få åka på mopeden är bäst tycker han. Lekskolan, som slutar halv fem, ligger som sagt mitt emot Yrkesskolan. Där ringer det ut samma tid och pojkarna brukar stå i fönstren när jag hämtar Putte. De har speglar i händerna som de försöker blända med. Valle står också i fönstret ibland och tittar men inte med något större intresse kan jag tro. Nä, tacka vet jag Lage, det känns som om superlativerna inte räcker till när han ska beskrivas. Han är verkligen en fin kille och dessutom den vackraste av dem alla.

Jag får problem med mopeden då ett kedjelås går upp men under kvällen blir det åtgärdat, vilket jag är tacksam för.

Affären i huset där vi bor säljer TV-apparater och till sommaren ska det gå att se television här i Vännäs. I butiken har de monterat upp en kamera som filmar de som betraktar innehållet

i skyltfönstret. Jag är på väg till biblioteket när jag passerar skylt-
fönstret med kameran och får se mig själv i en TV-ruta vilket
jag tycker är märkligt och roligt. På biblioteket lånar jag »Anne
Franks dagbok«. Den har jag ännu inte läst men fått förmånen
att se som teater.

De har rea i modebutiken i änden av vårt hyreshus och hela famil-
jen går dit för att se om det finns något köpvärt. Jodå, det finns en
hel del bra persedlar. Jag får ett par pepitarutiga långbyxor som
är nedsatta till femton kronor. De har kostat femtio kronor så vi
betraktar det som ett verkligt kap. Camilla får ett par likadana.
Dessutom kostas jag på en grön nylonjumper med korta ärmar,
också den ett fynd för tio kronor. Det gäller att passa på när det
är rea. Då är det betydligt lättare att få något nytt.

Det blir fredag och vargungemöte. Jag tar mopeden dit och det
går bra men hem får jag soppatorsk. Så onödigt! Det blir till att
gå och leda mopeden i mörkret. Lage kör förbi två gånger. Jag
tror i alla fall att det är han. Då kan han ju inte ha sett mig för
han stannar inte.

Nu är mopeden väldigt svårstartad och Gunnar försöker hjälpa
mig utan någon större framgång. Jag vänder mig då till Ivan på
BP-macken som kollar igenom den lite. Han ska försöka skaffa ett
nytt munstycke till den och jag ska återkomma senare. Jag känner
en stor tacksamhet. Han verkar vara snäll.

Den här kvällen stänger jag dagboken klockan kvart över elva
och gör mig redo för sänggåendet. I morgon har vi matteprov och
det är inget jag förberett mig inför.

Lördagens provräkning tror jag går någorlunda bra. Efter skolan
följer jag med pappa och Marianna till Umeå för jag hoppas att jag
ska få en ny jacka. När vi passerar Essomacken i Vännäsby ser jag
Lage och han ser mig också. Åh! Pappa kör vägen förbi Bondböle
där han hämtar upp tant Olga för att sedan fortsätta till Umeå.

När pappa parkerat bilen och vi är på väg mot Tempo, går Putte och jag lite före de andra när jag plötsligt ser Lage köra förbi. Jag tror att han ser mig. Vi går in på Tempo och jag påminns om dofterna för tio år sedan när jag var här med mamma. Det är inte samma dofter idag. Nu handlas det lite och vi promenerar runt en stund och tittar på priser. När vi sedan är på väg tillbaka till vår bil kör Lage förbi igen. Nu ser han mig där jag går med Putte framför de andra i sällskapet. Tyvärr kan jag inte ge mig tillkänna och avslöja bekantskapen.

Det blir ingen jacka idag och vi åker till Bondböle där tant Olga lagar middag. I dagboken står det att läsa:

»Vi fick ärtsoppa och vofflor med jordgubbssylt. Ärtsoppan var sur men vofflorna var det inget fel på.«

Jag tror att stavningen på våfflorna är det enda stavfelet i dagböckerna. Man får vara tacksam.

Vi kommer hem strax före sju och jag går ut för att träffa Emmy men missar henne av någon anledning.

På söndagen bär jag skidorna till slalombacken för spåren är inte längre så bra. Eftersom jag inte har några slalomskidor åker jag rätt utför några gånger då jag gillar farten.

När jag kommer hem igen byter jag om och gör mig klar för mopedåkning. Då får jag en krona av pappa till bensin och en och femtio av Nils-Erik, Mariannas bror. Brodern är av annan kaliber än Marianna, han har ett gott hjärta och är generös men tyvärr barnlös. Att få växa upp med honom som förälder skulle säkert vara fint. Nu är han tjänstledig och hälsar därför på i Norrland. Marianna har aldrig någonsin givit mig någonting, inte ens en ettöring.

Jag tankar bensin för pengarna och Ivan på macken fyller fullt. Så styr jag kosan mot Vännäsby men ser inte Lage. Då beslutar jag mig för att hälsa på tant Gerd i stället. När jag ringer på dörren öppnar en kvinna som jag både känner igen och inte, men det är ju tant Gerds röst. Jag förstår inte vad som är fel förrän hon stoppar in löständerna i munnen. Ja, nu känner jag igen henne! Ogenerat berättar hon att det är skönt att lägga dem åt sidan ibland, framförallt när man ska vänslas med gubben.

»Det är så skönt att pussas då« säger tant Gerd och häpen lyssnar jag. Jag får kaffe med dopp av henne innan jag åker hem igen.

Besvikelsen över att jag inte såg Lage idag får mig att under kvällen åka till Vännäsby ännu en gång. Tyvärr syns han inte till nu heller men jag träffar Bengt som gick i simskolan i somras. Han vill provköra mopeden trots att han bara är tolv år. Jag vill ju vara snäll och låter honom göra det. Han puttrar iväg och försvinner snart ur sikte. Jag förväntar mig att han snart ska dyka upp igen. Nervöst står jag och trampar i snön vid vägkanten. Medan jag väntar kör pappa och Marianna förbi. De har lämnat av Nils-Erik i Bondböle. Nu är det mörkt så de ser mig inte. Kanske lika bra det. Så kommer då Bengt äntligen tillbaka. Mopeden har tjuvstannat för honom och han leder den tillbaka till mig då han inte kunnat starta den.

Vi får en engelsk skrivning på måndagen och jag hoppas att jag åstadkommer ett bra resultat på den. På kvällen är det kårmöte med bullfest i scoutstugan. Det är populärt och vi är många scouter som letat oss dit för att festa på bullarna och chokladen.

Ivan på macken vill träffa mig och han vill också att jag ska hälsa på honom där han hyr på Tjärngatan. Men det kommer jag aldrig att göra trots att han är en bra kille.

Gunnar har länge haft en besvärlig hosta och stannar hemma från skolan på tisdagen. Han skickar med ett brev till sin käresta som jag överlämnar till henne i skolan. Inga-Lill är en rar och trevlig flicka och det är förståeligt att Gunnar gått och »kärat ner sig« i henne.

Eftersom mopeden har varit svårstartad den senaste tiden använder jag den inte när jag ska till skolan. Men den här tisdagen måste jag tillbaka till skolan för att hämta läxböcker till Gunnar och då tar jag mopeden. När jag sedan ska åka hem går det inte att få igång motorn. Jag håller på länge med att försöka trampa igång den men den startar inte. Jag försöker att springa igång den men då ramlar jag och slår hål på mina nya byxor och blodet rinner från knäet. Men jag ger mig inte och till slut får jag igång motorn och åker grinfärdig hem. När jag kommer hem kan jag inte hålla tillbaka tårarna utan börjar gråta. Jag lägger om såret men jag lipar inte för att det gör ont precis, utan för att jag är så förbannat arg och så har byxorna gått sönder.

När jag skriver ner denna händelse i min dagbok kommer pappa in och är arg och skäller, med all rätt förstås, för klockan är halv tolv. Förresten, vad gör han själv uppe så här sent?

Jag sätter in mopeden i garaget den tjugonionde mars för pappa tycker att den blir så nerstänkt när det är så slaskigt ute. Men redan den tredje april får jag ta ut den igen och då passar jag på att vaxa den för att lacken ska skyddas och blänka vackert i vårsolen.

Ivan på macken har inte fått tag på något nytt munstycke men han kollar igenom mopeden medan Emmy och jag går två och en halv kilometer för Sport-Sextio. När vi kommer tillbaka till Ivan frågar han om vi vill posta ett brev åt honom. Det vill vi ju gärna så vi tar brevet och travar iväg till järnvägsstationen och är strax tillbaka igen. Nu startar mopeden lätt och jag frågar Ivan vad det kostar för allt besvär. Då säger han:

»Jag vill ha en puss till påsk.«

Ja, men det kan han kanske få när han är så snäll och jag står i skuld till honom. Men han får aldrig någon puss.

Den nya kyrksalen används flitigt och Emmy och jag deltar återigen på en ungdomsafton. Vi får en ganska trevlig kväll men tjugofem över nio måste vi gå hem för att hinna höra »Fallet Conrad« på radion. Radioföljetongen är mycket spännande.

På fredagen får jag gå med pappa till skinnhandlare Jonsson för att se vad han har att erbjuda. Det känns spännande att gå in i butiken som doftar av alla skinnplagg. Ska jag verkligen få något härifrån? Nu har han faktiskt en ljus mockajacka som hängt i ett halvår och som han kan rea. Jackan har kostat etthundrasjuttiofem kronor och vi får den till slut för sextio spänn. Jag har inte ens vågat drömma om att få äga en mockajacka och jag är mycket nöjd när vi lämnar affären.

Till kårmötet i scoutstugan går jag med Carina. Jag bär stolt min nya mockajacka och känner mig så fin i den. Scouterna från Vännäsby är också med ikväll och jag får tillfälle att träffa Sverker igen.

Nils-Erik, Mariannas bror, är kvar i trakterna när söndagen infaller. Han får provköra min moped och tycker att det är roligt. Mopeder fanns inte när han växte upp men han är duktig att köra.

Det är skidtävling i Vännäsby och jag tar mig en tur dit och tittar. Jag ser inte Lage vid macken när jag passerar, inte heller ser jag Sverker vid skidtävlingen. Pappa och Marianna har tagit med sig Nils-Erik på en tavelutställning här i byn. Den går inte jag på utan jag åker till tant Gerd och säger hej och får se att hon har tänderna inne. Hon har alltså inte vänslats med gubben sin just nu i alla fall.

Jag är hemma före de andra för de svängde också förbi tant Ella. Ella var vårt första hembiträde efter Puttes födelse och hon är kusin med Nils-Erik och Marianna.

Till middagen är magister Hagström bjuden och han får träffa Nils-Erik som är mycket trevlig och underhållande. Han höjer avsevärt stämningen i huset.

Gunnar har nu varit förkyld i drygt fjorton dagar. Han hostar väldigt mycket, borde få komma till doktorn och få medicin. Varför bryr ingen sig?

Vi skriver brev till mamma och Dieter eftersom det var länge sedan och dagen efter ser jag till att det läggs på brevlådan.

Garderoben behöver sig en omgång städning och när den är avklarad tar jag ner sommarkläderna från vinden. Det känns skönt när det är någorlunda ordning och reda men det är jobbigt att ta sig för och sätta igång.

Måndagen den fjärde april har jag tid hos tandläkaren. Det är tandställningen som kräver många besök men nu börjar så långsamt tandläkarskräcken att avta. Den här dagen hinner jag även jobba lite hos tant Inga i blomsteraffären. För det får jag fyra kronor. Under kvällen hälsar jag på tant Inga och farbror Gunnar i deras fina hem. Det är alltid lika roligt att träffa dem som är så kärleksfulla. På tisdagen har blomsterhandlarna årsmöte och de behöver lite hjälp i affären under eftermiddagen. Jag ställer gärna upp.

Nu var det länge sedan jag träffade Lage så på kvällen åker jag till Vännäsby. När jag kör förbi huset där han hyr ser jag att det lyser i fönstret men jag vågar inte gå upp till honom. Jag har aldrig varit där heller men han har visat mig var han bor.

På onsdagen kommer Gustav och hälsar på och jag bjuder honom på te. Det är snällt av honom att komma för att hjälpa mig med hastighetsmätaren som inte fungerar. Han tar med sig drevet till den när han åker. Nu ska han försöka få ut ett nytt på garantin. Den första tiden med mopeden är inte problemfri. Jag trivs ändå med den och jag är förstås glad att äga den.

Jag kör några ärenden åt tant Inga. Det är skönare att åka moped nu när våren är i antågande. På torsdagskvällen sitter jag barnvakt hos rektorn och tjänar åtta kronor. Eftersom barnen är lättsamma tycker jag att det är en bra förtjänst.

På fredagskvällen har Carina och jag ett vargungemöte igen och även den här gången tycker vi att pojkarna är busiga. Men vår kårledare Hasse dyker upp en stund vilket vi är tacksamma för. Han har pondus och lätt för att tämja illbattingarna.

Under lördagen får Carina och jag åka på en vargungeledarkurs i Umeå. Nu hoppas vi att vi ska få lära oss hur man bäst hanterar de små gossarna. Vi får åka dit med kårledaren Hasse. Jag ligger över på golvet hos Camilla och Carina bor hos sin farfar och farmor för kursen fortsätter även under söndagen. Då åker vi skidor i skogen ovanför Länsmuseet. Där får vi också delta i några tävlingar. Jag lyckas vinna två av dem. Avslutningen äger rum i den lilla vackra Helena Elisabethkyrkan som blir fullsatt. Några får till och med sitta i sakristian. Vi tilldelas ett diplom och gråliljesöljan som bevis på att vi deltagit i kursen.

Hemresan sker med tåg vilket blir lite besvärligare med skidor och packning. Vid tågstationen i Vännäs är det ingen som möter mig men jag är van vid att få klara mig själv.

Mopeden krånglar igen och jag lämnar den hos Ivan på macken med hopp om att han kan hjälpa mig. Felet är att den är mycket svårstartad.

Man kan delta i en tävling om man besöker den nyöppnade radio- och TV-affären i vårt hus. Pappa slinker in där för att pröva lyckan. Han har turen på sin sida och vinner en radioapparat. Den är värd tvåhundranittiofem kronor men pappa vill hellre att pengarna dras av på den TV-apparat som han tänker köpa där.

En av Lyckseles elitgymnaster kommer och tränar oss i Yrkes-skolans gymnastiksal under två kvällar. Det känns verkligen som ett stort privilegium för oss att vi får ta del av Evalds kunskaper i elitgymnastik. Carina och jag går på Ögrens konditori och fikar efter träningen den andra kvällen. Det är roligt att sitta där med Carina, de har gott bröd och vi får känna oss lite vuxna.

En skräckfilm går på biografen och jag ser den med Emmy. Vi upplever den mycket skrämmande. Filmen heter »Flugan kommer tillbaka« med Vincent Price. Efteråt ska jag följa Emmy en bit på hemvägen och nu är vi båda mörkrädda. När vi passerar två män som skrattar konstigt blir vi rädda och springer närmaste vägen hem till mig och in i farstun. Jag tar sedan mopeden och skjutsar hem henne.

9. Påsklov

Innan skärtorsdagen anländer ett stort paket med påskgodis från mamma och Dieter. Var och en av oss får en stor chokladkaka, ett stort chokladöverdraget marsipanägg som är vackert inslaget, ett nougatägg i glittrigt papper, en påse kulörta ägg med fyllning och en chokladask. Nu blir det fest igen för här hemma finns det annars aldrig något godis. Jag bjuder också mina småsyskon som naturligtvis blir glada över godsakerna.

Det är skönt med lov igen men allt är inte frid och fröjd. På skärtorsdagen står jag vid BP och startar mopeden. Då lossnar styret. Godset går helt enkelt av där styret möter styrstången. Jag blir förfärad och ledsen när jag tittar på eländet. Kalle Svenssons verkstad ligger nära och jag försöker baxa dit mopeden för att få hjälp. Det ska inte innebära några problem för dem att svetsa ihop styret men de måste lossa alla vajrar först. Klockan halv fyra ska jag komma tillbaka, för då bör det vara klart.

Jag infinner mig på verkstaden den avtalade tiden och finner att styret är snyggt och stabilt svetsat och jag blir sex kronor fattigare. Men jag är tacksam för att jag fick mopeden lagad före helgen och ännu mer tacksam för att inte styret lossnade i ett mer allvarligt läge, för då hade det kunnat sluta riktigt illa.

Idag kommer det också ett brev från kära lilla mamma och Dieter. Vi skriver svar och tackar för paketet med allt godis. I breven berättar vi vad vi gör men som vanligt skriver vi bara om positiva händelser och oroar dem inte i onödan med något tråkigt.

Jag får tillbaka drevet till hastighetsmätaren och kan sätta dit det själv men lyckas inte få det hela att fungera. Jag undrar vad jag gjort för fel.

Tant Gerd är sjuk och jag åker till Vännäsby för att hälsa på henne. Det är långfredag, allt är stängt och egentligen får man inte göra något den här dagen. Jag ser inte Lage när jag passerar Esso. Han firar antagligen påsk i Rödåsel. När jag kommer hem igen och öppnar ytterdörren hör jag oväsen. Det är Marianna som grälar på Camilla. Hon har sin radio påslagen i vårt rum och det ljuder musik ur den, musik som inte passar Marianna som vill spela gudfruktig.

»Farfar skulle vända sig i sin grav om han hör vad du spelar på en långfredag«, muttrar Marianna. Men jag tror verkligen inte att farfar är missnöjd med musiken, inte Vår Herre heller. Möjligtvis stampar de takten. Varför går inte Marianna i kyrkan idag tänker jag? Hon behöver bli påmind om kärleksbudskapet "Du skall älska din nästa såsom dig själv" Dit verkar hon ha långt, mycket långt.

På påskaftonen arbetar jag hos tant Inga. Det är en hel del att göra men inte så mycket som vid juletid. Under kvällen tar jag en tur med mopeden. Då kommer jag att tänka på vad som skulle ha hänt ifall styret hade lossnat under körning med full fart i trafiken. Nej usch! Bort med sådana tankar!

Camilla och Gunnar är på bio och ser en bra film. Mina kompisar firar påsk med sina familjer. Det är med andra ord ganska dött ute och jag åker hem tidigt.

Hemma firar vi inte påsk på det sätt som vi gjorde förr i tiden när mamma fanns hos oss.

Camilla vill låna bilen och skjutsa tant Andersson och hennes dotter Cristina, som är Birgittas syster, till deras sommarstuga som ligger på Näset. Nu inträffar det en sensation, något verkligen unikt, för hon får låna bilen och jag får åka med. Vi har riktigt roligt och det är spännande att för första gången åka med Camilla.

När jag tar körkort får jag aldrig någonsin låna bilen! Pappa, men framför allt Marianna är så rädd om det materiella att det går före allt annat. Gunnars bilar kommer jag däremot att få låna eftersom han är av en annan kaliber.

På Annandagen är jag på väg med moppen och kör mot Vännäsby då det kommer en hel mala killar efter mig på mopeder, har jag skrivit i min dagbok. Jag vänder då och åker tillbaka igen. En av dessa mopedister, en umeåkille gör också helt om, kommer ikapp och gör mig sällskap hemåt. Han är kusin till färghandlaren Lundberg och kör en Monark.

Österbergs, som bor i samma trappuppgång som Lisa och Monica, behöver ikväll barnvakt till lilla Lena. Och jag behöver tjäna pengar för det kostar att ha moped. Familjen Österberg äger redan en TV-apparat och innan paret går, tar farbror Österberg in ett program där bilden är mycket otydlig, men det går faktiskt att se lite. TV-masten på Granlundsberget blir inte färdig förrän i juli, så nu är det väl någon avlägsen mast söderut som ger lite utdelning. Det är spännande med TV och jag ser nu delar av teatern »Spökhotellet« som sänds i den enda kanalen som finns för närvarande.

Jag gör en sväng till Vännäsby första vardagen efter påskhelgen och får träffa Lage som är solbränd och vacker. Jag hjälper honom att montera fast ett hjul på en bil och han försöker hjälpa mig med mopeden men hittar ingen skruvmejsel som passar. Nu är Lage chef på macken när den rätta chefen är i Grekland.

Efter helgen köper jag ett ställbart munstycke till mopeden och lämnar in den hos Svenssons som ska sätta dit det och försöka göra den mer lättstartad. Jag ska få hämta den nästa dag.

10. Vårkänslor

Den tjugoförsta april börjar skolan igen efter en veckas ledighet. Lage, som på kvällskvisten skulle göra en tur till Vännäs, ser jag aldrig när jag går ut på min runda.

Av någon anledning som jag har glömt, och det står inte heller i dagboken, låser pappa in mopeden i garaget. Jag har bara skrivit »larvigt« efter informationen. Jag vet inte om jag gjort något som misshagat honom eller Marianna. Hon är annars inte nådig att tas med i sitt nuvarande tillstånd. Om en och en halv månad ska hon föda så nu börjar hon bli omfångsrik och grinig igen. Det är kårmöte på fredag kväll och jag går dit med trygga och lojala Carina. Som vanligt finns här trevliga och välartade ungdomar samlade i den lilla men trivsamma scoutstugan. Ikväll pratas det bland annat om morgondagen då det är scoutinvigning i den nya kyrkan. Några ska bli förstaklasscouter. Det är vi redan, vi som tillhör patrull Svalan.

Vid premiären av filmen »Nunnan« i Stockholm 1959 samlades stora beundrarskaror som polisen fick svårt att hålla ordning på. Här i Vännäs behöver inte ordningsmakten gripa in men det är fullsatt i salongen när reklamen drar igång. Jag har det stora nöjet att befinna mig där och sitter med tant Andersson och Camillas väninna Birgitta samt en flicka som heter Eva och kallas »Pyret«. Audrey Hepburn och Peter Finch är strålande i sina roller.

På söndagen är jag åter ute och kör moped så pappa har tydligen låst upp garaget. När och hur det gick till förtäljer inte dagboken eller minnet.

Under kvällen, när Emmy och jag är ute på promenad, träffar vi pojkar som vi slår följe med. De är Roland, Stig och Rune och går på Yrkan.

Idrottskonsulenten Stig Lundberg håller en orienteringskurs och visar filmer i Folkskolan. Jag tar tillfället i akt och infinner mig där för att förbättra mina kunskaper. Jag kan här konstatera att det är det lättsamt att få nya lärdomar via film. Nu är orienteringssäsongen nära och visst blir jag lite sugen av filmerna.

Kvällen därpå går Emmy och jag till gymnastikträningen. Jag uppskattar verkligen hennes sällskap och att hon är juste och väntar på mig medan jag tränar. Vi har en tanke att efter träningen gå ut för att träffa Roland och Rune och promenera igen. Ganska omgående stöter vi på dem efter det att vi lämnat gymnastikhuset.

Roland, som har en Crescent sport hemma i Åmsele, får provköra min moped. Som tack för det bjuder han mig på bio kvällen efter och vi ser »Tarzans största äventyr« på Odeon.

En basketmatch spelas i Yrkesskolans gymnastiksal mellan Vännäs Samrealskola och IFK Umeå. Carina och jag är där och säljer biljetter inför matchen. Umelaget vinner med femtiotvå-tjugo. Basketen är en ung sport i Vännäs och det kan väl vara en anledning till att man förlorar så stort.

Vi får igen en provräkning som jag har BA på och jag är nöjd för den var ganska svår.

Carina och jag håller som vanligt i ett vargungemöte på fredagskvällen innan valborgsmässoaftonen. Nu efter kursen känner vi oss mer rustade att tämja de små gossarna och det går faktiskt bättre.

Emmy och jag går till folkskolan för att höra manskören och njuta av vårvädret. De flesta elever som går på Yrkan har åkt hem idag för att fira Valborg. Snön har nästan helt försvunnit och en härlig tid börjar nu. Men hemma är det ingen härlig tid längre. Här känner jag inte längre den livsglädje som fanns i kropp och själ innan tonåren. Framför allt tiden före skilsmässan saknar jag. Det ställs mycket krav och det är svårt att vara till lags samtidigt som en rädsla alltid finns för att göra fel. Det behövs så lite eller ingenting alls för att misshaga Marianna och numera också pappa och jag är verkligen rädd för deras åthutningar. Jag tar så illa vid mig och känner mig värdelös.

Efter den vackra körsången går vi till majbrasan som har samlat många människor. De står i grupper och resonerar om vädret och den sköna tid som är i antågande. Lite mer vårbetonade kläder är också framtagna ur garderoberna, alternativt har inhandlats i någon modebutik. Senare under kvällen, när det suger i fikatarmen, promenerar vi hem till Emmy. Klockan hinner bli kvart i tolv innan jag är hemma.

Orienteringsträningen börjar första maj i regn som faller hela dagen. Pappa, Gunnar och jag deltar och vi blir verkligen genomblöta. Vätan kommer inte bara från ovan utan hela naturens växtlighet torkar av sina drypande grenar på oss. Den bana som jag springer är tre och en halv kilometer lång. Jag vinner träningstävlingen på trettiosex minuter och får bekräftelse på att formen är någorlunda bra. I sluttiden ingår även den tid det tar att själv rita in banan på sin karta och skriva in kontrollangivelserna. Det går inte alltid så snabbt och det får inte bli fel.

Hela skolan, utom fyrfyrorna, åker den andra maj till Umeå för att se »En midsommarnattsdröm« av Shakespeare. Det är Shakespearesällskapet som ger föreställningen på Högre Allmänna Läroverket där Camilla går. Elever från Bjurholm, Nordmaling och Holmsund ser teatern samtidigt och jag träffar skidåkare jag som känner, vilket är roligt. Aktörerna är mycket duktiga och vi uppskattar verkligen föreställningen. Efter teatern styr Emmy och jag stegen mot Mekka för att fika. De har underbart goda flottyrmunkar med äppelmos inuti. Camilla brukar ofta prisa dessa sockriga munkar. En gång köpte hon med sig en till mig för att jag skulle få smaka på något riktigt gott. Nu väljer vi var sin sådan och njuter av dem i fulla drag.

Vi går till Birgit på kvällen för nu är det dags igen att vara lite religiös. Det vanliga gänget är samlat och vi får återigen sjunga andliga sånger och lägga en och annan ny till vår repertoar. Med stor inlevelse ackompanjerar Birgit sittande vid sitt svarta piano. Stearinljusen, som sitter i hållarna på ömse sidor om notstället, sprider sitt sken över pianistens flygande fingrar. Genom köksdörren, på bänken vid spisen, skymtar vi en bricka med bakverk. Det bådar gott.

Följande kväll tränar jag inför skol-DM i gymnastik. Det är relativt enkla program i skol-DM jämfört med vanliga DM därför tycker jag inte att det är en särskilt rolig tävling. Efter träningen träffar jag på Roland och vi går ute och strosar till kvart i tio. Han har tydligen fattat tycke för mig, för han vill att vi går på bio i morgon och ser »Blodig attack«.

På torsdagen ska Emmy och jag fika hemma hos mig och jag vill bjuda Roland men jag får inte det! I dagboken skriver jag »Knasigt!« Men det är väl ändå i beskedligaste laget. Varför drar jag inte till med någon värre kommentar? Dessutom skulle jag väl kunna riva upp himmel och jord istället för att finna mig i att bli nekad. Är jag verkligen en förtryckt mes?

Roland är en trevlig kompis men någon passionerad kärlek är det inte frågan om. Jag vill bjuda honom på bio men det går han inte med på. Som bevis på vår vänskap ger jag honom då en silverkedja att ha om halsen.

En lördag i början av maj har skolan gymnastikuppvisning och jag får vara med i många olika moment. Efter skolans slut träffar jag Roland och tappar min fina klocka under vår promenad, vilket är en stor katastrof. Jag letar länge men hittar den inte och jag är rädd för att berätta om förlusten hemma. På kvällen bjuder Roland mig på bio igen och vi ser »De vandrade västerut« med Susan Hayward och Jeff Chandler. Filmen är riktigt bra och Roland eskorterar mig till porten efteråt så att jag är hemma klockan tio.

Jag har en trevlig klasskamrat som heter Gunilla-Britta. Hon har ett vackert, blont och kortklippt hår. Dessutom äger hon en moped, så hon är något av en själsfrände för mig. En eftermiddag, när skoldagen är slut, gör vi sällskap till Vännäsby. Väl där svänger vi förbi macken för att hälsa på Lage.

På kvällen kommer Lage till Vännäs tillsammans med en kompis. Jag pratar en liten stund med honom och han ger mig två essogubbar som sitter i nyckelringar. En av dessa sätter jag fast på mina mopednycklar.

Två dagar efter det att jag tappat klockan får jag igen den! Det är lärarinnan Maja Rydving som hittar den och lämnar in den på polisstationen. Marianna och pappa känner henne och de umgås lite med familjen. Jag blir väldigt glad och tacksam. Inte vill hon ha någon hittelön heller.

Basketen börjar bli populär. Nu ska det spelas en basketmatch igen och Emmy och jag säljer biljetter vid entrén till Yrkeskolans gymnastikhall. Utanför står Roland och en kompis till honom och tydligen är de på oss de väntar. Våra jackor hänger på krokar utanför gymnastiksalen och pojkarna passar på att känna i fickorna. I ena fickan på min jacka ligger ett rosa läppstift och min almanacka där jag noterar en hel del händelser. De passar på att läsa i den och skriver »Hej« med läppstiftet. Jag skäms mycket när jag får veta det under promenaden hemåt för jag vill ju inte att någon ska se vad jag skriver. Roland ser att jag är sur och medan jag går fram och tillbaka till garaget för att se om pappas bil står där, tar Roland av sig silverkedjan som jag gett honom. Nu tror han att jag vill ha tillbaka den. Nej, det vill jag inte, men det tar en bra stund att reda upp det hela, vilket gör att klockan hinner bli kvart över tio. Yrkesskolans dörrar låses den tiden och Roland får bråttom. Jag skulle också ha varit hemma för en stund sedan. När jag kommer uppför trappan hemma och tar i dörrhandtaget går inte dörren att öppna. Lägenhetsdörren är låst! Det går några minuter innan pappa öppnar dörren och öser ovett över mig för att jag har varit ute för länge. Med många negativa känslor och utan fika får jag gå och lägga mig. En skamfylld stund ligger jag i sängen och väntar på att sömnen ska göra livet lättare.

Under Lingdagarna, som pappa anordnar även detta år, har jag program båda dagarna. Första dagen deltar jag bara i skolgymnastik och räck. Den andra dagen är det elitgymnastik som gäller och då kommer Roland och tittar. Elitgymnaster från Lycksele gästar oss igen och de utgör alltid höjdpunkten under dessa dagar.

11. Mopedutflykt till Umeå

När helgen kommer åker Lage iväg för att fiska och Roland reser hem till Åmsele. Camilla och jag kommer överens om att jag ska ta mopeden och åka till Umeå för att hälsa på henne och ligga över. Det är nu den fjortonde maj och ganska bra väder för en mopedutflykt. Jag tycker att det ska bli roligt att få åka en längre tur och se lite annat från sadeln än bara de vanliga vyerna. Resan tar en dryg timme.

När jag kör in i staden känns luften varmare mot huden eftersom farten är lägre. Här upplever jag trafiksituationen annorlunda i jämförelse med Vännäs. Till exempel så observerar jag inte en skylt som visar att det är enkelriktat. Jag kör alltså i fel riktning då jag möter en bil. Den framförs av en förare som inte gör det minsta för att väja lite så jag kan passera, utan envist hävdar han sin rätt att använda hela körbanan. Skräcken tar tag i mig när jag inser vad som händer. Då är det alldeles för sent att göra något för min del. Farten är låg men jag känner en svår smärta i handen när bilens dörrhandtag träffar högerhandens lillfingersida. Föraren stannar och kommer utfarande ur bilen, arg och otrevlig. Jag står där och skäms och får ta emot hans okontrollerade ilska medan han pekar på bildörren där det syns ett par små rispor. Han skriver upp namn, adress och telefonnummer medan jag diskret synar min skadade hand. Mycket skamsen avlägsnar jag mig från olycksplatsen.

När jag kommer till min kära syster tvättar vi försiktigt handen och Camilla lägger ett bandage om den. Lillfingret blir sig aldrig likt igen och trampan på mopeden är sned.

På kvällen kommer Gustav, vilket får Camilla till att bjuda mig på bio. Jag promenerar iväg för att se »Hetsad ungdom«. Det är en film som handlar om ungdomar på glid in i de kriminellas träsk. Utanför biografen träffar jag några Vännäsbor som jag hejar på.

Söndagen bjuder på vackert vårväder och det vill vi utnyttja. Camilla och jag promenerar en bit utanför staden för att hitta lite natur. När vi funnit en lämplig plats lägger vi oss för att sola. Det bara skinnet lyser vitt efter en lång vinter och nu hoppas vi att det ska anta en något mörkare ton. Senare under dagen tar jag farväl av min kära syster och åker hem med min onda hand och sneda trampa.

Bilförargubben ringer två gånger under söndagen och när jag kommer hem är pappa och Marianna riktigt arga. Det skulle kosta mellan trettio och fyrtio kronor att åtgärda risporna på bilen och jag får mycket skäll. »Oj så hemskt«, har jag bland annat skrivit i min dagbok. Det gäller förstås både pengarna och okvädningsorden. De noterar inte att jag har bandage på handen eller frågar om jag skadat mig. Det viktiga för dem är det materiella, att jag ställt till med något som kostar pengar. Pappa och Marianna tänker naturligtvis inte betala, ja, Marianna kan man alltid räkna bort när det gäller pengar. Jag förstår att jag ska stå för notan själv och att jag får jobba in pengarna. Men så tänker jag att om det hade hänt något mycket värre, med större kostnader, så skulle de heller aldrig ha ställt upp för mig. Då skulle jag antagligen ha fått dras med skulder hela livet. Då är fyrtio kronor ingen stor katastrof.

Jag lever numera med kärlekslösa vuxna i familjen, helt utan kroppskontakt och bekräftelse. Syskonen och kamraterna är räddningen under den här tiden. De kan visa omtanke och bry sig. Även de små barnen ger mig lite glädje och uppskattning, särskilt när jag gör något för dem eller om jag har varit borta ett tag.

På måndagen har vi möte i prästgården och nu blir vi fotograferade tillsammans med prästparet och ledarna. Jag upplever det lite genant men nu är det roligt att ha kvar bilden och minnas. Här får vi umgås med godhjärtade människor och vara gäster i prästgården hos paret Edsinger.

Tandsköterskan Inga ska gifta sig och vi flickor samlar in tre kronor var till ett presentkort.

På tisdagskvällen sitter jag återigen barnvakt hemma och det är roligt för Lillan är väldigt snäll och rar. Det är Putte också. Barnen har ett stort förtroende för mig, för det är så ofta som jag tar hand om dem.

Först när vi har tvättdag uppmärksammar de vuxna att jag har ont i handen och att jag inte kan tvätta så mycket. I dagboken står det:

»Jag hade tur, jag behövde inte tvätta så mycket för jag har ont i handen.«

Men inte slipper jag undan helt inte. Jag hinner i alla fall gå till Lisa en liten stund och då tar jag vägen över vinden.

Camilla kommer under lördagseftermiddagen och det blir genast lite roligare här hemma. På kvällen är det ungdomsafton i kyrksalen och vi i flickgruppen får ett smycke, en rund ring med ett kors. Jag känner mig osäker om jag ska våga bära det, står det noterat i dagboken.

Efteråt träffar jag Roland och är ute till tjugo minuter i elva. Det innebär att jag kommer hem samtidigt som Camilla som också varit ute på vift.

På söndagen deltar jag i Tegspropagandan i orientering. Nu är det mycket vackert i naturen med den skira grönskan den tjugoandra maj. En kontroll ligger i ett hörn av en inäga. Jag kommer stormande ut ur skogen och ser en lada som står nära skogskanten inbäddad i flera nyanser av ljuvlig grönska. En verklig idyll uppenbarar sig framför mina ögon, kanske en vanlig syn men inte desto mindre vacker för det.

Jag kommer på femte plats i min klass. Efteråt badar jag för första gången i år. Vattnet är naturligtvis mycket kallt men svetten försvinner av det korta doppet. Benen har fått fula rispor, mer eller mindre blodiga och Gunnar tycker det är hemskt att mina ben blir på det viset. Och han har naturligtvis rätt. Det ser alldeles förfärligt ut. Vi springer fortfarande i kortbyxor för heltäckande klädsel införs först hösten 1962, efter tävlingsstopp på våren samma år på grund av gulsotssmittan.

Under måndagen, tisdagen och onsdagen tar fyrfyrorna realen och på den andra examensdagen träffar jag prästen från Norrbyskärlägret. Det är roligt att han kommer fram och pratar med mig. Vi står i blomdoften från lövkojorna bland glada examensfirare.

Jag träffar Roland en liten stund på måndagskvällen då jag går ut för att lufta mig. Under tisdagskvällen sitter jag barnvakt hos rektor Hagström och kan tjäna lite pengar till mina utgifter. Det är tacksamt.

Den här veckan arrangerar pappa skol-DM i orientering som går i Nilsland, ett par mil utanför Vännäs. Jag blir sexa i tävlingen och badar för andra gången i år. Vattnet är fortfarande kallt så här i slutet av maj men det känns ändå att sommaren är på väg.

Jag träffar Roland på lördagskvällen och vi äter glass medan vi promenerar till flygfältet. Det var längesedan vi åt glass ute konstaterar vi båda under promenaden. Den här kvällen ser jag till att vara hemma före tio.

Den tjugonionde maj är det dags för det stora flertalet av våra kamrater att konfirmera sig. Nu är det åttio konfirmander som går fram. Det är väldigt vackert med den stora skaran finklädda ungdomar som högtidligt träder in i kyrkan och vandrar fram i gången till sina reserverade sittplatser längst fram. Kyrkan är fylld av förväntansfulla anhöriga och högtiden tar en bra stund.

På kvällen är jag tillsammans med Monika som bor i trappuppgången intill. Jag blir bjuden på fika hos familjen och det tackar jag inte nej till. Vi tar för oss av det som bjuds medan deras tax Toy intresserat iakttar oss. Han ser ut att hoppas på smulor. Monika är en god kamrat som brukar låna ut sin grammofon till mig.

Av någon anledning skriver jag inte i dagboken under sju månader men den sextonde december tar jag fram den igen. Då skriver jag ner en sammanfattning över dessa månader.

Pappa hjälper mig att välja en kamera i fotoaffären för det är klart att också jag vill äga en. Vi fastnar för en Voigtländer av bra kvalitet som åstadkommer ett djupt hål i mitt sparkapital. Jag är mycket glad över förvärvet och ser fram emot att framkalla de första bilderna.

Putte får en tvåhjulig cykel, Bambino, som han kommer att ha många lyckliga stunder med.

12. Sommarlov

Dagen när skolorna slutar, lördagen den elfte juni, föder Marianna en liten flicka på BB. Även denna gång förvånas omgivningen då även detta barn är rödhårigt. Några rödhåriga släktingar finns inte. Nu kan dock Marianna snabbare ta till sig faktum och liksom pappa betrakta hårfärgen lite mer positivt. Men Gud behöver ge henne två rödhåriga barn innan hon till fullo kan acceptera att det är lika fint som något råttfärgat.

Nu duger inte den gamla barnvagnen längre, den som jag njutit av att ligga i och ännu minns doften av när den var nästan ny. Nu kostas det på en modern, ljusblå liggvagn som vi alla tycker är mycket fin. Det blir roligare att rulla omkring med den. Babykorgen plockas fram igen och sovrummet befolkas av ännu ett liv. Det börjar bli lite trångt därinne men som man sår får man skörda. Pappa och Marianna lär väl vara lite försiktigare hädanefter när det ska bära till.

I badrummet ställs återigen blöjhinkar med blötlagda trasor. Över badkaret och där någon ledig plats finns, hängs tygblöjor på tork. Men så småningom börjar Marianna till och från använda lite cellstoff vid blöjbytena. Jag kommer ihåg när tant Ödén bytte blöjor på ett spädbarn som hon tillfälligt skötte om. Den lilla stjärten var alldeles smulig av cellstoff. Men det var nog år 1950.

Även denna skolavslutning får jag några diplom och stipendier. Det främsta är resan till Visby som tilldelas skolans bästa kvinnliga idrottselev. Gillis i Gunnars klass får också resan som bästa manliga elev. Vi kommer att få delta i ett friidrottsläger tillsammans med andra framgångsrika skolungdomar från hela Sverige. Gunnar åker till Örnsköldsvik och börjar arbeta på samma ställe som förra sommaren och försörjer sig själv. Han fyller nu sjutton och Camilla blir tjugo år.

Lördagen den artonde juni åker jag till Sörmjöle för att delta i årets gymnastikläger. Det är inte riktigt som vanligt för Axel är inte här. Det är inte Tore heller, han som brukar vara lägerchef. Men visst är det roligt även detta år. Vi får träning av bra kvalitet och jag blir ledaren Anders favorit. Jag är dock för blyg för att visa att jag tycker det är roligt att bli så uppskattad. Han berömmer mig och ger mig fina tillmälen inför alla andra, alla pass där jag är med. Eftersom han vet att jag tränar friidrott och håller på med kulstötning kallar han mig ibland för Myggan. Myggan Uddebom är en framgångsrik kulstötare och diskuskastare den här tiden.

Midsommaraftonen infaller under lägerveckans sista dag. Vi är alla uppe hela natten, så nu vet jag hur det känns. Dagen efter är jag mycket trött och kroppen går på halvfart. Redan i kväll ska jag påbörja resan till Visby och friidrottslägret.

Jag får sällskap på tåget av Gillis Lundgren och Kjell-Ove Lindgren från Yrkesskolan som också fått denna fina resa. Någon sovvagn är inte bokad för oss utan vi får sova sittande eller sträcka ut oss där det finns plats. Jag har en del sömn att ta igen och sover ganska hyfsat.

Vi kommer fram till Stockholm vid ettiden på dagen efter en lång resa. Nu måste vi ta oss till Nynäshamn för att åka med båten Christoffer Polhem till Visby. Det går bra för oss att hitta anslutningen och här finns det fler ungdomar som ska mot samma mål. Båtresan tar ganska lång tid men det känns roligt och jag är förväntansfull, trots tröttheten.

När vi kommer fram får vi information om hur vi hittar till våra respektive förläggningar. Vi ser många ungdomar, mer eller mindre vilsna, som trampar runt och letar efter sina grupper och sovplatser. Det visar sig vara ett stort läger med många deltagare från hela Sverige.

Jag tillbringar den mesta tiden på idrottsplatsen i min grupp »Pyret«. Namnet härrör från en framstående spjutkastare vid namn Ingrid »Pyret« Almqvist. Vi tränar framför allt kastgrenarna då det är i den gruppen jag är anmäld. Träningen här kommer att ge resultat, för redan nästa sommar får jag en finalbiljett till Stockholms Stadion.

Det är mycket vackert i Visby. Vi får guidning i samband med en rundvandring. Jag har kameran med mig och tar en del bilder på sevärdheterna. Rosorna blommar för fullt och jag har aldrig sett så mycket rosor. En varm och vacker dag får vi göra en badutflykt till Toftabaden som ligger två och en halv mil utanför staden. När jag kliver av bussen känner jag havsbrisen och ser en vidsträckt sandstrand breda ut sig för mina fötter. Strandrågen bildar små dungar här och var men närmare vattnet finns bara den mjuka och varma sanden.

Camilla har redan börjat sitt jobb som simlärare när jag kommer hem från Visby. Simundervisningen den här sommaren har hon i Yttersjön som ligger ovanför Vindeln nära Hällnäs.

Pappa och jag undervisar barnen i simningens konst i Pengfors och Pengsjö. Arbetet börjar direkt när jag kommer hem. Jag tycker att det är bra att ha sommarjobb som biträdande simlärare och jag känner mig privilegierad som får denna förmån. Förra året tjänade jag trehundrasextio kronor men detta år blir förtjänsten ungefär femhundrafemtio kronor för tre veckor, vilket är mycket pengar för mig.

En dag när pappa och jag är på väg till simskolan säger han plötsligt:

»Marianna kommer att dela lika mellan alla barnen.«

Jag säger inget men blir förvånad och tänker:

»Det är ju snällt. Jaha, hon tänker dela allt mellan de sex barnen när den dagen kommer, ja det är verkligen snällt.«

När jag senare tänker tillbaka på pappas yttrande så tror jag att det menas kvarlåtenskapen efter honom eftersom han troligtvis kommer att avlida först. Han bär på en oro angående hur det ska bli i framtiden efter hans bortgång. Nu när det fötts ytterligare ett barn in i familjen börjar han fundera på fördelningen efter sitt framtida frånfälle. Pappa har inte något äktenskapsförord utan bara Marianna. Han ventilerar därför frågan med henne och hon ger honom ett löfte om att hon ska dela hans tillgångar lika mellan alla barnen. Det löftet kommer hon inte att hålla!

Pappa brukar sköta om sin bil och jag vill göra detsamma med min moped. Därför smörjer jag den där jag tror det ska smörjas. Dessutom tvättar och vaxar jag den så den blänker. Nu är det så oturligt att jag också råkar ha olja på bromsmekanismen och bromsverkan upphör till min stora förvåning. Jag får dock hjälp av Monicas morbror Tore som ägnar nästan hela söndagen att ta loss hjulen och rengöra de delar som inte ska vara inoljade. Han verkar vara väl förtrogen med det tekniska och lyckas sätta ihop alla delarna rätt. Jag känner en stor tacksamhet över hjälpen.

13. Torpet i Sidensjö

Mamma och Dieter hyr den här sommaren ett torp i Sidensjö två och en halv mil från Örnsköldsvik. Torpets höga läge erbjuder en vacker utsikt över bygden och sjön nedanför. När Camillas simskola i Yttersjö slutar, packar hon snabbt ihop sina persedlar och reser dit. Nu får hon njuta av en kär återförening i en vacker miljö. Gunnar är redan i Örnsköldsvik och jobbar så han har nära till torpet och ansluter. Jag måste arbeta en vecka till innan jag kan komma loss och nu längtar jag verkligen.

Men måndagen den tjugofemte juli, vid tolvtiden, åker jag med mopeden från gården i Vännäs och pappa står i fönstret och ser mig rulla iväg. Jag har ingen erfarenhet av långkörningar och jag skulle verkligen behöva ett par skyddsglasögon visar det sig. Av vinddraget under så lång tid som resan tar, blir ögonen mycket irriterade och jag blir en erfarenhet rikare. Vid vägskälet bortom Nordmaling, där det står Rundvik, stannar jag och äter en bulle och dricker lite saft. När klockan närmar sig fyra är jag framme i Örnsköldsvik. Jag ska träffa Gunnar klockan fem så jag hinner först hälsa på min käre morbror Lasse i bilaffären. Därefter handlar jag lite i en närbelägen affär.

Gunnar kommer körande på sin moped och jag blir glad att se honom igen. Han eskorterar mig på vägen mot torpet. Nu är det spännande för mig att se vart det bär iväg. När vi kommer fram till Sidensjö svänger vi av mot Bjästa och åker en liten bit, cirka sexhundra meter. Därefter måste vi färdas på en mindre infartsväg vilken passerar genom en fastighet med några byggnader. Vägen som sedan fortsätter uppför branta ängsmarker är mer eller mindre gräsbeväxt och slutar vid torpet. Mopeden orkar inte riktigt utan hjälp att ta sig uppför den branta sluttningen.

Det blir ett glatt återseende och nu är vi alla samlade igen. Jag får gå husesyn i det fina torpet med tillhörande byggnader. Själva bostadshuset är ett tvåvåningshus med matkällare utgrävd rakt under köksgolvet. Man öppnar en lucka i golvet och så ligger matkällaren där nere. Köket är stort med en vacker vedspis och ett rymligt skafferi som man kan gå in i. Nedre planet rymmer också ett litet vardagsrum samt ett sovrum. I hallen innanför entrén finns ett förråd under trappan som leder till den övre våningen.

Uppe finns en liten hall och ett inrett sovrum. På andra sidan hallen ligger en oinredd vind.

Rummet på övervåningen ockuperar Gunnar men Camilla och jag får ett eget litet hus som Dieter döper till »Kleine Freiheit« (Lilla Friheten, uppkallad efter en liten gata i stadsdelen Altona i Hamburg. Grosse Freiheit betyder Stora Friheten och det heter en större gata som leder till Reeperbahn). Det lilla huset är väldigt charmigt där det ligger med ena långsidan nära skogen. Det rymmer ett sovrum samt en bagarstuga. Jättegranar, som ser ut att vakta den lilla stugan, utgör blickfånget när jag tittar ut genom det ena fönstret i vårt sovrum. Det andra fönstret vetter mot Sidensjöbygden med dess vackra omgivningar. Vi får det väldigt fint i vår lilla stuga. Mamma och Dieter har hunnit köpa sängar och nya blommiga täcken till oss alla. Det har inneburit ett avsevärt arbete med att släpa allt nyinköpt på bussen från Örnsköldsvik och uppför den långa backen till torpet.

Fastigheten omfattar också en stor, relativt nybyggd ladugårdsbyggnad och en vedbod som står idylliskt placerad på ängsmarken vid skogskanten.

Nu väntar några härliga dagar i denna vackra nejd. Mamma och Dieter planerar att köpa torpet av familjen Åstrand som även äger det intilliggande torpet några stenkast bort.

Sidensjö har en liten konsumbutik där vi kan handla förnödenheter och affären blir viktig för oss här ute på vischan utan bil. Affärsföreståndaren Harry är en ung man på drygt tjugo år. Han ser ganska bra ut och det faller på min lott att åka och handla, vilket jag gärna gör. Mamma lagar som vanligt mycket god mat till oss. Hon serverar läckerheter vi inte får hemma. Där ska ju allt vara så billigt som möjligt.

Fiaspelet och Monopolet kommer fram när lusten faller på och vi har väldigt roligt tillsammans. Vattnet är varmt i den lilla sjön där badplatsen ligger. Dit har vi drygt två kilometer. Där finns en sandstrand, en brygga med hopptorn och en liten byggnad för omklädning. Jag åker ofta dit och badar och ibland är Gunnar med. Det här tycks vara samlingsplatsen sommartid.

En sen eftermiddag badar jag när konsumföreståndaren Harry kommer i sin bil för att ta sig ett dopp. Vi simmar lite och pratar. Han verkar vara en schysst kille.

Mamma har knutit upp en tvättlina mellan de stora hängbjörkarna utanför köksfönstret på gaveln och där kan jag hänga mina badkläder på tork. Grenarna bildar vackra, gröna slöjor som vajar i den varma sommarbrisen.

Sköna dagar när vädret tillåter bär vi ut köksbordet och sitter ute och äter och dricker kaffe. En dag får jag baka bullar som jag gräddar i järnspisens ugn. Det är soligt och varmt ute och inne vid spisen blir det riktigt hett, så de flesta kläderna åker av och till slut står jag i trosor och bh.

Det bor tydligen några ungdomar, förutom Harry förstås, i det här lilla samhället. Ryktet tycks ha gått genom byn att två tjejer kommit ditflyttande och finns i Åstrands torp, för en sen kväll händer något. Camilla och jag ligger i våra sängar och ska till att somna då vi hör något utanför fönstret som vetter mot skogen. Vi blir förstås rädda och stiger upp. Dieter har tydligen också hört något. Han har sex års erfarenhet från kriget och är beredd att försvara oss till sista blodsdroppen. Alltså springer han ut på gårdsplanen och ropar på bruten svenska: »Halt, vi skiter« låter det som, men han menar »vi skjuter«. På det sättet vill han skrämma iväg inkräktarna men han har ju inget att skjuta med och han skulle heller aldrig göra det. Antagligen mest på grund av brytningen skräms inkräktarna iväg för att aldrig våga uppenbara sig igen.

Söndagen den sjunde augusti anordnas EM i motocross utanför Vännäs och jag har gått och närt en tanke om att jag ska åka dit på något sätt. Det är en stor händelse i lilla Vännäs och samtidigt finns det en oro i kroppen och ett intresse att komma hem för att kolla läget. Jag har nu hunnit bli lite mer bekant med Konsum-Harry så jag tar mod till mig och frågar om han är intresserad av att åka till Vännäs och gå på motocross. Jo men visst, det vill han gärna.

Vi åker till Vännäs och jag blir avsläppt på min gata. Där lämnar jag Harry åt sitt öde så länge för jag varken törs eller vill ta med honom hem. För Marianna är besvikelsen stor nog ändå när jag visar mig i dörren. Jag känner och ser det fientliga mottagandet Marianna består mig med. Men pappa blir förstås glad och visar det uppriktigt. I dagboken skriver jag i min resumé av sommaren: »Blev inte välkomnad alls av Marianna men av pappa.«

Marianna har inte förmågan att dölja sitt missnöje över att jag är hemma igen. Gunnar och Camilla har hon hittills inte behövt se alls den här sommaren. Hon vill att vi ska försvinna ur hennes liv. Jag trivs inte heller i familjesituationen men är inte vuxen än. Jag måste gå färdigt i skolan och pappa vill trots allt ha sina barn samlade.

Jag tror att Marianna befinner sig i en för henne tråkig situation. Nu är det sommarlov och tant Gerd är ledig. Hon måste själv ta ett större ansvar för sina tre barn, fastän hon egentligen inte tycker om det. Kan hon ens erbjuda sina egna barn riktig kärlek? Pappa ställer upp med det mesta nu när han är ledig. Han städar, diskar, lagar mat, handlar, byter blöjor, tvättar, sköter om bilen, trädgården och bakar sin mjuka pepparkaka. Han ordnar utflykter och resor och försöker göra det roligt för barnen. Men trots pappas deltagande i hemmets sysslor, verkar det inte som om hon är tillfreds.

På EM-tävlingarna dånar det av plågade motorer, det eterblandade bränslet retar i näsborrarna och dammet ryker. Men det är festligt runt banan och otroligt mycket folk är här för att bevittna den stora händelsen i Norrland. I detta myller av människor ser jag inte Harry men jag tycker inte heller att det gör så mycket, om jag ska vara ärlig.

Jag stannar till måndag och jag åker alltså inte tillbaka till Sidensjö med Harry. Honom ser jag inte alls under den tid jag är kvar i Vännäs. Nu ordnar det sig så att jag får skjuts av Monicas morbror, TV-butikens föreståndare, som har ärenden till Rundvik och Örnsköldsvik. Det kan man kalla tur.

Det känns roligt att komma tillbaka till människor som älskar mig. En ny härlig vecka på torpet börjar.

Jag är ute på en liten tur med min moped en kväll när Harry kommer åkande i sin bil. Vi pratar en stund och jag parkerar mopeden för att åka med en sväng. Nu säger Harry något som gör mig förvånad och betänksam. Det han säger är att han bara brukar tvätta håret en gång i månaden, det räcker anser han. Jag kommer inte ihåg vad jag svarar, eller om jag protesterar men hans utsaga etsar sig fast i minnet.

Sedan föreslår Harry att vi ska åka till Kornsjöstrand. Det tycker jag ska bli roligt och spännande men hela tiden tänker jag på att jag inte får komma hem för sent. Nöjesparken med dansbana och andra begivenheter lyses upp av kulörta ljus som spelar i den mörka augustikvällen. Här rör sig många nöjeslystna människor och jag känner av den spännande stämningen i den här miljön. För mig som femtonåring är det som att äta förbjuden frukt. Harry bjuder mig på en korv med bröd och vi promenerar runt i parken en stund men jag är orolig för klockan som går. Jag vill gärna stanna längre men jag får inte vara ute så länge och vi måste åka tillbaka.

Mopeden står där jag ställt den och vi säger god natt till varandra med en kram. Dieter har varit orolig, kanske mamma också, men det är han som är arg och skäller för att klockan är närmare halv elva och det är kolsvart ute.

»Nur fünfzehn Jahre alt und so spät« utbrister han och har glömt all svenska i upphetsningen. (Bara femton år och så sent)

Efter denna utflykt träffar jag bara Harry någon enstaka gång i konsumbutiken innan jag åker tillbaka till Vännäs. Sedan ser jag honom aldrig mer vilket kanske är tur med tanke på vad som kommer att hända om drygt två år.

Ty två år senare skickar Harry ett brev innehållande trettio kronor och skriver att han vill att jag ska skicka tre par begagnade trosor. Jag fattar ingenting! Vill han ha gamla trosor, men varför? Jag har inte hört ordet transvestit men läst att det finns män som klär sig i damkläder. Är han en sådan man? Men varför köper han inte nya i affären? Det blir ju knappast dyrare och dessutom fräschare och snyggare. Men kanske vågar han inte stå öga mot öga med expediten och handla trosor? Mig behöver han förstås inte se. Jag funderar fram och tillbaka om jag ska skicka pengarna till den poste restante-adress han uppgivit. Men så minns jag EM i motocross och gentjänsten blir det tillfälle till nu, samtidigt som jag kan bli av med några fula, gamla trosor.

Det känns sannerligen mycket genant och dumt att smyga ner trosorna i ett kuvert och skicka – fruktansvärt skämmigt liksom. Det är ju så intimt med just trosor.

Men det ska bli värre. En kväll ringer Harry hem till oss och frågar efter mig. Hur vågar han? När jag hör att det är Harry blir jag obehaglig till mods och mycket generad. Nu vill han ha använda trosor, använda länge och otvättade!! Otvättade??!! Ve och fasa! Han ska inte ha dem för eget bruk säger han visst. Jag blir alldeles röd i ansiktet och mycket rädd att någon ska fråga något om telefonsamtalet. Chockad klämmer jag ur mig varför, protesterar och lägger på luren. Som tur är hör jag aldrig av honom igen. Jag vågar aldrig någonsin berätta händelsen med Harry för någon enda människa.

Vistelsen på torpet tar slut innan den tjugonde augusti för i Dieters pass är det stämplat »Udreist« den tjugoförsta augusti. Drömmen om ett eget ställe blir verklighet. Mamma och Dieter är nu ägare till torpet.

Tant Ruth och gamle morbror kommer lite senare denna sommar, förmodligen på grund av den nya Lillans födelse. Vi börjar kalla den äldre Lillan vid hennes rätta namn, nämligen Viktoria.

Viktorias röda hår har växt till sig och blivit ganska långt och lockar sig lite lagom vackert. Hon är nu två år och åtta månader och fortfarande lite lagom babyrund.

4. En mycket hemlig bilolycka

En bilolycka inträffar när pappa, Marianna och barnen är på väg till, alternativt från Bondböle. En mansperson går eller springer ut i vägen framför pappas bil och blir dödad. Förmodligen sker olyckan när jag är i Sidensjö. Varken pappa, Marianna eller Putte säger någonsin ett ord om denna traumatiska händelse men jag får frågor i skolan om den. Det är vaktmästare Lundberg som ställer frågor och utifrån dem fattar jag att det hänt något förskräckligt. Jag borde kanske berätta för pappa om frågorna jag fått men jag är rädd för att säga något. Några år senare, när Gunnar utbildar sig till polis, ser han av en händelse ett nedlagt ärende som rör pappa och olyckan.

Bilen blir tydligen förstörd och pappa får låna en stor och gammal bil av morbror Lasse som gamle morbror döper till »raggarbilen«. Pappa säger att nu ska vi byta till en ny Borgward Isabella, inget annat. Men varför frågar jag aldrig något? Nu är det för sent.

Gamle morbror muttrar inne i affären men jag hör inte riktigt vad han säger. När vi kommer ut till bilen utbrister han på sin skorrande skånska en harang om den unga, ganska snygga expediten:

»Usch vilken ful frisyr, hon hade ju en komocka på huvudet, det är inte vackert, det är bättre som du har håret.«

Kvinnan bakom disken har håret uppsatt i en knut som ligger uppe på huvudet och frisyren föll inte gamle morbror i smaken. Nej, han tycker att mitt långa utsläppta hår är snyggare. Jag kan inte låta bli att undra vad han tycker om Mariannas komocka som hänger vid nacken?

Gamle morbror gifter sig aldrig och jag undrar om han över huvud taget haft någon kvinna någon gång. Detsamma gäller tant Ruth, hon gifter sig heller aldrig och har knappast haft någon man. Beror det kanske på en avvikande sexuell läggning? Den här tiden är det ju fullständigt omöjligt, och i deras kretsar befängt att ens tänka tanken på att etablera ett förhållande med någon av samma kön. Och varför skulle vår stora släkt inte ha en enda person med homosexuell läggning?

Sommaren 2014, på en kusinträff i Stockholms skärgård, och ett år efter det ovan skrivna, får jag bekräftat att åtminstone gamle morbror var homosexuell och att han tidvis bodde och brevväxlade med en man. Pappa, som får veta detta i samband med gamle morbrors begravning, blir chockad, sägs det.

Precis innan skolstarten åker jag vid ett par tillfällen med Monica, hennes gravida moster och morbror för att plocka hjortron. Nu får jag tillfälle att tacka för hjälpen med mopeden. Som relativt nyinflyttade vet de inte var hjortronen växer och jag avslöjar ställena genom att ta dem dit. Det är vackert på myrarna med den mjuka tuvullen som lyser med sina vita huvuden. Skvattram och pors ger luften en härligt, kryddig arom som är behaglig att dra in i lungorna, lyfter en till andra dimensioner och till mycket avlägsna minnen. Det sviktar mjukt när den fuktiga mossan trycks ner under stövelsulans tyngd. Fotavtrycken i vitmossan dröjer sig kvar länge. Orangegula hjortron lyser i sin omgivning. Det är svårt att missa dem.

Marianna muttrar förstås när hon hör att jag tagit dem till våra ställen. Men jag kommer ju också hem med en del hjortron, annars hade de stått kvar på myren.

15. TV-apparat, äntligen!

Pappa köper en TV som är inbyggd i ett skåp med dörrar i mörk-brunt trä. Det är nog tänkt att den ska matcha pianot, därav det mörkbruna valet. Vad roligt att vi äntligen kan se TV här i Vän-näs. Det kommer att bli en hel del tittande på den enda kanalen. Husaltaret får sin plats vid sidan av den öppna spisen så att fåtöljer och soffa kommer att vara vända i rätt riktning. Bröderna Cartwrigt blir ett av favoritprogrammen som vi inte gärna vill missa.

Olympiaden i Rom börjar den tjugofemte augusti och ger många njutbara stunder framför TV:n. Jag blir fascinerad av den vackra, långbenta sprintern Wilma Rudolph från USA som tar tre guld-medaljer. En annan flicka som gör stort intryck på mig är Jane Cederqvist. Hon får ett silver på distansen 400 meter i simning, bara femton år gammal. I kanot kniper Gert Fredriksson sitt sjätte guld. Jag sitter som klistrad framför rutan och följer tävlingarna och drömmer om framgångar.

Skolan börjar först den trettioförsta augusti men sändningarna från OS fortsätter till den elfte september. Nu i trefyran får vi ytterligare ett ämne, skolköksundervisning. Det är något som vi verkligen uppskattar. Vid ett lektionstillfälle blir det matlagning för min del, nästa bakning och tredje gången klädvård osv. Här får vi lära oss mycket bra och användbara saker som jag kommer att ha nytta av.

Även denna höst tävlar skolan i friidrott mot Vindelns realskola. Jag vinner slungbollen och hamnar i tidningen med en liten bild. I längd kommer jag fyra av sex tävlande. Tina och Carina tävlar i sextio meter och Tina vinner på en bra tid.

Mera friidrott blir det när triangelkampen går av stapeln. Även här kastar jag slungboll och nu kommer jag tvåa. Bjurholm vinner kampen och Vännäs slår Nordmaling. I skoltävlingarna får vi inte stöta kula eller kasta diskus vilket är lite synd tycker jag.

Pappa ordnar en punktorientering för skolan. Tvåhundrasjuttio elever deltar. Jag vinner överlägset min årgång och det står att läsa i tidningen dagen efter att jag var den klart bästa av alla flickorna.

En fin höstsöndag håller kyrkoadjunkten Rolf Nyberg en friluftsgudstjänst uppe på Middagsberget. Många Vännäsbor har sökt sig dit, så även Camilla, Gustav och jag. Kyrkoadjunkten berättar om sin resa till Afrika och kantorn sjunger solo. Kollekten som tas upp ska gå till inköp av en ambulans och den ska skänkas till Afrika. Två andra uppskattade inslag under den här friluftsdagen är skogskrysset och en miniatyrorientering.

Under hösten levereras den nya bilen genom vår morbror Lasses försorg. Bilen är klarröd och vi tycker alla att den är mycket snygg. Varför det blev ett bilbyte nu, det vill säga den verkliga orsaken får vi som sagt aldrig veta.

Monika med moster och morbror flyttar från Vännäs och det ges inte tillfälle till att ta farväl. Jag vet inte när de lämnar huset men den sextonde september kommer i alla fall deras lille son till världen, antagligen på den nya bostadsorten. Flytten skulle ske den trettioförsta oktober, men uppbrottet blir tidigarelagt på grund av skäl som vi längre fram får läsa om i tidningen. På morgonen den femtonde oktober står flyttbussen på gården men jag ser aldrig familjen eftersom de redan lämnat Vännäs.

Marianna beställer klassiker som hon ska ha för framtida bruk till sina barn. Böckerna har några engelska ord insmugna i texten. Jag får läsa dem om jag vill och jag hinner läsa någon enstaka innan lusten att läsa hennes böcker försvinner hastigt och mindre lustigt en dag. Jag stöter på ett ord som jag aldrig hört talas om och går och frågar föräldrarna. Ordet är »katarakt«. »Men vad nu då, vet du inte vad det betyder? Men vad i all sin dar, det vet väl alla. Det är klart att du måste veta det. Hur kan du ha missat det?«

Jag blir kränkt, hånad och måste förödmjukad stå och vänta på ordförklaringen. Jag tappar lusten att befatta mig med den boken och de andra böckerna i hennes samling. Jag kan så här i

efterhand konstatera att jag aldrig mer stöter på ordet katarakt i
någon skrift trots att jag läser mycket.

16. Nya pojkvänner

Emmy och jag får i uppgift att hämta en mjölsäck hos Stinas pappa
som är bonde. Jag kommer mig inte för att fråga pappa om varför
han inte själv transporterar den hem med bilen. När vi är på väg hem
med säcken och befinner oss i närheten av polisstationen möter vi tre
pojkar från Yrkan: Danne, Ove och en till som vi inte kan namnet
på. Förmodligen ser bördan tung ut för oss. Gentlemannamässigt
erbjuder de sig att bära den. Tacksamt lämpar vi över kornmjöls-
säcken till dem. Nu går det lite raskare att gå så vi är snart hemma
vid vårt hus och där tackar vi gentlemännen och tar över kånkandet.

Yrkesskolan har en del nya elever. En av dem är Emmy glad i
och han heter Runar. Själv är jag så smått intresserad av en gosse
som heter Patrik.

Under hösten döps Lillan i kyrkan och vi är alla samlade framme
vid dopfunten med prästen, uppradade och uppklädda. Camilla
och jag bär våra mörkblå strumpklänningar och har båda håret
uppsatt i svinrygg. Jag trivs inte med att ha håret så men det passar
bättre att under högtiden se strikt och välvårdad ut. Den lilla är
mycket fin i sin dopklänning och får namnen Anna Ulrika. Stolta
barnafadern ser ut att vara tillfreds med den stora skaran han
avlat fram och samlat ihop inför det högtidliga tillfället. Ömsint
och vackert kristnas och namnges Lillan i vår fina kyrka.

Sista dagen i oktober: »Skrev modde »(modersmålet). Var hos
Catarina Pettersson« står det alltså mycket kortfattat i en liten
almanacka som jag noterar lite i medan dagboken ligger i träda.

Viktoria fyller tre år och har växt en hel del på längden. Hon tycker att det är roligt med en liten syster men annars leker hon gärna med Putte då han inte är i lekskolan.

Första helgen i november deltar jag på en regional ungdomsledarkurs i Skellefteå och jag skriver i almanackan att jag blir tjenis med Akka Andersson, ishockeyspelaren. Kursen avslutas med att alla deltagarna tilldelas var sitt diplom.

Lördagen efter går Emmy på »Teaterbåten« och jag väljer att besöka SSUH:s skoldans, »en urtråkig tillställning« skriver jag.

Under söndagen, Fars Dag, åker pappa, Marianna och barnen till Bondböle. Camilla och Gunnar kommer på att vi ska passa på att baka en sockerkaka så att vi får lite gott att äta till teet. Om det händelsevis skulle finnas kakor i huset så får vi inte ta av dem. Camilla vispar händigt ihop smeten och häller den i den bröade formen. Det doftar gott ur ugnen och vi kokar upp vattnet till teet. Vi kan knappt vänta tills kakan ångat av och kallnat en smula. Camilla skär jättebitar och vi frossar och njuter. Hela kakan försvinner och sedan måste vi sopa undan alla spår och vädra ut sockerkaksdoften. Det lyckas för Marianna märker ingenting.

Vi har tvättdag när Yrkan har sin onsdagsdans och jag kan inte gå vilket jag tycker är synd. Men fjorton dagar senare får jag för första gången gå på deras skoldans med Emmy. Vi har roligt trots att Patrik gått på bio men när vi ska gå hem dyker han upp. Då kan jag inte låta bli att stanna ett litet tag till trots att jag skulle vara hemma klockan tio. Pappa säger ingenting när jag kommer hem tjugo minuter i elva. Kanske har han inte riktig koll på tiden.

Den elfte december avgörs Distriktsmästerskapen i gymnastik i Holmsund och hallen är fullsatt. Pappa och Marianna är också där för att se hur jag lyckas. Vi tävlar i fristående, balans på internationell bom, matta och hopp. I min klass är vi tjugotvå tävlande varav tio går till final. Jag kommer sexa och går alltså vidare och slutar som sexa i juniorklassen där de flesta är äldre än jag. Min vän Lena, från mitt första läger på Norrbyskär sommaren 1957, kommer tvåa. Jag är mycket nöjd med mitt resultat och det är pappa också.

På Luciadagens morgon lussar Lisa, Viveka och jag i huset där vi bor. Vi går till respektive familjer och några till. Viveka är nyinflyttad och hennes pappa är den nya rektorn för Yrkesskolan.

Söndagen den artonde december begravs morbror Arvid och moster Mary får kämpa vidare i livet utan sin käre make.

Den nittonde december, på Emmys födelsedag, åker Emmy och jag in till Umeå för att handla julklappar. Jag spenderar ungefär trettio kronor idag men jag har redan köpt julklappar till mamma och Dieter.

Dagen efter har Yrkesskolan sin julfest. Emmy och jag går dit och betalar en krona i inträde. För den kronan erbjuds vi mycket. Först får vi i gymnastiksalen bevittna trevlig underhållning där elever framför roliga sketcher. Salen är smyckad med julpynt för att den rätta stämningen skall infinna sig. Så småningom börjar dansen som håller på i ungefär en timme. Nu känns det pirrigt och spännande men tyvärr ser jag inte Patrik dansa en enda gång. Förmodligen kan han inte, eller vågar inte. Roland dansar däremot men inte med mig. Emmy och jag blir i alla fall uppbjudna många gånger och stämningen stiger i lokalen.

Efter dansen är en paus inlagd i programmet. Ett gott fika står uppdukat i matsalen på internatet. Det känns mycket spännande för oss att få träda in i pojkarnas revir. Även här är det fint dekorerat med julpynt och det syns att man är mån om att eleverna ska trivas och få uppleva lite hemmakänsla.

Vi går tillbaka till gymnastiksalen där dansen fortsätter. Emmy och jag får ordentligt med motion genom artiga kavaljerers flitiga uppbjudande. Vid tolvtiden stoppas musiken för nu så ska julen dansas in med långdans och någon ringdans. Vi deltar även i denna roliga aktivitet som ökar pulsen ytterligare. Värmen stiger från allt varmare och svettigare kroppar. Tyvärr måste vi sedan hastigt lämna tillställningen trots att det ska serveras varmkorv i matsalen. Det skulle självklart vara roligt att få gå till matsalen igen men klockan är redan mycket.

När vi hämtar våra ytterkläder och går följer Patrik och en annan kille efter oss. Emmy viker av åt sitt håll. Hon har nära hem. Jag får sällskap hemåt och vi stannar vid tant Karins automat. Pojkarna köper choklad och bjuder mig på en halv kaka. Lite senare stannar vi vid mitt hus och Patriks kompis vänder tillbaka. Det blir kallt för Patrik som inte tagit någon jacka med sig och vi går in i farstun för att prata en liten stund. Plötsligt kommer en fråga:

»Hur många gånger har Roland varit i den här farstun?«

Hoppsan! Gode Gud vad pinsamt! Jag skäms och vill sjunka genom jorden.

»Det vet jag ju inte men jag gillar inte honom längre utan en annan« säger jag och försöker mig på ett leende som Patrik besvarar.

»Kanske du vill veta vem det är?« försöker jag försiktigt och öppnar silverhjärtat som jag bär i en kedja om halsen. I det har jag en liten lapp där det står Patrik. Han frågar flera gånger om det är sant att jag gillar honom och varför jag fallit för just honom. Jag försöker förklara men jag tror inte det går så bra, orden vill inte infinna sig och jag är för blyg.

I morgon åker han hem på jullov och kommer inte tillbaka förrän den åttonde januari. Jag vill att han ska skriva till mig men han skriver inte brev säger han då. Han besvarar inte heller sin systers brev. Jag får Patriks legitimationskort för han måste ändå skaffa ett nytt till vårterminen. Han får ett foto av mig som jag har i min plånbok. Vi kramas och pussas men sedan måste han skynda sig. Klockan är nu halv två och de låser internatet kvart över ett, så han får använda källarfönstret och ta sig in den vägen.

När jag smyger upp sover alla vilket jag är mycket glad för. Så här länge har jag aldrig varit ute och det skulle nog ha blivit livat i holken om de bara visste. Jag klär bara av mig och smyger i säng men det dröjer länge innan sömnen vill infinna sig. Jag känner mig lycklig för Patrik och tankarna virvlar runt i huvudet. Jag försöker återuppleva stunden i farstun med honom innan jag somnar.

17. Jullov

Klockan kvart över nio börjar skolavslutningen i kyrkan. Det är en ny tradition som införs nu när Vännäs har fått en egen kyrka. Betygsutdelningen sker i klassrummet efter högtiden. Jag får också tre diplom, ett för att jag tagit guldmagistern och de andra är för mina framgångsrika insatser i orientering och friidrott.

När jag kommer hem är det tänkt att Camilla och jag ska baka ut pepparkaksdegen som vi gjorde igår. Men det går inte så bra eftersom degen är alldeles för hård. Vi har tydligen blandat i för mycket mjöl. Nu kan man slå ihjäl en oxe med den. Camilla finner på råd och ringer till Birgittas mamma och frågar henne hur vi ska göra. Hon vet minsann. Vi ska baka in mera smör i den. Ja tyvärr får det bli margarin men sedan går den bra att kavla. Vi gör fina pepparkakor i en stor mängd för det behövs här i huset. Men tänk om vi hade fått använda smör och grädde i degen! Den goda kakdoften sprider sig i lägenheten och ut i trapphuset.

Vi diskar och städar undan efter oss och lägger de avsvalnade kakorna i burkar.

Nu måste jag skicka iväg några julkort om de ska hinna fram. Jag har redan fått några med posten.

Halv nio ser Camilla och jag en långfilm på TV. Den heter »Han och ingen annan« och är inspelad 1940. Tänk att kunna se långfilmer gratis! Vilken lycka!

Den tjugoandra december skriver jag i den lilla kalendern namnet på Monikas morbror med utropstecken efter men inget mer är noterat. Det är antagligen det datumet som vi i tidningen kan läsa att hennes trettioårige morbror blivit dömd till tio månaders straffarbete för grov förskingring under sin anställning i TV-affären i vårt hus. Det kommer sannerligen som en chock. Den snälla och trevliga familjen som nyligen begåvats med en son. Gode Gud så tragiskt! Jag klipper ut tidningsartikeln och lägger i min dagbok för att jag ska kunna ta till mig det inträffade, för att kunna fatta det.

När pappa och Marianna gör en resa till Umeå följer Camilla och jag med. Jag passar på att köpa Emmys julklapp, ett par lila mamelucker. De har blivit högsta mode nu. Vilken lycka att vi damer slipper frysa om de ädlare delarna.

Hemma ska det julstädas och vi hjälper alla till efter bästa förmåga för det ska vara fint till julen. Tant Gerd är ledig sedan skolavslutningen så vi får ligga i och jobba med både det ena och det andra, som vanligt.

Fredagen den tjugotredje jobbar jag hos tant Inga från klockan åtta på morgonen till klockan sju på kvällen. Jag skriver i dagboken:

»Innan kvällen var jag så less så jag höll på dö. Jag hade ingen lust att gå dit på julafton. På julafton var jag alldeles slut. Då började jag också åtta och höll på till klockan fyra. Jag var så utless så jag grinade. Och dom var på dåligt humör i affären nästan hela dagen. Jag fick en tia för bägge dagarna plus dricks men det var inte många kronor. När jag kom hem var Nils-Erik och Vega, tant Olga och farbror Nils hos oss. Då drack jag te och åt smörgåsar. Det var det första jag åt på hela julaftonen.«

Jag blir fruktansvärt trött under dessa två mycket intensiva dagar i julbrådskan. Alla är stressade och glömmer bort att jag kanske också måste äta. Jag får inte någon matrast eller fikapaus. Att jag inte tjänar så mycket pengar efter så många timmars jobb, nitton timmar, beror kanske på ett »löneavdrag«. En dam ringer till tant Inga och klagar på att hennes rosor är avbrutna och tant Inga måste leverera nya. Jag brukar ha paketen hängande på sparken och försöker vara försiktig. Om en del paket har långa snören försöker jag lägga upp dem på sparken. Vi vet inte hur blommorna ser ut när damen packar upp dem för vi har bara damens utsaga. Hur det går till när blommorna skadas vet jag inte heller.

Gunnar ställer upp som jultomte och delar ut julklapparna. Min bästa julklapp är ett par slalomskidor med belag och stålkanter. De är ljusblå och gjorda av limmad hickory och två meter långa. Bindningar med fotplattor och långremmar får jag i ett annat paket. Pappa kan genom orienteringsklubben köpa dem till ett bra pris. Nu är det bara slalompjäxorna som fattas.

Camilla och Gunnar ger mig ett tyg som jag ska ha till en kjol med kort jacka. Ett annat paket innehåller vita gymnastikskor. Dessa ska jag ha när jag spelar basket och hoppar. Snälla tant Gerd ger mig ett par nylonstrumpor. Det får jag också från Viktoria och Lillan. Putte har slagit in ett vitt brevpapper och Emmy ett knallrött. Mamma och Dieter skickar en tjock, ljusblå kofta, en toalettväska med schampo och lite annat i, små gröna creperosor med spets, en näsduk, ett ljusblått, tvåradigt halsband, en kedja för handleden, en chokladkaka och en mörkblå tunn scarf. Jag får ett rött brevpapper från mamma också, så jag byter med Camilla som fått ett lila. Nils-Erik och Vega ger mig en fin fågelbok. I moster Marys kuvert ligger en tia och i gamle morbrors en femma. Av tant Olga och farbror Nils får Camilla, Gunnar och jag en påse äpplen från deras trädgård. Det blir tre rynkiga äpplen var. Putte, Viktoria och Lillan får långbyxor, överrock och klänning från sina morföräldrar.

»Hm! Tala om att göra skillnad men dom är absolut värst« skriver jag i min dagbok.

Jag är ändå glad och tacksam för alla mina julklappar och tycker att jag får många. Men Putte och Viktoria får mest, framför allt

Putte som ändå inte är nöjd den här julen har jag skrivit i dagboken. Han säger:

»Ska jag inte få något mer?«

Men då tycker vi alla, även föräldrarna, att han är förfärligt bortskämd. Ja, han får i princip det han pekar på för Marianna har lite dåligt samvete och försöker kompensera ett och annat.

Gunnar ställer upp som tomte hos Österbergs och hos familjen Gustavssons under oss, så Camilla och jag får ta jättedisken med hjälp av Vega. Det blir mycket att diska efter elva personer plus Lillan. Vi ser lite TV sedan stupar jag i säng medan pappa skjutsar tant Olga och farbror Nils till Bondböle och Nils-Erik och Vega till Umeå.

Juldagen bjuder på drygt tjugo minusgrader men det avskräcker inte pappa som vill ta en skidtur och jag följer med honom, alltid beredd att vara till lags. Vi får känna kylan bita i kinderna. Underlaget är strävt och trögt och solen orkar knappt upp ovan trädtopparna i fjärran.

På annandagen måste jag packa för jag ska delta i idrottslägret i Umeå som börjar den första vardagen och slutar den trettionde december. Jag skriver att jag inte packar ner dagboken utan att det är säkrast att den stannar hemma. Men det ska jag nog inte vara så säker på. Om Pappa och Marianna kommer över den så läser de den tyvärr. Det skulle kännas bedrövligt.

»Jag kom inte med på Bosökursen« skriver jag också i dagboken. Det är nog inte så konstigt för jag har definitivt inte åldern inne.

Det här lovet får inte Camilla åka till Stockholm. Där anses det finnas för många faror som lurar. Jag tror att det är anledningen. Sedan en tid är det slut mellan henne och Gustav och den nye pojkvännen heter Lennart.

Barbro, som också brukar tävla i friidrott, åker med mig till lägret där hon ska delta i handboll. För mig blir det skidor igen. Vi träffar många trevliga ungdomar och erbjuds bra träning av skickliga ledare. En kille som heter Lasse är med i gruppen som spelar handboll. Nu är han sexton år men fyller sjutton i januari. Han visar ett mycket stort intresse för mig men jag är ganska nollställd på grund av Patrik. Sista kvällen bjuder han mig på fika på restaurangen och avslöjar att han är kär i mig. Lasse är lättsam och trevlig men jag ser honom mer som en kompis. Han kommer på sin röda vespa till stationen när vi ska åka hem. Det går väl an men han vill att jag ska skriva brev till honom. Då vill jag att han ska skriva först i så fall.

På nyårsaftonen åker Gunnar till sin käresta Inga-Lill i Rödåsel. Camilla blir hämtad av Lennart för de ska ut på något kul. Resten av familjen är bjudna på nyårsmiddag i Bondböle. Innan vi infinner oss i Bondböle gör pappa av någon anledning en sväng till Umeå fram och tillbaka. »Men jag ser inget spännande där« har jag skrivit i dagboken. Vi stannar inte så länge hos Mariannas föräldrar utan åker hem innan barnen blir för trötta.

När vi kommer hem är det meningen att jag ska gå till Emmy och vi ska ha en trevlig afton tillsammans. Det är också tänkt att jag ska ligga över hos henne. Nu blir det inte så för hon har fått jobb på det nya hotellet som cigarrettflicka. »Det skulle jag aldrig få« skriver jag i dagboken. Pappa skulle inte tillåta det antar jag. Men Emmys mamma arbetar på Hotell Vingen och har ordnat jobbet till henne så att också hon ska få tjäna lite pengar.

Jag sitter alltså hemma med pappa och Marianna när det gamla årets tid börjar rinna ut. Vid tiotiden ringer telefonen och det är till mig. Det är Lasse som säger att han hade tänkt ringa vid tolvslaget och önska gott nytt år men kom på att det kanske var dumt. I morgon tänker han skriva brev till mig. Jag längtar förstås till dess Patrik kommer tillbaka och jag undrar hur jag ska hantera Lasses passion utan att såra honom.

På TV visas en direktsändning från Nalen som vi tittar på. Det gör att kvällen ändå inte blir så tokig. Sedan spelar jag Alfapet med pappa och Marianna. Det är första gången jag kommer i kontakt med spelet. Vid tolvslaget ringer både Camilla och Gunnar för att önska gott nytt år. Mina kära syskon!

Året 1961

1. Ihärdigt uppvaktande

Redan måndagen den andra januari får jag ett brev från Lasse som skriver att han är mycket kär i mig. Oj vad jobbigt! Men han är så snäll och rar. Jag skriver ett neutralt svar till honom på rött brevpapper. Nu har jag huvudsakligen mina tankar hos Patrik men han skriver inget brev eller ringer!

Det blir något fel med backväxeln på den nya bilen och pappa kontaktar morbror Lasse som levererat den. De kommer överens om att vi, klockan sex på morgonen den fjärde januari, åker till Örnsköldsvik för att få felet åtgärdat. Småsyskonen lämnas i Bondböle dagen innan resan. Marianna har bestämt att hon ska med och det förstår vi egentligen inte. Hon har ingenting att tillföra och dessutom har hon inga bekanta där som hon kan hälsa på. Lillan är bara drygt sex månader och ammas fortfarande. Hon blir utan bröstmjölk. Viktoria är tre och Putte fem år. Varför är hon inte hemma med sina späda barn när hon har så få dagar kvar innan skolan börjar?

Camilla, Gunnar och jag passar på att besöka vår kära släkt. Först hälsar vi på hos moster Märta och morbror Gunnar och har det lite trevligt med dem. Det är roligt att träffas för det blir så sällan numera. Sedan drar vi iväg till Hörnett där moster Marianne och morbror Adam bor. Just nu har de mormor boende ho sig. Det passar bra för oss att vi också får träffa henne. Kusin Mats är inte hemma. Han har åkt till moster Mary i Skellefteå för att för att muntra upp henne som ganska nyligen blivit änka. På eftermiddagen besöker vi moster Dagmar och morbror Melker i deras fina stationshusvåning. Det känns bra att vi hinner med alla för vi har verkligen goda känslor för mammas släktingar.

Det ges också tillfälle att träffa Gustav som bor och arbetar här i Örnsköldsvik. Han är mycket snäll och charmig men förhållandet med Camilla är över vid det här laget. Det verkar som att han tycker det är tråkigt men det är hans mamma som satte käppar i hjulet för deras förhållande. Vid ett tillfälle öppnade hon och läste ett kärleksbrev från Camilla till Gustav. Mamman klarade inte av konkurrensen om den ende sonen och visade sin tråkiga svartsjuka sida. Hon fick sonen att bryta förhållandet. Under flera månader broderade Camilla på en mycket vacker duk som hon gav den blivande svärmodern i julklapp. »Den borde kärringen lämna tillbaka tycker både Camilla och jag« står noterat.

Bilen är inte klar när det är dags för hemfärd och pappa erbjuds låna en 1958 års Isabella som gått tolvtusen mil. Med den åker vi hemåt och är i Vännäs tjugo i åtta. Camilla och pappa hinner precis i tid till den inbokade operetten »Violen från Montmartre«.

Innanför brevinkastet ligger ett nytt brev från Lasse. Jag skriver ännu ett neutralt svar i all hast och går ut för att posta det. En bil får plötsligt liv där den står parkerad vid Kraftbolagets hus. Det är Bert som kör, en stilig ung man runt tjugofem. Han jobbar i huset sedan några månader. Bert stannar och frågar om jag vill ha skjuts till stationen så att jag kan posta brevet.

»Ja tack« svarar jag och jag hoppar in i hans bil. I baksätet sitter en stor, svart hund, som han kallar Pio. »Det verkar vara en snäll jycke« säger jag när vi bromsar in på stationsparkeringen och hunden tittar på mig när jag går iväg till brevlådan. Bert skjutsar snällt hem mig igen och jag tycker faktiskt att den här bilturen är lite spännande.

Dagen efter får Camilla, Gunnar och jag åka till Umeå med den lånade bilen. Det går an för pappa att låna ut den här bilen och det verkar inte vara så bråttom med att hämta hem de små barnen från sina morföräldrar.

Från en telefonautomat ringer jag upp Lasse när jag ändå är i stan. Han kommer som ett skott på sin vespa. Gunnar gör några ärenden medan vi sitter i bilen med Camilla och pratar. Så gör vi en tur fram och tillbaka till Camillas rum där hon ska hämta något. Då knorrar magen att det är dags att få något att äta. Vi går på NK för att fika och Lasse bjuder mig. Han avslöjar också att han vill komma redan i kväll för att hälsa på mig i Vännäs. Ja, vad ska man säga?

Halv sju kommer Lasse med tåget och jag möter honom och tar med honom hem till lägenheten så att han får hälsa på föräldraparet. Emmy kommer också för jag har meddelat henne den stora sensationen, att jag tar hem en manlig bekant. Kanske kan jag »fösa ihop« dem? Camilla och Lennart kommer också och vi fikar allihop tillsammans och har trevligt.

På TV går »Bröderna Cartwright« och den filmen vill vi inte missa. När Cartwright är slut åker Lasse och Lennart hem men innan dess bedyrar Lasse att han ska skriva och ringa.

Jag tar mina löparskidor och åker till Middagsberget. Tyvärr har jag ännu inte pjäxor till mina nya slalomskidor men jag är sugen på att åka. Det är roligt att åka fort men svårt att svänga med löparskidorna så det får bli ett åk rätt utför. I ett ganska stort gupp tappar jag kontrollen och faller för att skidorna är så lätta och smala. När jag ska resa mig ser jag till min förvåning att båda skidorna är avbrutna.

»Sorgligt. Mycket sorgligt« skriver jag i dagboken.

På kvällen går Emmy och jag till kyrkan på något som kallas Lukasspel. Jag skriver i dagboken: »Lukasspelet var rätt bra! Vi hade som vanligt en rad bilar efter oss när vi gick upp till Emmy och likadant när jag gick hem. Vi åt kyckling m.m., drack vin«. Ja det står faktiskt så. Det kan inte röra sig om någon stor skvätt för jag räknar inte det tillfället som min vindebut. Jag kommer knappt ihåg det. Debuten sker inte förrän i oktober 1964, efter studentengelskan, och den minns jag! Kyckling äter vi aldrig hemma för det betraktas som lyx. På sin höjd får vi höns med ris men det är gott det med.

Under lördagen tvättar jag en del kläder, för hand förstås. Det var ett tag sedan vi hade vår tvättdag. Lasse ringer och vill komma och hälsa på igen. Vi bestämmer då att vi ska gå på bio och se »Det ljuva livet« med Anita Ekberg. Medan jag står där i hallen och pratar i telefonen kommer Emmy och ringer på. Lite senare dyker Gunnar upp så jag avslutar samtalet.

Halv sju kommer tåget och jag möter Lasse vid stationen. Vi vandrar till biografen och ser den berömda filmen. Lasse tycker att Anita Ekberg är tjock som en kossa men det stämmer inte tycker jag. Kanske menar han de väl tilltagna behagen?

Jag går till Gunillas mamma med tyget som jag fick i julklapp av Camilla och Gunnar. Hon är en duktig sömmerska och brukar anlitas flitigt. Av det diskret rutiga tyget ska hon sy en kjol med kort jacka till. Jag får gå och prova några gånger vilket jag inte har något emot. Sömmerskan bor i självaste Yrkesskolan. När hon mäter, nålar och provar killar det så skönt på huden på armarna och halsen. Jag vill inte att det ska ta slut. Camilla och jag brukar killa varandra på armarna eller ryggen. Då tar vi tid för att det ska bli rättvist.

I tioårsåldern tjänade jag tio öre för en kvart genom att killa Camilla på armen. Då kom tant Olga och fnös i dörren och undrade vad det var för trams vi höll på med. Enligt tant Olgas sätt att se är livet inte till för njutningar av något slag. Man ska arbeta, sträva, snåla, spara samt frukta Gud.

Den nionde januari börjar skolorna och jag ser fram emot att träffa Patrik men det kommer att dröja.

En snäll granne, Sune Lundborg, hjälper mig att montera fast bindningarna på slalomskidorna för så långt sträcker sig inte pappas kunnande.

Fredagen den tjugonde januari åker pappa, Marianna, Gunnar och jag till Umeå för att affärerna där har realisation. Det gäller att passa på. Jag får en ny anorak som är röd med vitt foder i kapuschongen och vita muddar. Priset är nu trettio kronor men den har kostat sjuttiosju. Nu äntligen får jag slalompjäxorna som jag väntat på. De är tillverkade i svart skinn med dubbel remning där man först måste remma den inre skon och sedan den yttre. Nu ska det bli åka av.

På söndagen den tjugoandra kommer Lasse med en kompis som heter Björn. De åker i Lasses pappas Volvo Amazon. Björn, som är backhoppare, har med sig sin flickvän Karin. Jag är lite bekant med henne sedan idrottslägren i Sporthallen. Vi åker alla till slalombacken och jag har mina nya slalomskidor dagen till ära. För första gången får jag nu susa utför slalombacken på riktiga slalomskidor. Vi har väldigt roligt i backen i vackert vinterväder och jag slipper gå både dit och hem.

Onsdagen den tjugofemte, när jag följer Emmy hemåt, får jag äntligen se Patrik. Då kommer han från biografen där han sett en spännande film. Nu frågar han mig om jag vill följa med honom upp på rummet och hämta min halsduk som han fick låna före jul. Nej, det hinner jag inte för nu måste jag hem. Klockan är redan tio. Patrik eskorterar mig hem till farstun. Han undrar vad jag ska göra till helgen men det vet jag inte än. Själv ska han åka hem för att träffa sin syster som han inte har sett på länge. På fredag kväll tänker han gå ut och då vill han att vi ska ses.

Men det blir ingen träff med Patrik eftersom han drabbas av influensan och åker hem till Mjösjöby. Det vet jag inget om när jag går ut på fredag kväll. När jag inte ser honom fortsätter jag till Emmy. Patrik syns inte heller till på onsdagens skoldans för han är fortfarande sjuk. Då tycker jag inte att det är särskilt roligt och går hem tio. Jag får inte heller vara ute längre.

Nu kommer två lediga dagar! På fredagen åker Emmy och jag in till Umeå. För egna pengar köper jag en vit skinnmössa. Den kostar fyrtiofem kronor vilket är mycket pengar för mig om jag tänker tillbaka på förtjänsten under de två juldagarna. Emmy har en ljust blålila, lite toppig och krullig skinnmössa som jag tycker är mycket fin. Jag hittar inte den modellen utan den jag väljer är plattare på kullen. Men den är också fin och mycket varm.

Lasse kommer och gör oss sällskap och jag visar honom mössan jag köpt. Han föreslår att vi ska gå och fika någonstans. Gentlemannamässigt bjuder han oss på fikat och vi tackar allra ödmjukast. I morgon fyller Lasse sjutton år. Högtidligt överlämnar jag presenten som jag har med mig. Det är ett par tjocka och rejäla lovikkavantar. Han blir glad och provar dem på sina händer. Jag tycker att det är roligt att sticka och med lovikkagarnet går det fort för det är tjockt och otvinnat. Det gör inget att det har lite fårlukt i sig.

Första februari skulle jag ha sagt filipin till Gunnar men jag kommer inte ihåg det. Han gör det däremot. Med ett stort leende kommer filipinet över hans läppar och jag måste ge honom det vi spelat om, vad det nu var.

På torsdag kväll kommer Carina och hälsar på. Hon kammar mitt hår och gör lite olika frisyrer. Jag tycker att det är skönt när hon grejar på. Håret har återigen blivit ganska långt och når en bra bit ner på ryggen. Carina prövar att sätta upp det i olika variationer. När vi är klara ska vi gå ut för att posta ett brev till Lasse. Han är en mycket flitig brevskrivare, driven av den stora passionen, tycks det. Lite senare tänker vi titta på ishockeylandskampen mellan Sverige och Canada.

2. Sexton år

Lasse kommer lördagen den fjärde februari med en födelsedagspresent till mig. Den är inslagen i ett fint paket med rosett. Jag lossar det fina bandet och vecklar försiktigt av papperet. När jag öppnar asken får jag se ett femradigt halsband med vita, gula och beigea pärlor. Det är en alldeles för stor och dyr present tycker jag och blir generad. Jag har ännu ingen tårta att bjuda honom på utan det blir en enklare förtäring.

Under kvällen får jag ont i halsen och känner mig varm och dåsig.

Söndag eftermiddag bakar Camilla sockerkakan till den tårta jag ska få på min födelsedag. Jag gör henne sällskap i köket medan jag pressar min snäva kjol som jag fått av henne. Marianna kommer ut i köket fram och tillbaka för att kontrollera vad som händer. Efter en stund kommer pappa hem från en skidtävling som han haft ansvar för och nu ska han snart ge sig iväg till orienteringsklubbens årsmöte med mig. Han känner sig lite jäktad och ingen middag är färdig. Då skyller Marianna på oss: »Jag trodde att flickorna hade börjat med maten« säger hon fastän hon vet vad vi gör i köket. Vilken mat? Vad skulle vi laga? Vi har inte mandat att plocka fram, tina upp eller bestämma vad som ska handlas på Nilssons. »Fånigt va« har jag skrivit i dagboken.

Marianna muttrar och sätter igång och lagar ihop något. Pappa och jag sätter oss vid bordet för vi ska snart iväg till årsmötet. Tyvärr måste jag gå på mötet trots att jag är sjuk för min uppgift är att koka kaffet. Marianna kommer in med karotten och serverar pappa och bär sedan ut maten. Där sitter jag utan mat!

Men vad gör jag för fel? Jag ställer alltid upp när de ber mig, säger aldrig emot och försöker att inte vara till besvär. Jag ska inte behöva ta emot allt det negativa som jag får genom henne. Jag förtjänar inte att bli behandlad så här. När hon 1954 säger ja till pappa vet hon om att vi finns. Att hon har ansvar för att vi inte far illa på grund av henne. Vi har inget val. Vi får inte välja 1954. Fast jag försöker protestera, dock utan framgång. Varför är hon så elak och missnöjd när hon begåvats med en skara fina barn som är till nytta och glädje? Och *varför* säger inte pappa någonting?

Den sjunde februari skriver jag i dagboken:
»Jag är alldeles nere. Under lördagskvällen blev jag sjuk och var sjuk på söndagen också så jag slapp åka skidor. Men det var nära att jag blev tvingad. Men på kvällen måste jag gå på Vännäs Orienteringsklubbs årsmöte för att koka kaffe. Men snälla Emmy hjälpte mig. Vi var där från sex till halv tio på kvällen. När jag kom hem hade jag ganska hög feber, drygt 38 grader. Jag gick till skolan på måndagen, min födelsedag, men vi hade bara fyra timmar den dagen. Det blev ingen lyckad födelsedag inte, min sextonårsdag. Men riktigt lyckad har den väl inte varit på många år. Gerd hade frågat Marianna om vi inte skulle köpa hem någon grädde till tårtan men hon svarade att det får dom ordna själva.«

Menar hon Gunnar, pappa eller födelsedagsbarnet? Det är tungt att leva i den negativa energin som suger musten ur kroppen på mig och får mig att känna mig usel eller mindre värd.

Jag mår inte så bra på födelsedagsmorgonen men jag tar tacksamt emot paketen jag får. Putte, Viktoria och Lillan ger mig ett par bruna handskar som inhandlades på rean. Camilla och Gunnar har köpt en snygg, randig blus och en vit halsduk som jag önskat mig. Vad glad jag blir. Tant Gerd ger mig en femma. Pappa kommer med en tavla som han köpt av en kringvandrande konstnär. Den föreställer två simmande fiskar. Jag får den tillsammans med reafynden; slalompjäxorna och anoraken. Inga-Lill fyller år fem dagar efter mig och hon får en tavla av samme konstnär. Den föreställer en vacker balettdansös och Gunnar tycker väl att det finns likheter.

Carina kommer på kvällen med talk som luktar gott och Emmy ger mig skummande badsalt. Mina fina vänner!

Dagen efter födelsedagen ligger jag hemma och är sjuk. Alla mina näsdukar är slut. Jag lägger dem på elementet så de torkar till lite och jag kan kanske använda ett litet hörn en gång till. Men sedan är de så styva och äckliga och då måste jag ta till det hårda toalettpapperet. Huden under näsan blir öm och skinnflådd. På kvällen skriver jag djupt deprimerad:

»I dag har ingen brytt sig om mig. Emmy var ner förstås och muntrade upp mig och Gunnar kom in med te mitt på dagen. Nu har jag legat och gråtit i förtvivlan i nästan två timmar för jag har sån värk i halsen och huvudet. Nu orkar jag inte skriva mer. Jag får kväljningar.«

Jag ligger sjuk i en och en halv vecka. Svåra förkylningar och halsbesvär kommer att följa mig genom skoltiden på grund av lågt blodvärde och uselt immunförsvar.

Den åttonde kommer ett paket från mamma och Dieter. Tant Gerd är snäll och hämtar det åt mig. I paketet ligger ett par randiga långbyxor, en reservoarpenna, fingervantar, parfym, kex, två näsdukar, en chokladkaka och en tvål.

En stor mängd militärer är nu förlagda på lägret här i Vännäs så pojkarna på Yrkan är utsatta för svår konkurrens. Emmy går till gammeldansen och träffar en trevlig pojke från Göteborg. Pelle kommer att uppta en stor del av hennes intresse framöver.

På fettisdagen missar jag semlorna och friluftsdagen. Jag går också miste om en massa annat som händer i skolan på grund av influensan. Tant Gerd gör visserligen semlor men de är små och hårda med lite grädde på. Inte direkt som semlorna vi brukar få i skolan.

Dagen därpå är jag frisk nog att gå till plugget.

I skolköket på fredagen är jag fyra och det innebär att jag egentligen ska tvätta ylle och utföra extra arbeten. På grund av frånvaron får jag baka vetebröd i stället men det är roligare. Vi bjuds också på semlor innan vi lämnar skolköket för den här gången.

På lördagen vankas det semlor till lunchen i skolmatsalen. Jag äter en fylld och två ofyllda. Pappa vaktar i matsalen och äter fem fyllda. Han passar också på, för hemma är det snålt tilltaget med det mesta och han har inte kurage nog till att slå näven i bordet och säga ifrån. Vår lärare i engelska, Kjell och en annan lärare vid namn Danielsson, äter också fem stycken var. Börjar de inte bli lite runda om kinderna? Tänk vilken koll vi har som sitter och räknar vad de stoppar i sig!

Vädret har varit milt i minst en vecka nu och det är slaskigt på vägarna. »Det är rena rama våren«, har jag skrivit i min dagbok. När söndagen kommer är jag så pass återställd från influensan att jag kan åka i slalombacken med Emmy. Jag lyckas skära sönder skidbyxorna på en stålkant. När jag kommer hem får jag laga dem efter bästa förmåga. Egentligen borde jag sitta hemma och plugga för att ta igen allt som jag missat på grund av den långa frånvaron från skolan.

När Emmy och jag promenerar hemåt i våra slalompjäxor, bärandes på skidor och stavar, kommer det en motorcykel susande. Motorcykelekipaget stannar och Emmy och jag ser att det är Roland och en kille som heter Tord Persson. Jag visar generad mina trasiga byxor och erbjuds skjuts hem av Tord för att jag ska slippa gå i mina sönderskurna byxor. Roland tar både mina och Emmys skidor och bär dem hem. Jag tycker att de är så snälla och bussiga och vill bjuda dem på fika men det vill av någon anledning inte Emmy. Det beror säkert på Emmys intresse för Pelle. Pappa och Marianna är i Bondböle så det skulle vara läge.

På kvällen fikar vi hos Emmy två gånger. Hon har oftast mycket goda bakverk att duka fram och hennes mamma är mycket generös och godhjärtad. När jag ska gå hem kommer Roland och följer med mig hemåt. Jag ser nästan aldrig Patrik men nu måste han väl ändå vara frisk. En tisdag, när Yrkeskolan spelar en hockeymatch mot Umeå Yrkesskola ser jag honom bland de hejande åskådarna men vi tar inte kontakt. Det är väl hans sak tycker jag. Vännäs pojklag vinner vilket är roligt.

»På onsdag skriver vi matte. Usch! Jag har ju varit sjuk så jag kan inte så mycket. Men jag ska plugga.« är bland det sista jag skriver i dagboken under året 1961. Dagboken är illustrerad här och var. Den sista bilden föreställer den maskerad som Emmy och jag går på efter matteprovet. Maskeraden är en variant av dansen på onsdagskvällarna. Nu gäller det för Yrkeskolans pojkar att vara kreativa och skapa intresse hos det motsatta könet så att de fortsätter att beträda deras dansgolv. De många militärerna utgör ett stort hot.

Vi klär ut oss till cowboys och i dagboken tecknar jag oss med rutiga skjortor, cowboyhattar, hölster på höfterna, pistoler i händerna och en lasso. Den ena pistolen avfyras vilket tydligt kan ses på bilden. Det blir en rolig maskerad och vi får se många lyckade skapelser. Den personen som vinner första priset som bäst utklädda har klätt ut sig till gran. Grangrenarna är skickligt fastsatta runt kroppen och han ser verkligen dråplig ut. Om jag inte minns fel är det dessutom killen som heter Grahn i efternamn, Dan Allan Grahn.

3. Fjällfärd, rymdfärd och bärgning av Vasa

Ett femtiotal elever och lärare från Vännäs Samrealskola reser med buss till Saxnäs. Den relativt nye kyrkoadjunkten Rolf Nyberg har ordnat förläggningen i stiftsgårdens nyrenoverade lägerstuga. De stora sovsalarna i det gamla skolhemmet har delats upp i en mängd trivsamma rum. Vi flickor tilldelas den övre våningen och pojkarna den nedre. Kyrkoadjunkten placerar sig själv strategiskt i ett utrymme vid trappan för att kunna ha full kontroll. Ur packningarna plockar Karl-Olov fram sin trumpet och Göran sin saxofon. De blåser en välkomsttrudelutt för oss alla. Imponerade applåderar vi glatt. Nu är fjällveckan invigd.

Huvudbyggnaden är ännu inte riktigt färdig då det fattas lite möbler och textilier, men vi reder oss och är tacksamma att portarna slagits upp för oss. Nu väntar middagen i matsalen och vi har hunnit bli riktigt hungriga.

Pappa ordnar en liten stafettävling med gemensam start för ett antal lag. Jag får startsträckan tillsammans med bland andra kyrkoadjunkten. När startsignalen ljuder gör jag allt för att komma först i spåret och jag lyckas, efter en ordentlig ansträngning, lägga adjunkten bakom mig. Vilket lag som vinner minns jag inte men roligt är det.

Många elever köper sig riktiga lappmössor, som de nu kallas här. Mössorna är färggranna och fina med sina stora tofsar. Under hela veckan sitter de på huvudena på sina lyckliga bärare.

När vi kommer hem från fjällvärlden fyller Putte sex år. Nu ser Marianna till att det finns grädde till en tårta och lite festligare att äta.

Den tolfte april skriver Jurij Gagarin in sig i historieboken. Han blir då den första människan som skickas iväg ut i den yttre rymden. Det är en stor sensation och vi ventilerar händelsen i skolan under en fysiklektion. Det är mycket spännande och nervöst innan landningen, för ingen vet hur det kommer att gå.

Den tjugofjärde april lyfts regalskeppet Vasa upp ur vattnet och vi kan följa bärgningen i TV vilket är mycket intressant. Skeppet har legat i djupet med allt sitt innehåll sedan 1628, i trehundratrettiotre år. Bärgningen går mycket långsamt och det är spännande att se de första delarna sticka upp ur vattnet klockan 9.03.

Ray Adams gör nu succé med »Violetta«. Den spelas flitigt i radion och vi får tillfälle att se honom sjunga den i TV.

Jag fotograferar Gunnar på balkongen. Han står och ler in i kameran och jag tänker på vad snygg han är som nästan artonåring. Han är klädd i en rutig kavaj och mörka byxor och ser ståtlig ut med sina dryga etthundranittio centimeter.

Det är brukligt att avgångseleverna klär ut sig. De sista dagarna av skoltiden har Gunnars klass valt att gå klädda i vidbrättade solhattar och vita skjortor som är dekorerade med blommor. De är förväntansfulla och lättade över att den långa skoltiden närmar sig slutet.

Gunnar längtar efter sin artonårsdag då han kan ta körkort. För egna pengar kommer han över dyrgripen, en svart Volvo PV av 1948 års modell. Bilen står och väntar på parkeringen inne på Kraftbolagets gård. Där går han och putsar på den lite nu och då. Jag tycker att det är fantastiskt att han har en egen bil!

4. Realexamen och friidrott

När det börjar närma sig examen får vi som är trefyror ett fasligt sjå. Det är nämligen vi som ska dekorera skrindor och andra åkdon inför realexamen. Vi har roligt när vi målar plakat och planerar mottagandet av avgångseleverna. Gunnar och Inga-Lill, som har sällskapat under en lång tid, ska få åka i en alldeles egen vagn. På den sätter vi längst bak ett stort plakat med ett rött hjärta och telefoner. Det står också skrivet:

»Gunnar!!!   Inga-Lill!!!
Läsning på skilda håll går
om man telefonen använda får«.

Den vackra och gamla vagnen blir också dekorerad med nyutslagna björkar och en bastant häst står mellan skaklarna redo inför sin viktiga uppgift.

Överlyckliga stormar avgångseleverna ut till ivrigt väntande anhöriga och vänner som uppfyller skolgården. Hela vår familj står uppklädda och tar emot Gunnar när han kommer i sin grå mössa och nya kostym. Mycket blommor och presenter hamnar med sina blågula band runt halsen på Gunnar som måste böja sig ner för att kunna ta emot gåvorna. Viktoria, som nu är drygt tre och ett halvt, är dagen till ära klädd i en ny, ljus kappa med brun sammetskrage. Emmys lillasyster är också på plats med Emmy. Inga-Lill står nära oss och hennes mamma draperar henne med ett plastskynke över den vackra dräkten så att den ska vara skyddad när blommor och presenter hängs om halsen. Jag bär en gulbeige vårkappa, en present från min älskade mamma. Kameran använder jag flitigt för att föreviga det vackra paret. Inga-Lill har en aura av åtta ballonger runtomkring sig och håller elegant examenskäppen i ena handen.

»Ja, nu har vi tagit realen« sjunger avgångseleverna och klättrar upp i skrindor och andra fordon. Ekipagen lämnar så sakta skolgården inför defileringen genom köpingen.

Mitt hår är den här dagen till hälften uppsatt och med resten hängande i korkskruvslockar. Det har inneburit sovande med papiljotter för att få till de rätta lockarna. Håret är lätt tuperat för att frisyren ska få den rätta volymen. Ända sedan det ståtliga bröllopet mellan Farah Diba och shahen av Iran 1959 har det varit mode att tupera hår. Frisyrernas höjder har ökat med åren och det sägs att flickor bygger upp höjden på frisyren kring franskbröd vilket vi tycker låter äckligt. Vissa har med hjälp av hårspray låtit frisyren vara intakt länge, ja, så länge att löss och maskar krupit ut. »Huvvaligen« får man väl säga.

Modet kan ställa till det på många sätt. En del flickor låter sig bli insydda i sina snäva byxor, annars är de inte tillräckligt snäva. De måste sedan sova med byxorna på. Om de duschar vet vi inte. Huvvaligen igen.

När skolorna slutar den elfte juni fyller Lillan ett år och nu blir det kalas med tårta. Hon tar sina första steg lagom till högtidsdagen och det är roligt att se de ännu lite ostadiga benen, men hon har nära till golvet när hon ramlar.

Den trettonde juni fyller Gunnar arton år och det går inte många dagar förrän han har körkortet i sin hand och kan ta sig an sin bil fullt ut. Hädanefter kommer han inte att ligga familjen till last över huvud taget. Nu väntar arbete och vidareutbildning på annan ort och man kan säga att han nu lämnar hemmet för gott.

Camilla tar inte studenten denna vår för tyvärr så kör hon i latinet trots att hon är språkbegåvad. Det hänger naturligtvis också ihop med att hon går gymnasiet mot sin egen vilja. Nu tvingas hon gå om sista ring och tillbringa ett fjärde år på ett ställe där hon inte trivs.

Den sextonde juni fyller hon tjugoett år och blir myndig men det hjälper inte. Hon får inte bestämma själv i det här fallet.

Jag flyttas upp i fyrfyran men först så väntar ett långt och som jag hoppas, härligt sommarlov.

Jag får dock inte ligga på latsidan eftersom många tävlingar i friidrott väntar för min del. På dessa tävlingar får jag tillfälle att träffa min kära vän Lena från mitt allra första Norrbyskärläger. Hon hoppar höjd med så stor framgång att hon viker en plats åt sig i länslaget. De bästa resultaten gör jag i kula och stöter denna vår och sommar nästan tio meter med damkulan som väger fyra kilo. Resultaten ger mig en finalplats i UP-tävlingarna på Stockholms Stadion. Men jag kommer tyvärr aldrig till stadion för att försvara min finalplats. Pappa har andra planer för mig. Han har anmält mig till en simlärarkurs på Bosön. Jag kommer med på kursen men måste vänta på kompetensbeviset till dess jag fyller arton år. För husfridens skull ser pappa till att jag är hemma så lite som möjligt. Han ordnar så att jag ska åka direkt till Arvika efter Bosökursen, vare sig jag vill eller inte. Som tidigare somrar ska jag också ha simskola tillsammans med pappa. Därefter åker jag till torpet för att umgås med mamma och Dieter, men jag får inte vara där så länge eftersom jag är anmäld till ett gymnastikläger på Malmahed. Efter det lägret är det skolstart. Då måste jag få komma hem.

5. Bosökurs och Arvikabesök

I början av sommaren reser jag ensam ner till Stockholm för att delta i simlärarkursen på Bosön. På tåget, närmare storstaden, sitter en man snett mitt emot mig och stirrar. Han knäpper upp gylfen och börjar treva efter något han har där innanför och börjar runka. Jag känner ett stort obehag och reser mig upp, tar min packning och lämnar kupén. Det finns fridsammare platser utan snuskgubbar, som tur är. Usch, vad man får vara med om!

Jag får en spännande och givande vecka på Bosön. Ingen mindre än Lasse Hall undervisar oss i de olika simsätten. Han ståtar bland annat med två OS-guld i modern femkamp från 1952 och 1956, samt två VM-guld. Jag noterar hans framträdande muskler på lårens insida när han står på bassängkanten och mässar för oss. Hästhoppningsgrenen ligger bakom den stora muskeltillväxten just där. Under den här veckan får vi också undervisning i friidrott. Tävlingar anordnas i de olika grenarna och jag vinner fyra grenar trots att jag är yngst. Fysiskt sett är jag mogen och framåt men i övrigt kan jag känna att jag är för ung för att vara här.

En eftermiddag ges det tillfälle att åka vattenskidor för den som är hågad. Och det är jag, jag som överhuvudtaget aldrig ens sett någon åka på vattnet. Med spänning väntar jag på min tur. Jag studerar hur de andra gör och det går lite si och så. Det verkar vara lite svårt med starten. Äntligen blir det min tur att kliva på skidorna och sätta mig i startläge på kanten av bryggan. Jag lyckas att elegant komma upp från bryggan i rätt ögonblick och hålla upp skidspetsarna. Det känns tungt i början när båten accelererar och innan skidorna kommer upp och glider på vattenytan. Racerbåten kör några vändor över det glittrande vattnet och jag njuter i fulla drag. En kurskamrat håller min kamera och tar en bild där jag släpper ena handen och vinkar. Det blir dags att avsluta turen och båten närmar sig bryggan. Jag släpper alldeles i rätt tid för att elegant glida fram till bryggan och sätta mig på kanten. Vilken lycka jag känner med den avslutningen på den allra första turen! Carl Evert som kör båten är mycket stilig och några av oss kommer att ty sig lite till honom. En eftermiddag får jag följa med honom in till Stockholm där han har något ärende att uträtta. Det är en spännande utflykt för mig och det är roligt att få se Stockholm igen. Jag har fina minnen från resor med mamma och pappa. Den sista resan söderut med pappa är 1954.

En kväll frågar Carl Evert några av oss om han kan få bjuda på en liten drink och vi är inte sena att tacka ja. Ledarna bor i en separat byggnad en liten bit bort. I samlad tropp följer vi med Carl Evert upp på hans rum och några sätter sig där det finns plats. Han halar fram en flaska med något som kallas gin och plockar fram små metallglas. I dessa häller han upp skvättar av drycken. Jag tackar och tar emot glaset med starksprit. Vi skålar och smakar på innehållet. »Oh herre Gud, det var starkt! Och inte gott«, tänker jag men håller någorlunda god min. Någon säger upplysande att det smakar enbär. En annan hävdar att det är tallbarr. Jag tackar nej till påfyllning för jag har fullt sjå med att få ner resten men jag är ändå tacksam över att jag får vara med och smaka trots allt.

Smultronen lyser redan röda här vid Bosön. Det är skillnad mot hemma i Vännäs. Det känns härligt att få plocka dem så tidigt.

I bastun njuter ett gäng damer efter dagens ansträngning. Det ska bli samkväm en kväll och de frågar runt om det finns någon som kan bidra med något. Jag är lite blyg och osäker men klämmer fram att jag kanske kan sjunga något. Och så blir det. Men det är inte för dem i bastun församlade, utan för alla deltagarna. Jag är ännu inte tillräckligt blygsam och självkritisk men efter det här framträdandet blir jag det. »Jag kunde dansa så« ur »My Fair Lady« väljer jag att misshandla. Jag känner att det nog inte låter så bra för jag har ju aldrig övat den här låten, även om jag kan texten. Jag inbillar mig också att en del av åhörarna skruvar på sig under framträdandet och jag kan fortfarande känna skam. Men det kunde faktiskt låta mycket värre tänker jag.

Det blir prisutdelning efter dagens tävlingar och jag får gå fram fyra gånger för att hämta pris i de olika grenarna där jag har bästa resultaten. Kula, höjdhopp och simning men den fjärde kommer jag inte ihåg.

Med tågbiljetten kan jag åka via Arvika. Det är inte läge för mig att komma hem ännu, utan nu ska jag vistas en vecka hos faster Ulla, farbror Gösta, kusinerna Catarina och Per. Sju år sedan sist vi sågs är en lång tid så det känns lite som att åka till främlingar.

Jag hittar rätt tåg på Centralen och kliver på med min packning. En medpassagerare, en man, stöter på mig, blir närgången och försöker vänslas. Jag förklarar att jag inte är intresserad och han lugnar ner sig men det känns skönt när tåget rullar in på perrongen i Arvika och jag får kliva av. Hela familjen möter mig vilket känns bra. Catarina, som nu är elva år, är redan ganska lång. Lille Per är bara ett och ett halvt år så det är första gången jag ser honom.

Familjen bor i en stor villa med en vacker trädgård. Jag blir väl omhändertagen och kommer att trivas bra även om jag känner en viss hemlängtan. Faster Ulla lagar god mat och den är inte ransonerad. En dag köper hon flera liter jordgubbar som vi sedan sitter i köket och rensar. Större delen av dem ska frysas in men resten blir middagens efterrätt. Hemma får vi inga färska jordgubbar, för dem som plockas i vårt trädgårdsland fryses in eller blir till sylt. Den sylten kan hamna i någon tårta om vi har tur.

Catarina och jag går för att bada och simma på olika ställen då vädret är varmt och vackert. Hon visar mig att hon kan gå ner i spagat på ett enkelt och elegant sätt. Hennes leder är rörliga och hon verkar inte behöva anstränga sig som de flesta andra måste.

Till allmänhetens beskådande har man kört in och ställt upp en stor och modern skördetröska i staden. Jag får klättra upp i vidundret och sätta mig på förarplatsen medan Catarina och farbror Gösta fotograferar mig med min kamera. I deras vackra träd-gård tar jag en bild på farbror Gösta och Catarina där de sitter i trädgårdsmöbeln. Jag fotar också Catarina där hon står i solen och kisar vackert emot mig med sin egen kamera hängande på magen.

6. Murar i Berlin och Sidensjö

I juli börjar simskolorna och vattnet är nu lite varmare. Pappa och jag har denna sommar hand om simningen i Stärkesmark och Pengfors. Varenda dag kuskar vi emellan dessa orter med mellanlandning för lunch hemma. Jag tycker att jag har det bästa sommarjobbet man kan tänka sig och lönen växer med min ålder.

I augusti åker jag på min moped till mamma och Dieter som nu befinner sig på torpet i Sidensjö. Jag längtar efter den glädje, värme och omtanke som finns hos dem. Precis som tidigare somrar arbetar Gunnar på Domsjö Elektriska. Nu har han sin fina bil och det går lätt att pendla mellan torpet och jobbet. Då han är ledig skjutsar han gärna mamma och Dieter när de vill åka någonstans.

Den här vistelsen på torpet kommer inte att bjuda på en lika bekymmerslös och idyllisk tillvaro som den sommaren 1960. Mammas och Dieters närmaste granne har sin fastighet belägen nära landsvägen. Vi måste passera över hans tomt för att komma upp till torpet för det finns ingen annan väg och det har aldrig funnits någon heller. Nu vill grannen att mamma och Dieter ska betala sextusen kronor för att få nyttja vägen. Rena utpressningen, tycker de och protesterar förstås. De vänder sig till Åstrand som sålt torpet. Han kan ju inte sälja ett torp utan väg och inte berätta som det är! Nu inträffar en del tråkiga händelser som lägger sordin på den sköna och lyckliga tillvaron på torpet och vistelsen i vackra Sidensjö.

När slaktare Gidlund inte får några pengar sätter han upp en ful skylt vid sidan av vägen där hans mark börjar en bit från bonings-huset. På skylten står att läsa: »Obehöriga får beträda området på egen risk! Markägaren«.

En dag kommer jag åkande på min moped och ämnar passera hans tomt för att jag ska köpa förnödenheter i affären. Då möts jag av herr Gidlund själv som säger att jag inte får åka här. Jag är förstås övertygad om att jag har rätten på min sida och talar om för honom att jag måste åka till Konsum.

»Jag har många liv på mitt samvete« säger han hotfullt.

»Ja, kor«, svarar jag lite skärrad och skyndar mig iväg.

En dag tar mamma, Dieter och jag bussen in till Örnsköldsvik för att handla lite. Då händer något mycket tråkigt och märkligt medan vi är borta.

Mellan sina uthus, där vägen går, bygger Gidlund upp en barrikad av staketlängor ställda på högkant och stora grindar som också är ställda på kortsidan för att de ska nå en avsevärd höjd. Dessa stöttas av ett gammalt utedass modell större, med plats för åtminstone två hål, samt av virke och ställningar till höhässjor. En massa annan bråte får fylla igen hål så att det inte finns några glipor någonstans.

Jag har ett foto på en mycket vilsen och ledsen mamma som står och tittar på eländet med handväskan och sina vita hand-skar i ena handen. På ett annat foto befinner sig mamma en bit ut på lägdan och håller på att krypa igenom en ställning för en höhässja. Hon ser inte glad ut, snarare förtvivlad. På andra sidan hässjeställningen står jag med min moped som bär en stor väska på pakethållaren.

Samtidigt händer detta i en annan del av Europa: För att för-hindra att många tusentals människor varje dag flyr över gränsen från Östtyskland till Västtyskland uppförs Berlinmuren. Bygget startar natten mellan den tolfte och trettonde augusti. Den kom-mer att stå i hela tjugoåtta år. Den byggs upp just nu när jag är på torpet och vi stoppas av Gidlunds mur.

Det här är mycket olustigt och skrämmande. Mamma och Dieter nödgas vända sig till en advokat och jag är med dem vid det första mötet. De lägger fram sitt ärende efter bästa förmåga och jag tänker:»Om ändå pappa var här, han som verkar veta det mesta och kan tala för sig!« Mamma och Dieter gör så gott de kan men Dieter kan ännu inte så många ord svenska. Det hela resulterar i att Gidlund måste hålla vägen öppen tills vidare och Åstrand nödgas betala tillbaka en del av köpeskillingen.

Gidlund, som sköter underhållet av sin vägstump, tycker förstås att det är rimligt att han får ersättning. Mamma och Dieter vill naturligtvis använda den enda vägen som finns till sitt torp.

De två människorna Gidlund och KonsumHarry som jag kommer i kontakt med under Sidensjötiden verkar vara två mycket udda människor. Jag hoppas och antar att de inte är representativa för Sidensjös innevånare. Kanske är det inga ungdomar som sommaren 1960 smyger runt torpet under sena kvällen och skrämmer oss. Kanske är det vuxna.

Sedan skolkökstiden har jag i min kunskapsbank vetskapen om hur tårtor tillverkas. Jag beslutar mig för att göra en tårta där man spritsar grädden och dekorerar med mandarinklyftor och grönfärgade kokosflingor. Jag vet att resultatet brukar bli mycket fint och tårtan ser proffsig ut. Nu vill jag alltså göra en sådan tårta och bjuda mamma och Dieter. Jag har alla ingredienserna men saknar de gröna kokosflingorna när jag ska dekorera och tänker att jag kanske kan ta lite, lite persilja. Men då blir Dieter nästan arg. Ja, han har väl rätt i det, att man inte kan ta persilja, Petersilie som det heter på tyska.

Dieter har med stor möda hackat bort grästorv och kvickrot och iordningställt ett litet trädgårdsland där han försöker hinna med att odla lite grödor. Han finner stort nöje i att gräva i jorden och hämtar sina kunskaper ur trädgårdsboken »Das praktische Gartenbuch«. Hans rygg antar en mörkbrun färg när den böjd över trädgårdslanden exponeras för solen. Skinnet på ryggen liknar den rökta fläsksvålen.

Mamma tycker att vi ska ha fint i ladugården och därför har mamma och Dieter införskaffat kalk till väggarna. Jag får hjälpa till med kalkningen och tycker att det är roligt när det blir vitt och fint på väggarna. Vi använder inga handskar och jag får sår på fingrarna under arbetet.

Det finns en hög med tidningar på dasset så att man kan förströ sig ifall man blir sittande länge och tröttnar på att beundra den vackra utsikten över nejden. Några är tyska veckotidningar som Stern och Bunte. »Es spukt (det spökar)« är ett urklipp som finns uppsatt tillsammans med ett stort antal roliga tyska historier. Väggarna i dasset är ljust gröna och ger ett fräscht intryck. Här finns ett litet och ett stort hål. Ifall man vill ha sällskap.

Mamma och Dieter ska nu åka tillbaka till Tyskland för semestern lider mot sitt slut. Jag måste hem för att tvätta och packa om till gymnastiklägret på Malmahed. Det blir en ny tågresa söderut, ensam.

En av gossarna i Lyckseles elittrupp, Evald, är också här på lägret för att träna och förkovra sig men han har kanske också ledaruppgifter. Det är nog den enda jag känner igen här. Jag minns inte särskilt mycket från just det här lägret men jag köper en liten souvenir med mig hem. Det är en vit näsduk med streckgubbar som utövar idrotter. I mitten står texten till »Malmahedsvisan« som vi får sjunga ibland och som jag tycker har en fin melodi:

»Låt oss vara kamrater här på
Malmahed i några korta dar.
Tiden flyr fort och snart så har vi
bara några glada minnen kvar.
Här vi leka, simma göra allt med kläm
och det nya för vi sedan med oss hem
till dem som ej fått va` med här
där glädjen ständigt gästen är«.

7. Ommöblering

Pappa och Marianna flyttar ut Camillas säng ur vårt rum och bär upp den på vinden. En våningssäng införskaffas och ställs in i rummet och därmed är Camilla utmanövrerad för all framtid. Men det har förstås varit trångt i det stora sovrummet där fem personer sovit. Nu måste jag kampera ihop med Putte och Viktoria och sitta där med mina läxor. Inte idealiskt kan jag säga. Ja, det måste gå för jag har inget val. Jag tycker det är synd om Camilla och mycket tråkigt eftersom hon alltmer sällan kan komma hem. Händer det att hon kommer får hon sova på soffan i vardagsrummet.

Viktoria, som snart ska fylla fyra år, har ont i foten och gråter sedan en tid. Marianna undersöker foten men kan inte se något som är fel och därmed bryr hon sig inte mer. När jag går och lägger mig är Viktoria vaken och ligger och gråter. Jag vet ju inte hur ont hon har så jag ber henne sluta för att jag måste sova. Stackars Viktoria fortsätter att snyfta. Då går jag upp och letar fram magnecyl som jag ibland använder för mensvärk. Jag hämtar lite vatten och delar en tablett. Hon sover gott den här natten på grund av drogen.

På morgonen går jag till föräldrarna och protesterar:

»Hon måste till doktorn. Hon kan inte ha det så här. Det är ju något som är fel.«

Viktoria får komma till doktor Timståhl som mycket riktigt hittar något som är fel. En synål är intrampad i foten och orsakar den svåra smärtan. Den får dessutom sitta där ganska länge innan den avlägsnas. Stackars lilla Viktoria, hon glömmer inte den här händelsen.

Nu får vi i fyrfyran ett ämne till, nämligen franska. Det är spännande att få börja med ett nytt språk med så vackert uttal.

Den här terminen delar man upp klasserna så att flickor och

pojkar inte längre har gymnastik tillsammans och nu får vi en kvinnlig lärare. Vår gymnastiklärare det här läsåret blir doktorinnan Timståhl. Gymnastiklektionerna är mycket tråkiga för vi måste hålla till i Föreningshuset och i Medborgarhuset. Golven är smutsiga och det finns inga redskap av något slag. När vi kommer för att ha lektion måste vi först sätta ihop stolar och bord så att vi kan få plats att göra fristående övningar. Ombyte får ske i något hörn och det finns inga duschar. Jag vet inte varför just vår klass måste förpassas till lokaler som inte är avsedda för gymnastikämnet.

Vi är några flickor som börjar spela basket i folkskolans gymnastiksal under kvällstid. Vårt lag anmäls till skol-DM och efter några få träningar ska vi spela en match. Vi möter rutinerade Umeå realskola och blir utslagna med tjugofyra-åtta. Två av målen åstadkom jag i alla fall.

Det blir många skoltävlingar i friidrott för mig under hösten. Vännäs samrealskola har skolmästerskap och jag deltar i fyra grenar. Den här gången vinner jag höjdhoppet.

Bjurholms samrealskola vinner triangelkampen före Vännäs och Nordmaling. Vännäs pojklag leder stafetten men blir diskade för fel i en växling. Jag kommer tvåa i slungboll på nästan trettiofyra meter.

Vi tävlar också mot Vindeln denna höst. I höjdhopp får de fem första samma resultat, etthundratjugonio centimeter, men det ger mig en fjärde plats. Jag vinner slungbollen på nära trettioåtta meter och kommer sexa i längdhopp.

Skol-DM i friidrott anordnas i Skellefteå där även gymnasieskolorna tävlar samtidigt med oss. Camilla är uttagen i slungboll för sin skola så vi träffas på idrottsplatsen, vilket är roligt. Jag kastar närmare fyrtio meter och kommer trea i min grupp. Det gick inte lika bra för Camilla och jag vet inte vad hon fick för placering. Kanske gjorde hon övertramp, för hon finns inte med i resultatlistan. I alla fall uppmärksammas hon av tidningens utsände medarbetare. Han tar en bild på henne i kastringen där hon står i sin ljusblå gymnastikdräkt och ser mycket vacker ut. Under bilden står att läsa:

»I alla stortävlingar koras en skönhetsdrottning. Så ock i skol-DM där priset överlägset hemfördes av mörkögda skönheten Christina Lagerbäck från Vännäs.«

Ja, det var ju lite snopet för mig att ståta med namnet under bilden av Camilla.

Under hösten är vi ute en del lektioner och springer terränglöpning. Några gånger den här hösten måste jag avstå från att delta på grund av svår hosta. Flera i familjen är drabbade. Värst är det nog för Lillan som ofta hostar så att hon kiknar. Hon står där i spjälsängen, har det riktigt jobbigt och ser verkligen ut att lida. Det kanske är kikhosta som vi har drabbats av och den håller i sig flera veckor.

Lillan har det också jobbigt när hon ska åka bil. Då blir hon åksjuk och kräks varenda gång. Marianna har numera alltid en plåtburk stående på golvet framme vid passagerarsätet där hon sitter med Lillan som sköld eller stötdämpare framför sig. Innan kräkburken kommer in i bilden är bilresorna inte så roliga.

Den artonde september omkommer FN:s generalsekreterare Dag Hammarsköld i en flygolycka. Den tragiska händelsen får stor uppmärksamhet runt om i världen. Hela vår skola samlas i kyrkan för en minneshögtid.

I oktober firar vi pappas fyrtioåttaårsdag och i början av november är det Viktorias tur att fylla år, fyra år.

Jag fortsätter med gymnastikträningen och deltar i höstens DM-tävlingar och kommer femma totalt när alla grenarna är räknade. Min träningskamrat Kerstin vinner. Hon har blivit mycket duktig och är väl värd segern.

Gunnar fortsätter under hösten sin anställning i Örnsköldsvik men längtar efter att komma närmare flickvännen Ingalill. I november börjar han ett arbete vid Posten i Umeå. Det innebär att han delar ut post i stadsdelen Berghem fram till jul. Ingalill arbetar på Umedalens sjukhus och håller på att utbilda sig till mentalsköterska.

Den här höstterminen blir den sista som tant Gerd arbetar hos oss. Det känns tråkigt att hon ska sluta. Jag kommer att sakna henne och hennes historier. Hon är den som jobbar, eller står ut, längst hos oss. Tre och ett halvt år ger hon oss av sitt liv. Hädanefter avlöser barnflickorna varandra på löpande band då det är en mycket krävande tjänst. Gunnar är utflyttad och Camilla kommer inte ens hem på helgerna. Två arbetskrafter mindre i hushållet när det gäller städning, barnvakt, diskning, inköp, tvätt, bakning och ibland matlagning. Det är klart att det blir kännbart och för mig kommer arbetsbördan att bli näst intill outhärdlig nästkommande läsår.

Vår musiklärare undrar om jag vill sjunga på julavslutningen i kyrkan. Jag är lite rädd och nästan avskräckt vad gäller framträdanden. Men varför frågar han mig? Det finns helt säkert de som kan sjunga bättre. Nu vill han att jag ska sjunga »Gläns över sjö och strand«. Den kan jag och han övar med mig ett par gånger. Men nu tänker jag vara väl förberedd och går till Birgit som är en av ledarna i den kyrkliga gruppen. Hos henne sjunger vi mycket och hon är duktig på att spela piano. Hon övar med mig och rättar mig i uttalet av »korus«. Hon tycker att jag sjunger för mycket o och vill att det ska vara lite mer åt å-hållet.
Jag får stå på läktaren och sjunga a cappella. Ja, jag tror att det låter någorlunda i alla fall men sedan får det vara bra med solosången för min del. I betyget får jag a i musik vilket är mycket bra. Det betyget får jag också i gymnasiet när den tiden kommer.

Del 5
Året 1962

1. Slalomåkning och militärer

En ny barnflicka eller hushållerska börjar arbeta hos oss i januari. Hon heter Inger och är i min ålder. I jämförelse med tant Gerd så är hon naturligtvis oerfaren men hon gör så gott hon kan. Inger har en ordinär kroppsbyggnad när hon börjar sitt arbete hos oss men med tiden lägger hon på hullet och blir riktigt tjock.

Den elfte januari åker Gunnar till Stockholm för att arbeta vid Posten. Jag känner saknad när han drar iväg så långt. Han betyder mer för mig än jag vill erkänna och det är som om ytterligare en del av mamma lämnar mig. Hela mitt liv har jag mer eller mindre delat med honom.

Lage och jag vågar numera ses lite oftare. Jag tycker verkligen att han är en toppenkille. En helg i slutet av januari får jag åka till Umeå för att hälsa på Camilla men samtidigt har jag för avsikt att träffa Lage. Jag känner en stor spänning och förväntan när han kommer i sin bil och hämtar upp mig hos Camilla. Vi åker till Sporthallen för att dansa. Vilken härlig känsla! Nu är det skönt att kunna umgås med honom på ett lite mer avslappnat sätt. Vi svävar runt i dansens virvlar där han skickligt manövrerar oss fram bland dansparen. Jag vilar tryggt i hans starka och muskulösa armar medan orkestern spelar ljuv dansmusik. Alla andra pojkar bleknar i jämförelse med honom. Ikväll får jag stanna till sista dansen och jag slipper känna oro över att komma hem för sent och få en avhyvling. Innan Lage åker hem levererar han mig till Camillas adress.

Redan på söndag förmiddag åker jag hem så att jag kan hinna till slalombacken och åka lite. Jag hör att en replift kommer att sättas upp i backens vänstra sida. Det ser jag verkligen fram emot. Vännäs Orienteringsklubb håller årsmöte den tjugonionde januari. Pappa sitter fortfarande kvar som ordförande. Jag beordras att infinna mig där även detta år för att koka kaffe men jag får också motta ett klubbmästerskapstecken ur pappas hand. En fotograf från en lokal tidning tar påpassligt en bild vid överlämnandet.

Lage åker med mig till slalombacken på fredag kväll den andra februari. Det nyinstallerade elljuset tänds redan när mörkret faller och numera kan anläggningen utnyttjas även kvällstid. Backen kommer hädanefter att bli mitt andra hem, ett hem där jag alltid kan känna glädje och träffa goda kamrater.

När söndagen infaller och frukosten är avklarad påbörjar jag promenaden till backen med slalompjäxor på fötterna och skidorna på axeln. Det är jobbigt att gå så långt med utrustningen men idag har jag tur och får lift med en lite äldre kille som heter Tor. Han är mycket duktig att åka slalom, bättre än alla andra i backen kan man lugnt säga. I moderiktiga, ljusblå slalombyxor gör han kortsvängar som en gud. Det är inte så lätt för mig ännu med de styva två meter långa laggarna, men trägen vinner. Från klockan tio till halv fyra åker jag nerför och trippar uppför med ett litet avbrott för fika.

På min sjuttonårsdag får jag bland annat en liten almanacka för året 1962. Camilla har skrivit i den med sin vackra handstil: »Till Cina på sjuttonårsdagen av Nilla och Gunnar« står det. Jag kommer att skriva i den hela året. Mina övriga presenter den här födelsedagen är en väska, gymnastikskor, en blus, manschetter, en brosch, strumpor, en underkjol, tygservetter, en frottéhandduk, tyg till nattlinne, en BH, underbyxor, en chokladkaka, spetzkuchen och apelsiner. En hel del av presenterna kommer från mamma och Dieter.

Den här födelsedagen får jag en tårta men vem som gör den står inte i kalendern. Eftersom jag fyller på en vardag är det nog vår hemhjälp Inger som bakar den. Lage ger mig en jättestor burk med twistkarameller. Det är snällt av honom. Jag vet faktiskt inte när han fyller år. Jag får ta reda på det.

Samma vecka invaderas Vännäs av ett stort antal militärer som blir stationerade på Lägret. Många dansanta pojkar letar sig till Gammtjoan på fredagskvällen och stämningen höjs avsevärt. Lars E. Karlsson från Kalix, Otto från Uddevalla och Olsson från Jokkmokk är några av dem som vill nöta dansgolvet med oss. Men för Emmy och mig blir det inte till att stanna ute länge för vi ska till skolan i morgon.

Redan på lördag kväll kommer nästa danstillfälle. Nu är det Föreningshuset som slår upp sina portar och erbjuder danssugna tillträde till ett nyvallat golv. Emmy och jag är förväntansfulla när vi uppiffade kliver in i danslokalen, den lokal som nuförtiden hyser oss under tråkiga gymnastiktimmar. Vi får dansa varenda dans eftersom det är gott om manfolk. Ett visst överskott skulle man lugnt kunna säga. Det blir varmt i lokalen och nu luktar den inte som när vi gymnastiserar här. Det går lätt att dansa och vi börjar bli riktigt duktiga. »Massor med militärer där. Kul!« står det i min kalender.

På veckans lediga dag, vilodagen, går Emmy och jag till slalombacken. Det är tidig förmiddag när vi anländer dit. Idag ska vi inte bara åka skidor utan vi ska också sälja program inför den slalomtävling som kommer att köras här. Lage dyker upp efter en stund och åker med oss. Plötsligt invaderas backen av en hel hop militärer som försöker åka slalom med försvarets träskidor. De har det inte så lätt och en del är ovana med både snö och utrustning.

Slalomtävlingen drar igång i den utstakade banan. Min ledare Axel, från gymnastiklägret i Sörmjöle, tävlar här idag och kommer trea. Nu får vi för första gången och på nära håll se hur det går till att ta sig genom portarna. Vi har ännu inte sett så mycket av den varan i våra unga liv.

På måndagen åker I 17 till Hemavan på utbildning i fjällterräng och det blir lite lugnare i köpingen. Men I 16 är fortfarande kvar här och förgyller vår tillvaro.

Efter skolan spelar jag basketboll i Folkskolans gymnastiksal sedan går Emmy och jag till kyrksalen på ett möte så att den andliga sidan ska få sin beskärda del.

På tisdagen kommer det ett brev från Gunnar. Jag är glad att han skriver till mig så jag får veta hur han har det i storstaden. Jag sätter mig genast ner och författar ett svar där jag tackar för födelsedagspresenterna. På vägen till gymnastikträningen passar jag på att posta brevet så att han inte ska behöva vänta på svar. Efter träningen skyndar jag mig hem för att inte missa Eurovisionsschlagern. Inger Berggren sjunger Sveriges bidrag »Sol och vår« och slutar som sjua av sexton tävlande.

Torsdagens matteprov klarar jag med ett nödrop. Tyvärr ägnar jag inte matten så mycket tid, inga andra ämnen heller förresten. Det är mycket annat som känns viktigare eller i alla fall roligare.

Fredagen den sextonde februari bjuder på det värsta ovädret på trettio år. Mer än tusen personer är engagerade i snöröjningen i Umeå och massor med byar runt omkring blir isolerade. Snödrivorna är jättehöga där snöplogarna farit fram. Vi har friluftsdag och håller den här dagen till i slalombacken. Här går också idag skol-DM i slalom. Det är svårt för deltagarna att se portarna i det täta snöfallet och hela tävlingen blir lite chansartad.

På lördagen erbjuds det gymnastikträning i Umeå för de gymnaster som vill träna lite mer avancerat. Ulla Berg från Malmahed är uppe i Norrland för att drilla oss. När träningen är slut för den här dagen måste vi snygga till oss och vandra till teatern. Här får vi nu sjunka ner i sköna, stoppade stolar och i detta viloläge avnjuta en balettföreställning som är mycket vacker.

Efter den fina föreställningen går jag till Sporthallen där det är dans. Camilla är redan här med en pojke som heter Christer. De svänger runt i dansens virvlar bland många andra dansanta. Jag är lite trött efter skolveckan och dagens träning men några danser orkar jag. Det får inte bli för sent för min del eftersom jag har träning hela söndagen. Utmattad kryper jag ner mellan lakanen och sover gott på Camillas golv.

Jag kommer hem vid femtiden på söndagseftermiddagen. Lite senare går jag ut med Emmy för att kolla läget. Tur är väl det för jag får träffa Lage som är så fin. Vi får en liten stund tillsammans.

När arbetsveckan börjar har jag »jättemycket träningsvärk«, dokumenterar jag i min lilla kalender. Det är inte så konstigt med tanke på den intensiva helgen. Efter skolan går jag ändå på basketträningen och försöker delta så gott jag kan. Emmy kommer mig till mötes efter träningen i gymnastiksalen och vi går upp till Ögrens konditori. Här fikar vi med militärerna Lasse och Otto George. Det är roligt att sitta här i det trevliga sällskapet medan de berättar om sina upplevelser i de militära. De skojar om befälen och berättar roliga episoder från logementen. Vi får intrycket av att det trots allt är en rolig tid de värnpliktiga upplever här.

Träningsvärken har avklingat något när jag går på tisdagens gymnastik. Emmy är med mig och följer mig hem. Trogna Emmy! Jag är så glad för henne, för man kan inte ha en bättre vän. Jag tar ett bad och hon borstar mig på ryggen. Vilken lyx!

På onsdagskvällen följer jag med Margareta Andersson och Emmy till Fänikan. Här är redan många av våra vänner som Gunilla Skytt, Eva Fager, Vera Pettersson och Marie Forsgren därför att I 16 har kompaniafton. Emmy och Margareta stannar men jag måste gå hem för jag får inte vara ute så länge i kväll.

Nu är det dags att låna böcker igen. Det läsvärda får inte ta slut. Jag strosar iväg mot biblioteket i sällskap med Emmy. Våra fikakavaljerer, Lasse och Otto George från I 17, kommer släntrande och blir glada att se oss. Det är uppenbart att de vill umgås med oss men ikväll är vi inte så hågade för vi måste hem och plugga. Vi smiter ifrån dem och slinker in på biblioteket och gömmer oss. En skrivning i tyska måste vi klara av på fredagen och jag hoppas verkligen att jag gör ett bra resultat. Det blir faktiskt inte så mycket pluggande för min del och jag vet att jag borde anstränga mig mer. Emmy och jag rundar av fredagen med Gammtjoan. Vi är duktiga och det är ett riktigt nöje när dansstegen flyter på och man håller ordning på fötterna.

På lördagen kommer Gunnar från Stockholm. Han har varit borta i en och en halv månad och nu ska han förstås också träffa Ingalill så vi får inte se honom särskilt mycket. Jag har skrivit »Filipin« i kalendern. Det kan vara Gunnar och jag som spelar. Camilla kommer också hem den här helgen vilket är roligt.

Vi är många som går och ser den franska filmen »De bestialiska«; Camilla, Birgitta, Christer, Jan, Emmy och jag. Det är en hemsk filmskapelse som skrämmer biopubliken från vettet med chockerande scener.

Jag dricker lite te innan jag lägger mig. Camilla kommer senare och det passar bra nu när hon ska sova i vardagsrummet. Stackars Camilla.

Biogänget från igår åker till slalombacken. Det är en mycket speciell dag i dag, söndagen den tjugofemte februari. Vi får för allra första gången åka i den nya liften. Vad det är enkelt nu när det finns en lift! En replift visserligen, men det är ändå skönt att slippa trippa upp. Armarna blir starka av att hålla i repet men vantarna nöts varje gång innan man får ett ordentligt grepp om repet. Det jobbigaste är att knipa om repet med händerna som efter ett antal åk blir lite trötta. Från elva till halv fyra åker jag och armarna känns långa som på en orangutang.

På basketträningen under måndagskvällen känner jag mig faktiskt lite trött. Inte så konstigt egentligen för det är ett evigt rännande på än det ena och än det andra. När jag går hem skymtar jag Lasse från Kalix för sista gången antar jag.

Tisdagen den tjugosjunde februari skriver jag i kalendern: »Jättetråkig dag. Allt pessimistiskt. Mycket läxa. Fyra stycken«. Det är inte för läxorna som allt känns dystert och jobbigt utan det är för den kärlekslösa familjesituationen som jag befinner mig i. Fientliga känslor och krav som urholkar energin. Jag får inte heller gå på I 17:s kompaniafton som hålls på hotell Vingen. På onsdagskvällen måste Emmy gå dit utan mig. Jag är hemma och läser läxor, fyra stycken igen. Jag behöver verkligen läsa, men varför just ikväll?

Nu är det redan mars. Efter skolan går jag till slalombacken med Ulla Lindberg och vi har mycket kul. Lasse från Umeå är också med oss och åker. Det var länge sedan vi sågs. På kvällen träffar jag Emmy som skriver i min kalender:
»I 17 och I 16 åkte hem. Sorgligt och tomt efter dem, de va ju så söta, avsändare Emmy S.«
Ja vi får några vänner bland dem, särskilt Emmy. De tillför, med sina dialekter och roliga historier, friska fläktar till köpingen. Emmy och jag avstår från Gammtjoan den här fredagen och jobbar med matten hos henne. Hon är duktig, en riktig klippa för mig och jag kan fråga henne vid behov.

Det har om möjligt blivit ännu roligare att åka slalom nu sedan liften installerades. Backen lockar efter skolans slut på lördagen. Både Emmy och Ulla är med mig och åker den här sköna eftermiddagen. Tor dyker upp och svischar elegant ner i kortkorta svängar, beundrad av menigheten.

När kvällen kommer går jag till kyrksalen medan Emmy gör något annat. Det är inte så många ungdomar här i kväll och följaktligen inte så roligt. En gosse från Jordanien befinner sig här genom pastorsadjunktens försorg. Han är mycket mörk och vacker tycker vi bleka nordbor.

Från halv elva till halv fem kavar jag upp och ner i slalombacken under söndagen. Nu är det ganska många ungdomar som åker. Till och med gossen från Jordanien, Issa, är i backen, fastän utan skidor förstås. Jag är ganska trött när jag får lift hem med Tor men dagen har varit fantastiskt rolig. Det är skönt att slippa gå den långa vägen hem i slalompjäxor och bära på skidor och stavar efter en sådan lång dag.

På måndagen efter skolan blir det snärjigt. Basketen och läxorna ska hinnas med men jag kan inte avhålla mig från slalomåkningen heller. Mellan sex och nio är jag där med en hel del kompisar. Lasse, Ulla och Tor är några. Jag får lift hem med Tor, vilken lycka!

Den sjätte mars infaller fettisdagen och vi får tillbringa en del av skoldagen i slalombacken och det har vi ingenting emot. På kvällen är det kängskodans uppe i Midstugan. Tor åker dit men Emmy och jag måste läsa läxor och dessutom har jag gymnastikträningen att tänka på.

Jag håller mig också hemma hela onsdagskvällen fastän det är tävling i backhoppning. Vi har skrivning i modersmålet dagen därpå. Kanske inte så mycket att plugga till men jag måste väl också vila lite.

Slalombacken i elljus hägrar igen på fredagskvällen. Ja det är verkligen ett trevligt tillhåll, det kan man lugnt säga. Med tillgång till lift hinner man åka så oändligt många fler åk. Återigen får jag lift hem med Tor i hans nya men begagnade, röda Porsche. Inte dumt alls att få äran att åka hem i den fina bilen.

På lördagen åker Gunnar tillbaka till Stockholm. Emmy, Camilla och jag följer honom till stationen. »Snyft, snyft« står det i kalendern. Det är kännbart när han nu lämnar oss igen för en tid. När vi går därifrån träffar vi på Issa och pratar med honom en stund. Under kvällen sitter jag barnvakt för pappa och Marianna är på Hotell Vingen på Skidfrämjarnas årsmöte. När småsyskonen är lagda i sina sängar och sussar så gott pratar jag i telefonen med

Emmy från halv elva till halv tolv. Sådana långa telefonsamtal går inte för sig om pappa och Marianna är hemma. Jag undrar förresten varför hon är med på årsmötet? De blir borta länge så det serveras väl flera rätters middag kan jag tro och då passar hon på. Men på orienteringsklubbens årsmöte sätter hon aldrig sin fot. Där är det ingen mat och hon måste kanske fixa kaffet om hon går dit.

Söndagen bjuder på härligt väder och Emmy, Camilla och jag åker i backen från halv elva till halv sex. Vi har verkligen roligt och njuter av en fin dag tillsammans. Sedan får vi åka hem med Tor i hans fina bil. Han är verkligen snäll men samtidigt tycker han kanske att det är kul att skjutsa tjejer. Men vi borde ge honom någonting för hans godhet, bensinpengar eller en present.

Han är väldigt aktiv den nye kyrkoadjunkten för på måndagen är det återigen ett möte i kyrksalen. Men jag hinner med basketen också om jag snärjer på.

Gymnastiken på tisdagen missar jag inte heller. Den är viktig för mig. Nog har jag sysselsättning så det räcker.

Trots att vi har tvättdag på onsdag och mycket läxor kan jag inte avhålla mig från att ta mig till slalombacken. Camilla är hemma idag så vi hjälps åt i tvättstugan i en och en halv timme och då är nästan allt färdigtvättat. Sedan följer hon mig till backen vilket är roligt. Tor är redan där och även Lasse från Umeå som börjar bli riktigt bra på att åka.

Dagen efter har Camilla friluftsdag och då åker hon slalom med sin skola.

På torsdagen börjar jag packa inför fjällresan som i år ska gå till Marsliden.

Redan klockan tolv på lördag kommer vi iväg efter en kort skoldag. Resan tar dock lång tid och vi är inte framme förrän halv sju när det har blivit mörkt. Det är första gången som Gunnar inte är med till fjällen. Camilla har inte kunnat vara med under flera år för loven infaller inte samtidigt.

Under söndagen gör vi bara en kortare tur i det relativt dåliga vädret. Vår lärare i engelska, Kjell, ansluter först under måndagen. Då går vi en liten bit runt Marsfjällskomplexet på högersidan i ganska vackert väder. En härlig och relativt lättsam tur kan man säga.

Nästa dag går vi runt fjället på vänstra sidan. Det blir tretton kilometer att skida. Stigningarna gör att vi får sköna utförslöpor hem. Vädret är skapligt även denna dag.

Så blir det dags att på självaste vårdagjämningsdagen bestiga Marsfjället. Pappa och kyrkoadjunkt Nyberg är ledare för gruppen. Det här är en jobbig tur och bara de starkaste flickorna följer med; Ulla L. och Margareta A. För mig är det andra gången jag gör den här bravaden, men nu är det mycket jobbigt och tungt att släpa sig fram på de skidor med belag som jag måste använda idag. Jag får inget fäste och vallan hjälper inte. Pappa inser inte att jag har fel skidor att åka på och jag sliter dubbelt kan man säga. Jag klagar men han lyssnar inte på det örat. Eftersom det är långt och naturligtvis mycket uppför blir det verkligen ingen rolig dag för mig. Ett fruktansvärt slit är det! Det enda jag kan glädja mig åt är utförslöporna på tillbakavägen och matsäcken förstås.

Putte fyller sju år på torsdagen, och det är det härligaste väder man kan tänka sig. Vi skidar till Fatmomakke som är en historisk samlingsplats för samer där man firat gudstjänst sedan 1700-talet. Här finns en vacker träkyrka och en hel liten kyrkstad med kåtor och timrade kyrkstugor som är vackert grånade. Här pustar vi ut en stund medan solen gassar över den vackra miljön. Med buss tar vi oss sedan till Saxnäs där vi äntligen får mat i våra hungriga magar. Mätta och belåtna skidar vi så småningom tillbaka till förläggningen i Marsliden.

Det snöar under fredagen och vi får en välförtjänt vilodag som vi kan utnyttja på valfritt sätt. Vi måste också börja packa ihop våra pinaler inför hemfärden under lördagen.

Halv sex är vi hemma igen och Emmy skyndar sig ner till mig. Det är allt gott att ha henne, trogna Emmy. Vi ser »Familjen Flinta« på TV och får skratta och ha roligt en stund. Sedan fikar vi och har mysigt tillsammans, ja så gott det går i den här hemmiljön. Jag följer Emmy en bit på vägen och vänder före bommarna. Hemkommen tar jag mig ett skönt bad och tvättar mitt långa hår.

Det vackra vädret under söndagen lockar till skidåkning. Tor är inte i backen idag för han tävlar i Kristineberg. Vi hoppas alla att det går bra för honom.

Tyvärr skadar jag fotleden lite idag. Pjäxorna lindas fast med långremmar som gör att de sitter tight mot skidorna och det innebär påfrestning på fot- och knäleder vid fall.

Dagen efter ömmar det ordentligt i fotleden och jag måste ta det lugnt. På kvällen haltar jag i alla fall iväg på missionsförsäljningen och tittar en liten stund. Vännäs damkör ställer upp och sjunger så vackert för oss. Tant Inga står i främsta ledet och hennes mörka röst ljuder fint i altstämman. Hon ser liten ut där hon står med de andra damerna men hon är inte liten i rösten.

På tisdagen har vi matteprov och jag räknar sex tal och får sex rätt! »Underbart« skriver jag i min kalender. Det verkar som om det lönar sig att anstränga sig lite.

Nu är det redan den tjugosjunde mars och jag tar ut mopeden och vaxar den för det känns som om våren är här.

På onsdagskvällen sitter jag barnvakt. Nuförtiden finns det inte så många barnvakter att tillgå när syskonen flyttat ut. Jag måste vakta hemma och kan inte ta så många andra barnvaktsjobb som tidigare. Det blir alltså lite mindre pengar att tjäna för hemma får jag naturligtvis inga pengar. Emmy kommer ner och gör mig sällskap och fikar med mig.

Enstaka militärer finns fortfarande kvar i samhället. När skolan är slut för dagen går jag till Ögrens Konditori för en Uddevallapojke vill träffa mig där. Han vill också att vi ska ses på samma plats i morgon. Sedan ska han resa till Kongo och vara borta länge.

Jag har ett mönster till små söta mumintroll. Jag klipper till delarna i vit galon och syr ihop bitarna med langettstygn i rött garn. Sedan fyller jag dem med fetvadd och broderar dit ögon. Jag tar två sådana troll med mig och går till tant Inga och farbror Gunnar som ser glada och roade ut över presenterna. Det här är inte de första trollen jag producerar. De yngre familjemedlemmarna är också lyckliga ägare av mumintroll.

Jag känner mig ganska bra i foten nu, tack och lov, så på fredagen åker jag en stund i slalombacken. När jag ska hem får jag åka med Runar, den snygga och stiliga ishockeyspelaren. Han brukar hålla sig med fina och häftiga bilar.

På lördagen efter skolan åker Emmy och jag med pappa till Umeå för att vi ska försöka hitta en passande dräkt till realexamen. Vi vandrar runt lite och letar men det blir inget handlat idag. Utbudet är inte så imponerande, kanske är vi för tidigt ute. Pappa kör till Camilla, hämtar henne och två av hennes kompisar och sedan åker vi hem.

På kvällen kommer Emmy ner och vi tittar på TV. »Familjen Flinta« är kvällens höjdpunkt. Vi får återigen skratta och ha roligt.

Söndagens skidföre är inte så bra men Camilla och jag går ändå till slalombacken. Vi åker och har roligt trots den tunga blötsnön. Högt uppe i backen visar jag henne att jag bär ett klädesplagg ur hennes garderob. Hon låtsas bli arg och jag ger mig av utför branten med henne jagandes efter mig. På grund av det milda vädret är backen väldigt lös idag så skidan skär ner i snön och sitter fast. Kroppen fortsätter förstås av bara farten och följden innebär en stor påfrestning i knäleden. Det gör mycket ont och nu är det definitivt färdigåkt för den här dagen, ja för resten av säsongen. Runar är här och kör mig hem vilket jag är tacksam för. Det är ingen som reagerar över knäskadan eller bryr sig hemma, trots att jag har problem att gå. I kalendern står:

»Skall kanske röntga knät.«

Så blir det inte, för vart ska jag gå och hur? Jag haltar våldsamt under några dagar.

Kvällen därpå måste jag sitta barnvakt igen, men det gör ingenting för jag kan inte gå ut i alla fall. Emmy kommer ner och gör mig sällskap och vi ventilerar dagens engelska skrivning.

Tisdagen den tredje april haltar jag försiktigt till biblioteket för att låna några bra böcker. Våren ser ut att vara på väg och det doftar annorlunda. Med böckerna under armen stapplar jag vidare till Runar för att hämta mössan och vantarna som ligger kvar i hans bil sedan i söndags. Jag har tur för att han ska precis åka iväg på fotbollsträning.

Det är lite roligare och betydligt lugnare hos Emmy. När fredagskvällen kommer haltar jag med visst besvär upp till henne och vi får umgås en stund. Det är mycket trivsamt i hennes familj och jag bjuds alltid på gott fika. Idag dukas det fram radiokaka till teet, förutom det goda vetebrödet förstås.

Under lördagseftermiddagen framkallar jag kort i mörkrummet på skolan. Jag har en hel del fjällbilder på filmrullen och vill se resultatet. Camilla är redan hemma när jag kommer in i lägenheten. Kvällens underhållande TV-program gör att vi bänkar oss i vardagsrummet med Emmy. Pappa kokar te och bjuder på sin mjuka pepparkaka.

Jag åker moped upp till berget och till Midstugan. Det känns skönt att komma dit och titta en stund. Tor är inte här idag för den här söndagen tävlar han i slalom i Storuman men jag ser många andra goda vänner.

När jag kommer hem passar det bra att ta sig an tyget som ligger och väntar. Jag sätter igång med projektet som resulterar i ett fint nattlinne. Den här sömnadskonsten är inte så svår.

2. Intensifierat skolarbete

Måndag morgon får vi en skrivning i franska. Den ser inte så svår ut och det går bra att plita ner de främmande orden med rätt stavning.

När jag kommer hem hittar jag ett brev som är adresserat till mig. Brevet kommer från Gunnar som vill ge mig en riktig vårhälsning. I kuvertet ligger det tussilago som han plockat i Stockholm. Han vet att jag älskar de små solarna och att jag alltid plockar dem när de dyker upp om vårarna. Nu vill han glädja mig för han vet att det dröjer innan hästhoven blommar här.

Framåt kvällskvisten går Emmy och jag till Medborgarhuset för att lyssna på Göingeflickorna. Vi får bland annat höra »Kära mor« och »Min barndoms klockor«. På Sveriges Radio anser man den förstnämnda vara för sentimental och vill inte spela den, men efter allmänhetens påtryckningar ändras beslutet att bojkotta låten.

Jag åker moped till tisdagsträningen i gymnastiksalen men jag kan inte göra något på grund av knäet. Tänk att pappa inte hjälper mig till en doktor! Ska idrottandet ta slut här och nu? Lite nedstämd åker jag till Emmy. Här bjuds jag på tårta och blir genast på bättre humör. Vi pratar och har som vanligt riktigt trevligt. När jag kommer hem skriver jag till Gunnar och tackar för hans brev med vårens budbärare.

»Fysikskrivning. Usch« står att läsa i kalendern. Ute råder snöslaskväder men Emmy kommer ner och vi fikar. Camilla ringer efter sina stövlar så Emmy och jag går till en av hennes klasskompisar och lämnar dem för vidarebefordran till Umeå. Agneta är inte inackorderad i Umeå under terminerna utan hon pendlar.

Biblioteket får sig ett besök igen. Det trivsamma stället! Vad skulle vi göra utan det? På TV visas en långfilm i kväll, »Den snurriga skolan«. Jag tittar på den när jag kommer hem.

När Emmy och jag går till gammeldansen kan jag inte delta för knäet gör ont och det känns inte alls roligt. Att sitta passiv som åskådare passar mig inte. Jag önskar mig en snabb läkning av den sargade leden.

Idag får jag ett kort från Lasse Karlsson, militären, och han skriver att Otto hälsar till Emmy. Roligt att de tänker på oss! Jag hoppas att de har det bra där de nu befinner sig.

Vi är lediga under lördagen men jag går på en frivillig mattelektion före lunch. Jag är glad för det erbjudandet. På kvällen kommer Emmy ner och vi går ut en liten runda. Men »Familjen Flinta« lockar oss till hemmet och TV:n där vi blir sittande även under det följande programmet. Jag tvättar håret innan »Ett fall för Craig« börjar. I kalendern noterar jag på slutet när jag summerar dagen: »Marianna är odräglig!!!«

Emmy och jag är inte välkomna att sitta i »Mariannas vardagsrum«. Jag är antagligen hemma för mycket nu enligt Marianna men jag går i skolan så pappa kan inte skicka bort mig. Det är mitt hem och vardagsrum som hon nästlar sig in i 1954, i vår familj bland mammas och pappas saker där hon alltjämt gör livet surt för oss. Marianna borde tänka på hur oerhört mycket jag gör för att underlätta hushållsbestyren och på den hjälp de har med barnen. Jag ser inte att jag är till besvär och jag rättar mig alltid efter de vuxna, vad de än bestämmer över mitt huvud. Men jag har inte energi och framför allt inte mod att slå näven i bordet och begära att hon ska försöka vara lite vänligare och gärna generösare. Aldrig någonsin säger jag ett ont ord till henne eller trotsar henne.

Jag tar mopeden till berget igen. Tor tävlar i Kittelfjäll den här helgen. Vi är allt lite stolta över att ha en relativt framgångsrik slalomåkare i Vännäs.

På TV-aktuellt kan man se pastorsadjunkten Rolf med sin skyddsling Issa från Jordanien men jag missar inslaget.

Måndagen den sextonde april börjar realskrivningarna. Först ut är svenskan. Av de ämnen vi får att välja mellan finns »Ett populärt utflyktsmål i min hembygd« och det känns bra tycker jag. På kvällen går Emmy och jag till biblioteket. Jag får väl flytta dit nu när slalombacken stänger.

På tisdagen har vi lov. Skolledningen är väl rädd att vi annars ska förta oss. Jag går ändå till skolan, men inte för skolarbete, utan för att framkalla några kort. I mörkrummet framträder Inger, den nya hemhjälpen, och Emmy i framkallningsvätskan. Ett vackert kort på Emmy i skolbänken ligger också och skvalpar i badet.

Realskrivningen i engelska får vi göra på onsdagen. Nu stiger spänningen för oss men ännu mer för Camilla kan jag tänka. Om en dryg vecka ska hon ta studenten och vi vet inte så mycket om hur det går för henne då hon inte säger något, ingenting om skolarbetet i alla fall. Dessutom blir hon motarbetad av den lektor som hon har i latin detta år. På en känd dansrestaurang ser han Camilla tillsammans med en pojkvän. Det är strängt förbjudet för studerande vid läroverket att vistas i sådana lokaler. Lektorn ser till att pappa får kännedom om den förskräckliga överträdelsen. Dessutom tar lektorn upp försyndelsen i kollegiet så att den ska få valsa runt bland alla lärarna. Men här finns även de som tycker att besöket på dansrestaurangen inte har något att göra med betygen.

Det är skärtorsdag och jag måste tvätta lite i badrummets tvättställ för att ha fräscha kläder att sätta på mig under påskdagarna. Över badkaret kan jag hänga upp persedlarna på tork. Idag har jag fått löfte om att ligga över hos Emmy. Då jag promenerar iväg till henne med min lilla packning stöter jag ihop med Issa som tydligen är intresserad av mig. »Envis som attan« står det i kalendern. Jag har nu svårt att bli av med honom när jag vill vandra vidare uppför Ögrensbacken.

Det är roligt att övernatta hos Emmy. Här kan vi sitta uppe i lugn och ro och prata om allt viktigt som rör sig i våra liv.

Vi vaknar till ett strålande väder på långfredagen. Camilla, som är hemma nu, åker på påskaftonen med sin väninna Birgitta till deras sommarstuga på Näset. Där kan de sola lite och ha det skönt. Själv ägnar jag den här dagen åt att läsa men på kvällen går jag upp till Emmy. Jag kan konstatera att den här påsken blir betydligt roligare än de senaste årens. Vi fikar och tydligen bullar hon upp ordentligt för att det är påskafton: »Jag var så mätt när jag kom hem så jag höll på att spricka. Lade mig ganska tidigt«, står det skrivet i min lilla kalender.

Camilla har Birgitta hos sig den här kvällen. De får hålla till i matrummet där det inte finns någon dörr eller i vardagsrummet där resten av familjen breder ut sig.

På påskdagen åker Camilla och Birgitta till Näset igen och jag gränslar min moped för att ta en tur i vårvädret. Solen värmer skönt i lä men fartvinden kyler. Vid kvällningen träffar jag förstås Emmy och vi går ut en runda. Det är lugnt och stilla i köpingen. Vi ser inte många själar under vår lilla promenad, »Yrkans« pojkar har lov och militärerna har lämnat Vännäs läger sedan en tid.

Annandagen är en jättetråkig dag har jag dokumenterat. Emmy och jag är ute och promenerar då vi skymtar Tor där han åker i sin röda Porsche. När vi ser Issa så smiter vi iväg för att gömma oss. Men sedan går vi för att prata med honom i alla fall.

»Han var så envis oj, oj« skriver jag. Han vill till varje pris träffa mig och umgås, men det vill inte jag.

På kvällen ringer en pojke till mig och jag vet inte vem det är. Jag kan bara gissa då han inte törs presentera sig. Kan det vara en beundrare?

Camilla åker tillbaka till Umeå och den verklighet som hon har där, den som vi egentligen vet så lite om.

Det är redan tisdagen den tjugofjärde april. Jag sätter mig på balkongen och läser tyska. Kanske kan jag samtidigt få lite färg i nyllet. Men här är det svårare att koncentrera sig då man hela tiden ser bilar och människor passera.

På kvällen träffas flickgruppen i kyrksalen. Det är ett tryggt ställe att spendera sin fritid på. Här kan som sagt inget oegentligt hända.

Jag inhandlar en stor tub schampo på konsum för det finns inget schampo hemma och jag vill inte tvätta håret med äggtvål. Tre kronor och tio öre kostar schampot och väger femhundra gram. Man får väl hoppas att det inte är »vattenskadat« när det är så billigt.

Camilla kommer hem igen den tjugofemte. Det börjar dra ihop sig nu eftersom studentskrivningarna redan är avklarade. Vi förstår att det inte ser särskilt ljust ut för hennes del. Pappa luskar och undrar, men jag vet inte om han får något svar.

Ett brev från Lasse i Kalix anländer med posten denna dag. Jag undrar vad han vill förtälja när jag nyfiken öppnar brevet. I skämtsam ton redogör han för sina upplevelser sedan han lämnade Vännäs.

Vi får göra realskrivningen i tyska under torsdagen. Jag hoppas förstås på ett bra resultat. Den var väl inte så svår. Camilla åker återigen till Umeå för att vara på plats inför morgondagen då hon ska upp i muntan.

Idag, fredagen den tjugosjunde, är vi lediga och då går jag på en extra lektion i matte. Det kan inte skada. Men jag har ont i magen. Det här är den dagen som Camilla ska ta studenten. När jag kommer hem från matten pågår det ett tjafs hit och dit om vi verkligen ska fara in till Umeå för att ta emot henne. Pappa vet redan att studentskrivningen i latin inte är godkänd och därför tror han inte att muntan kan rädda betyget. Hennes lektor i latin vill få henne underkänd på grund av restaurangbesöket, det vet vi redan.

Nu bestäms det hemma att vi inte ska åka in till Umeå för att ta emot henne när hon tvingas gå ut bakvägen. Hur kan man göra så mot sin egen dotter? Lämna henne i sticket så att hon ensam får bära sin sorg och sitt misslyckande? Pappa bör väl vara där tillsammans med oss andra och ta emot henne och stötta henne i den svåraste av stunder.

Jag kan inte åka ensam och jag hinner inte ta tåget. Om ändå Gunnar var här! Jag är mycket ledsen och gråter när jag skriver i min kalender på kvällen:

»Camilla klarade inte studenten. Snyft snyft! Hemskt synd, fyra år utan glädje.«

Marianna har naturligtvis en stor del i misslyckandet genom sitt hat och att hon alltid hindrar pappa att stötta oss.

Dagen efter den svåra upplevelsen reser Camilla till Tyskland klockan sex på morgonen. Det känns ändå bra att hon kan komma iväg till mamma och Dieter och få lite uppskattning och omtanke.

Det är fullt upp för mig nu. Idag är det realskrivningen i matte som gäller. Det går inte så bra som förra gången och jag känner mig lite osäker.

En del av mina kamrater skickar in ansökningar till Seminariet. Jag tänker att det kanske är lika bra att göra detsamma.

Emmy jobbar på Hotell Vingen under Valborgsmässoafton. Jag går med Lisa och lyssnar när manskören sjunger in våren från Folkskolans trappa. Vi letar oss sedan vidare till en majbrasa för att få lite värme i den kalla vårkvällen men vi går hem tidigt. Redan halv tio är jag hemma.

Förstamajvädret är dåligt men Emmy trotsar det och letar sig ner till mig. Pappa, Marianna, Putte och Viktoria har åkt till Umeå och lämnat Lillan i min vård. Kanske får hon stanna hemma för att slippa bli åksjuk i bilen. Hon måste alltid kräkas, stackars Lillan. Vi tar henne med ut en sväng när vädret blivit något bättre. Om en dryg månad fyller hon två år men hon är duktig att trava på och det syns att hon har roligt med oss. Hennes röda hår är aldrig klippt och lockar sig i ett ostyrigt burr som får henne att likna ett litet troll.

Kvällen bjuder på bättre väder så Emmy och jag tar en promenad. Vi måste få frisk luft och som vanligt komma ut för att kolla läget.

Onsdagen den andra maj får vi göra ett studiebesök på Tingsrätten i Umeå. Ingen av oss har tidigare satt sin fot på ett sådant ställe och de flesta av oss kommer heller aldrig att göra det senare. Vi lyssnar förundrade till det som utspelar sig i salen. En femtioårig anläggningsarbetare, som vid ett flertal tillfällen blivit bötfälld för fylleri, är nu åtalad för stölder. Just nu är han intagen för alkoholistvård på en anstalt utanför Boden och har fått »lite permis« för att ställas till svars. För oss är det allt lite spännande. Studiebesöken fortsätter och vi hamnar på Centralbageriet, vilket är uppskattat. Doften som sprider sig här är angenäm. Vi bjuds på smakprov. På slakteriet är inte doften lika god. Där tarmarna sköljs luktar det fruktansvärt illa. Jag får kväljningar. Något bättre är det i kylrummet där de färdigrökta korvarna hänger i väntan på transport till försäljningsställen. Innan vi lämnar slakteriet får vi en varsin wienerkorv i handen. Jag måste vänta till dess vi sitter i bussen innan jag kan äta min korv.

3. Examensförberedelser

Vi som går i avgångsklasserna börjar så smått skissa på våra realspexdräkter. I vår klass väljer vi enhälligt att klä oss i fångdräkter i väntan på friheten. Hos Kalle Dala i hans välsorterade lanthandel hittar vi lämpligt vit- och svartrandigt bomullstyg till ett överkomligt pris. Tyget ska räcka till byxor, skjorta samt en rund fångmössa. På kvällen efter studiebesöken i Umeå vandrar jag upp till Emmy med min tygpacke under armen. Vi klipper till, nålar, tråcklar och börjar sy ihop delar. Nu är vi glada för den nyttiga syslöjdsundervisningen. Som avslutning på kvällens arbete dricker vi te med goda bullar. Nöjd promenerar jag sedan hemåt med min påbörjade utstyrsel.

När jag kommer hem från skolan på torsdagen ligger ett kort till mig från Gunnar. Han ska komma hem till helgen. Kul!

Emmy kommer plikttroget efter middagen och vi fortsätter vår sömnad här hemma för nu är jag barnvakt igen. Småsyskonen tittar förundrat på medan vi syr, provar och skrattar. Tur att Marianna inte är hemma för då kanske vi inte kan använda mammas symaskin eftersom den drar elström. Det här är ändå inget livsviktigt skulle hon kanske säga. Sy för hand! Hur roligt är det när det finns symaskiner?

Fredagens tyska lektion blir dramatisk när magister Mattson får någon slags åkomma och svimmar. Vi blir oroliga och tillkallar hjälp så att hon blir omhändertagen och förd till sjukhus. Vi kallar förresten alla våra lärare för magistrar, oavsett kön.

När jag kommer hem kastar jag sömmarna på min fångdräkt. Det är ett tidsödande och tråkigt göra. Men sedan är det Gammtjoa som gäller för Emmy och mig. Den allra sista, för oss i alla fall, och där har vi riktigt kul!

Gunnar kommer från Stockholm på lördagen. Han har med sig en skrivmaskin som han stolt visar upp. Vi beundrar den fina apparaten och tittar på när han demonstrerar den. Han kan fingersättningen genom maskinskrivningsundervisningen i skolan. Det är roligt att han har möjlighet att köpa sig så fina saker nu för att han jobbar och tjänar pengar. I stället för en present ger han mig en tia. Tänk vad han är snäll! Det är mycket pengar för mig. Pappa ger mig aldrig pengar. Veckopengar existerar inte i vårt hus.

På söndagen hälsar jag på tant Inga och farbror Gunnar. Jag tycker verkligen mycket om dem och vill inte tappa kontakten nu när jag inte jobbar hos dem.

Viktoria och Lillan är sjuka och mår dåligt. Jag går ut med Emmy på kvällen och sedan ser vi TV hos henne för att hon inte ska bli nersmittad. Vi måste försöka att hålla oss friska nu, det är viktigt.

Måndagen den sjunde maj rycker Gunnar in i lumpen. Nu ska han tillbringa flera månader i det militära och kommer att mucka först i mars nästa år. Pappa och Marianna åker till Umeå, »nästan ända till Umeå. Var?« har jag skrivit i kalendern. Jag får ta hand om de sjuka barnen till dess föräldrarna kommer hem. Sedan går Emmy och jag i vanlig ordning till biblioteket och utforskar hyllorna för att se om det finns några intressanta nyheter. Vi hittar alltid något bra, så även idag.

På tisdagen bjuder skolvaktmästaren Emmy och mig på glass. Vi tycker att han är en väldigt schysst person. Snart ska han slippa se oss, det blir kanske ledsamt för honom.

Till i morgon har vi många läxor men jag måste ändå gå på gymnastiken, det var så länge sedan. Jag har inte kunnat träna på grund av knäskadan och snart är det Lingdagarna.

Följande skoldag är arbetsam med bland annat en skrivning i franska. Det är mycket som ska hinnas med och proven duggar tätt. Emmy vågar sig ner på kvällen och vi syr våra fångmössor. Ha, ha, vad roligt när vi provar dem! Vi längtar verkligen till den dagen då hela klassen ska bära kläderna.

Torsdagen är också jobbig med kemiprov och huvudvärk. Jag tror att det är influensan som härjar. Nu är det inte läge att bli sängliggande. Jag är dock så pass bra att jag kan hälsa på tant Inga och farbror Gunnar efter skolan. Sedan måste jag träffa Lisa för vi ser inte varandra så ofta nuförtiden. Hon bjuder förstås på fika och vi kan avhandla läget med varandra.

Fredagen är en spännande dag eftersom vi får reda på skrivningsresultaten. Vi tar emot dem klädda i våra fångdräkter. På mössorna står det »Fyra år i buren« och vi blir fotograferade på trappan framför entrén. Två av pojkarna har små kragar och en slå framtill på sin skjorta. Deras mödrar har gjort ett bra arbete. Vi andra har genat och har kraglösa dräkter.

På kvällen går hela klassen på bio klädda i fångdräkterna. Vi har mycket roligt och vi fyller upp en stor del av biosalongen. Efter filmen väntar en hippa i SGU-stugan. Vi passar på att roa oss för snart upplöses klassen och de flesta av oss går skilda vägar. Klockan två på natten kommer jag hem och då sover alla, tack och lov.

På lördagen åker hela familjen in till Umeå och jag är med därför att jag ska delta i en ungdomsledarkurs i friidrott som Västerbottens Idrottsförenings damkommitté anordnar. Jag hinner också gå med Pappa och Marianna på Elsa Wikners dammodeaffär. Det börjar dra ihop sig till examen och jag måste ha en dräkt. Vi börjar titta på utbudet av de ljusblå för vi tror att en sådan skulle passa. Medan jag provar de blå dräkterna kommer expediten fram med en ljusrosa som hon vill att jag tar på mig. Det var väl inte riktigt vad vi hade tänkt oss men jag provar den i alla fall. Och se! Det är den jag ska ha. Det är vi alla överens om. Det rosa är rätt i färg och dräkten har fint snitt. Den går på etthundrafemtio kronor och det får väl anses som ett hyfsat pris. Jag har löfte om att få en stor nallebjörn i skinn i examenspresent och vi promenerar till Tempo och inhandlar en brun, långhårig sak. Femtio kronor till får pappa punga ut med. Marianna kommer sig inte för att protestera. Det kan tyckas märkligt att jag, kommen i den åldern, önskar mig en nalle men behovet av närkontakt med något mjukt, lent och tillgivet finns. Kanske som ersättning för ömhetsbetygelser i hemmet, vilka äro obefintliga.

Jag övernattar i Umeå eftersom kursen fortsätter på söndagen och slutar först klockan två. Halv fem är jag hemma igen och då får jag se Gunnar i sin militäruniform. Han ser mycket stilig ut i den.

Pappa och Marianna ska åka iväg på en kurs i en vecka och lämnar de små i Bondböle. Jag får inte bo ensam hemma av någon anledning. De bestämmer att jag ska sova hos tant Inga och farbror Gunnar. Det har jag inget emot men inte är det väl av omtanke som jag inte får bo hemma? I en hel vecka sommaren 1959 bodde jag ensam hemma tillsammans med lilla Viktoria. Föräldrarna visste inte hur vi hade det, för de ringde aldrig.

Pappa och Marianna verkar inte bry sig inte om hur jag har det. De ber mig inte heller att ringa för att förvissa sig om att jag tryggt och säkert anländer dit jag ska. Jag skulle kunna vara försvunnen över en vecka innan någon saknar mig.

Emmy och jag går ut på promenad i våra fångdräkter för att visa upp oss. Jag måste sedan hem och packa ihop det nödvändigaste att ta mig till tant Inga. Jag blir bjuden på fika och en pratstund innan jag ockuperar sängplatsen som står och väntar på mig.

På morgonen dukar tant Inga fram frukost som jag med god aptit sätter i mig innan jag åker till skolan.

Idag, måndag, får vi reda på ämnena i muntan. Matte, modde, geografi och tyska gäller för mig. Jag får inte gå upp i samma grupp som Emmy. Vi får också reda på att vi ska ta realen första dagen, det vill säga tisdagen den tjugoandra maj.

»Kul! kul!« skriver jag i min kalender. På kvällen går jag hem till tant Inga för att sova igen. Varje morgon innan jag går till skolan lastar tant Inga på mig frukt och karameller och ibland en liten slant. Hemma får vi nästan aldrig frukt.

Jag försöker hinna med gymnastikträningen på tisdagskvällen, en stund i alla fall. Efteråt går jag hem för att ta mig ett bad och tvätta håret. Gunnar ringer och frågar hur det går och hur jag har det, men pappa hör inte av sig. Sedan infinner jag mig hos tant Inga igen inför natten. Jag skriver i min kalender innan jag lägger mig: »Om en vecka«…...!!!!

På onsdagen kommer Gunnar hem och gör mig glad. Men jag får tillbringa en del av kvällen i tvättstugan för vi har tvättdag. Det är bestämt att jag inte ska sova hos tant Inga och farbror Gunnar den kommande natten för de är bjudna till Hanssons.

På torsdag eftermiddag bakar jag knäckflarn till realen. Jag lägger dem fint i burkar och städar av och diskar efter mig. Vår snälla granne tant Krusö lovar att göra en tårta till examensdagen och ge mig. Tänk att det finns så snälla människor!

Jag behöver lite frisk luft och går ut med Emmy. Det är så skönt att ha henne som stöd i livet på flera sätt. När vi är ute på våra promenader går vi alltid armkrok. Jag går på hennes vänstra sida och krokar min arm i hennes som då ligger under min som stöd. Vi är inte ute länge för i natt ska jag sova hos tant Inga igen.

På fredagen köper tant Inga ett par långa vita handskar till mig. De ska jag ha till realen har hon tänkt. Jag tycker att hon är oerhört snäll. Nu är det mycket pluggande inför muntan och jag sitter inne hela kvällen. Tant Inga har gäster men jag sköter mitt. Jag hör ett lågmält sorl som inte alls stör.

Under lördagen kommer pappa och Marianna hem och åker ganska omgående till Bondböle för att hämta hem barnen. Jag antar att tant Olga och farbror Nils känner en stor lättnad när alla barnen packas in i bilen som sedan med krasande däck rullar efter grusgången mot utfarten.

Jag pluggar under söndagsförmiddagen för att sedan gå på konsumfesten. »Småstadspolisen« från TV, Torbjörn Jonsson, är här för att höja stämningen. Marianna skickar fram Putte för att han ska sjunga en sång. Han är modig och klarar det bra.

Lingdagarna börjar också idag, så jag går till gymnastiksalen och får bland annat se min vän Axel och William Thoresson slå volter. Thoresson har en guldmedalj från OS i Helsingfors 1952 och är följaktligen mycket duktig.

Av någon anledning ligger jag över hos tant Inga den här natten också. Jag kommer inte ihåg varför. Kanske är det för att jag är inviterad till Barbro Tiderman och hennes familj. De bor mycket nära tant Inga och farbror Gunnar. Barbro är en duktig idrottstjej och vi tävlar mycket tillsammans. Hon brukar också delta på idrottslägren i Umeå under julloven.

Jag pluggar nästan hela måndagen. Sedan är det gymnastikuppvisningen som gäller för min del. Den kommer som ett skönt och roligt avbrott i en bråd tid.

4. Realexamen och Tysklandsresa

På tisdagens morgon går det lätt att komma ur sängen. Det här är ingen vanlig skoldag. Nu ska jag få lön för mödan efter fyra års pluggande.

»Muntan gick jättebra, allt« skriver jag i min lilla bok. När vi släpps ut på trappan ser vi att våra familjer står och väntar på oss. Jag skyndar fram till mina anhöriga där de står uppradade, alla utom Camilla. Det är klart att jag saknar henne men hon har det mycket bättre där hon är nu. Det här kanske bara skulle vara pinsamt för henne.

Oj, vad jag blir uppvaktad! Kanske förtjänar jag detta. Vackra blombuketter i blågula band hängs om halsen på mig. Rosor i skiftande färger blandas med paket i vackra snören och de långa banden ökar bördan som min nacke får bära. Ett dekorerat spetsparaply hamnar i den vänstra handen som genom tant Ingas försorg är handskklädd. Den stora nallebjörnen som jag föräras denna högtidsdag, ockuperar den högra armen. Roliga figurer, ballonger och uppblåsbara djur breder ut sig runt min lekamen. Lillan sträcker upp sig så att hon når ett leksaksdjur som hänger ner på min höft. Hennes lilla hand känner försiktigt på djurets öra. Hon är klädd i en smårutig, kort kappa med slejf i ryggen. Pappa fotograferar när Emmy och jag står bredvid varandra och ser glada ut och på några bilder poserar jag ensam. Emmy har ett helt hav av ballonger omkring sig.

Dekorerade skrindor står och väntar på oss. Mödosamt klättrar vi upp med bördan om halsen, försiktigt lyftande de något snäva kjolarna. Nu bjuds vi på en åktur genom köpingen medan vi sjunger »realsången«. Det doftar gott om de nyutslagna björkarna som omger oss i vagnen.

Viveca fotograferar mig hemma på gården. Jag står framför garageportarna med blommor och presenter. En sådan här dag borde mamma och Dieter också vara här men jag vet att det är en fullständig omöjlighet.

Det kommer många gäster till oss och firar mig denna dag. Jag får blommor och presenter från ett fyrtiotal vänner. Välkomna gåvor från olika håll ligger i kuvert. Moster Mary ger mig femtio kronor, en hel förmögenhet! Tio kronor får jag från familjen Rydving, familjen Ståhl och familjen Almqvist vardera och fem kronor från tant Olga och farbror Nils, det tackar jag för! Dockor, hundar, chokladaskar och troll lägger jag upp på bordet där jag har mina presenter. Och nu måste alla blommorna snabbt komma i vaser.

Resten av avgångseleverna tar sin examen dagen därpå. På kvällen samlas alla lärare och elever på Hotell Vingen. Under festliga former intar vi en god middag tillsammans. Pappa är inte med vid det här tillfället eftersom vi också denna kväll har gäster hemma. Festen slutar klockan ett och alla sover när jag kommer hem.

Jag stiger inte upp förrän vid elvatiden för jag ligger och drar mig en stund med min nya nalle. Det regnar hela dagen så jag passar på att packa ner kläder i min resväska. Nu ska jag äntligen få åka till Tyskland och hälsa på mamma och Dieter i deras hem. Det är något jag verkligen ser fram emot.

Jag får en ny baddräkt idag. Den är blå-och svartrandig och mycket snygg. Den åker förstås med i packningen. På kvällen går jag upp till Emmy och fikar och tar farväl. Jag kommer att vara borta länge, i sju veckor!

Fredagen den tjugofemte maj går jag upp till skolan och hämtar böcker samt säger adjö till »vaktisarna« Lundberg och Gillén. Jag säger också hejdå till Inger Tjernqvist som jobbar hos oss. Hon ska sluta sin anställning när sommarlovet börjar. Det är tråkigt för vi är goda vänner och hon är så rar. Vi ska brevväxla när jag är i Tyskland.

Pappa, Viktoria, Putte och Emmy vinkar av mig vid tåget som går 19.10. Jag får faktiskt sovvagn till Mjölby vilket är skönt när jag ska åka så långt. På tåget träffar jag en av Camillas föredettingar, Jan från Gullänget, och resan går lite fortare.

Nästa dag blir jag bekant med en fransk kille som heter Yvon. Han kommer från en kurs i Stockholm och är nu på väg hem. Yvon ska utbilda sig till gymnastiklärare och han berättar vidare att han är född i juli 1943 av en fransk pappa och belgisk mamma. Jag hankar mig fram på den lilla franska som jag har lärt mig under ett år. Han avslöjar också att han spelar in skivor. Vi byter adresser och kommer att brevväxla under några år.

På toaletten på färjan tar jag av mig silverringen när jag ska tvätta händerna. Ringen är en gåva från Emmy, min allra bästa vän. Jag glömmer den då jag lämnar toaletten och när jag går tillbaka för att hämta den är den borta. Jag blir så otroligt ledsen.

Natten mot söndag den tjugosjunde maj kommer tåget till Bahnhof i Hamburg. Mamma, Dieter och Camilla är där och möter mig klockan 2.56. Det blir ett glatt mottagande med kramar innan vi åker hem till Paul Rosenstrasse där lägenheten ligger.

Camilla och jag sover i vardagsrummet. Lägenheterna ser annorlunda ut här än hemma. Köket var alldeles tomt när mamma och Dieter flyttade in. De måste själva köpa inredningen, ja kanske inte spisen.

På söndagen, när vi känner oss utvilade, dukar mamma fram frukost. Vad härligt det är att sitta här hos dem och knapra på goda Brötchen till teet. Efter frukosten tar vi oss till Elbtunnel för Dieter vill gärna visa lite av den stadsdelen. »Två italienare hängde efter oss hem« står det i kalendern.

Mamma lagar rådjursstek till middag. Vi får en god gräddsås till. Det är en riktig festmåltid och definitivt inget som serveras hemma. Camilla går senare till Planten und Blomen som är en fantastiskt vacker park med tjusigt Wasserlichtspiel (vattenljusspel). Hon brukar gå dit för att dansa. Den ligger inte så långt från mammas och Dieters hem. Hon har en vän här, Hartmut, som ibland eskorterar henne till och från dansen. Han kommer att hälsa på henne i Sverige. De kommer också att brevväxla hela livet.

På måndagen kan jag inte äta och mår riktigt illa. Jag tror att det är »bassilusker« från resan som ställer till det. På en sådan lång resa kan man få i sig både det ena och det andra tänker jag. Camilla och jag går trots det ut för hon ska köpa biljetter på den svenska resebyrån. Det är bara ett par tvärgator till Reeperbahn från mammas och Dieters lägenhet. Jag blir plötsligt fruktansvärt illamående och måste kasta upp. Vi rusar in på närmaste bakgård vid den beryktade gatan. Där vänder jag ut och in på magen framför alla fönster som vetter mot oss. Vi undrar vad de tänker, de som blir vittne till händelsen. De kan ju inte veta att jag har någon sorts magåkomma. Pinsamt är det och vi skyndar därifrån så fort vi kan. Jag måste kräkas ännu en gång men då kommer det bara galla. Vidrigt!

Camilla ska åka med tåget vid elvatiden på kvällen. Vi följer henne till Bahnhof för att ta farväl. Det är mycket tråkigt att hon ska lämna oss nu. Jag antar att hon först reser till Stockholm. Nu får jag sova ensam i vardagsrummet där larmet från storstaden tränger in genom fönstren. Varje natt ljuder sirener från diverse utryckningsfordon. I Vännäs hörs inga sirener. Där är nätterna lugna då alla tycks sova, men så är det inte här.

På tisdagen skriver jag ett brev till Emmy som nu är i Göteborg och ett till tant Inga och farbror Gunnar.

Mjölken är slut och jag får ensam gå ut för att handla. Det känns spännande men jag är dock inte så pratsam trots att jag läst tyska i fyra år. Jag kommer att läsa tyska i tre år till men jag blir inte mer pratsam för det. Aptiten har ännu inte kommit tillbaka och jag känner mig inte sugen på så mycket. Det enda jag kan tänka mig äta är buljong med nudlar. Mamma skrattar åt mig när jag slevar Nudelsuppe i sommarvärmen och svetten rinner.

Vi går sedan ut och möter Dieter på Reeperbahn när han är på väg från banken. Det är mycket intressant att titta sig omkring här men man ser inte så mycket under dagen. Nu är allt fridfullt och stilla i glädjekvarteren, för nu sover antagligen alla nattarbetare. Det enda ljus de får uppleva är neonljusen.

Nästa dag går mamma och jag in till stadsdelen där det ligger affärer och varuhus. Här har vi att göra hela dagen och det finns så mycket att se och köpa. Det här är ett eldorado för en sådan som jag som kommer från bonnvischan. Jag köper ett läppstift till Emmy. När vi blir hungriga går vi på Karstadt och äter lunch. Nu äter jag kasseler för första gången. Aptiten har kommit tillbaka, tack och lov. I ett stånd köper mamma mandelkarameller som jag upptäcker är mycket goda. I lagom tid, då Dieter slutar sitt arbete på banken, möter vi honom utanför och promenerar hem.

Nästa dag, Kristi Himmelsfärds dag den trettioförsta maj, regnar det mycket. Mamma och jag spelar Monopol men sedan går jag ut en stund för jag är inte van att sitta inne en hel dag. Den fuktiga luften känns skön att andas och den regnvåta asfalten luktar annorlunda här.

Jag får ett långt brev från Yvon. Det tar en bra stund att läsa det och skriva svar. Jag måste gå ut för att posta det och får en liten promenad till.

Mamma och jag går in i stan och till Alsterhaus för att handla på lördagsförmiddagen. Efter lunchen spelar vi Fia med knuff. När mamma ska förbereda middagen upptäcker hon att vi behöver mjölk och potatis. Det faller på min lott att införskaffa varorna och jag tycker att det är roligt att gå och handla här.

På kvällen går vi alla tre på promenad i den vackra försommaren.

Min fina kamera är skadad efter ett hårt fall i backen. Nu fungerar den inte så bra efter incidenten. Kameran är en Voigtländer och sådana tillverkas i Braunschweig. Vi ska skicka den dit på lagning medan jag ändå är så nära fabriken.

På söndagen går vi till kajen för att ta en båt till Blankenese som är en fashionabel stadsdel i Hamburg. Två pojkar från en cirkus fotograferar oss. Efteråt räcker en av dem över tre biljetter till kvällens föreställning. Jag tar förvånad emot dem och sedan går vi ombord på båten. Åkturen på vattnet är skön och det är vackert i Blankenese.

När kvällen kommer letar vi oss fram till det enorma cirkustältet, lämnar våra biljetter och går in. Här doftar det cirkus bland annat från kutterspånen. Föreställningen kommer igång men den går inte riktigt hem hos mamma och Dieter. De blir illa berörda av att se de vilda djuren som tvingas underkasta sig människans nycker. Ja, de har naturligtvis alldeles rätt, för lejon och tigrar får så småningom inte alls finnas med i cirkussammanhang som tur är. Vi går mot utgången och cirkuspojken från Blankenesekajen försöker ta kontakt med mig. När vi går jag ser jag att han säger »Morgen«.

På måndagen får jag ett fint silverarmband av mamma och Dieter. Det är examenspresenten. När jag går ut en liten sväng under eftermiddagen möter jag en pojke som brukar röra sig i området där mamma och Dieter bor. Han presenterar sig som Tony och upplyser mig om att han brukar se mig ute. Tony talar flytande tyska och undrar varifrån jag kommer. Han berättar att han själv är uppvuxen i Turkiet. Nu vill han bjuda mig på ett café och jag känner mig osäker, kanske i morgon kommer vi fram till.

Dagen efter går jag till posten med brev och träffar Tony på Reeperbahn. Vi promenerar en sväng och snart leder han in mig på en uteservering. Det här är en helt annan värld än den jag är van vid. Jag känner att jag är mycket långt från slalombacken, biblioteket och kyrksalen. Han frågar om han får bjuda mig på ett glas Bier. Jag tänker som så att det är ju det mamma och Dieter dricker till maten. Det går väl bra. Jag är ju inte så bekant med alkoholhaltiga drycker. Den här smaken är ny för mig och inte är den särskilt god. Ölen går i alla fall ner. När jag så småningom ska resa mig känner jag förstås av den. Nu måste jag gå hem annars blir mamma orolig. Tony följer med mig till Paul Rosenstrasse. På kvällen tar mamma och Dieter med mig till Planten und Blomen. Här kan vi gå omkring och njuta av alla vackra planteringar. I kväll är det ingen Wasserlichtkonsert. Då får vi gå hit igen en annan kväll.

Jag solar mig på balkongen medan mamma stökar i köket. När hon är färdig följer jag med henne till affärscentrat. Hon köper en fin vit handväska till mig. Jag blir verkligen glad. Vi handlar presenter till syskonens födelsedagar som snart infaller. Jag köper dessutom ett par vita sockor och choklad till mig själv.

Det ligger en hög med brev på hallmattan när vi kommer hem. De är från pappa, Camilla, Emmy och Issa. Jag får också ett brev från vår före detta barnflicka Inger Tjernqvist. Pappa har inte en aning om jag är framme välbehållen. Det är en och en halv vecka sedan jag reste så jag skriver svar på en gång.

Vädret är mycket vackert på torsdagen och det är nu den sjunde juni. När mamma är klar med morgonbestyren åker vi till affärskvarteren för att köpa fler födelsedagspresenter. Det är roligt att gå med henne i affärer och så annorlunda jämfört med Vännäs eller Umeå.

På eftermiddagen, innan Dieter kommer hem, går jag ut en liten stund och promenerar med Tony. Han verkar hålla sig i närheten av Paul Rosenstrasse för att inte missa mig.

Högtrycket ligger kvar och ger lika vackert väder även nästa dag när jag går ut. Då stöter jag på cirkuskillen som gav oss biljetterna. Han följer med mig till Pfeifersgang och då är jag nästan hemma. Han vill ha min adress så vi byter adresser och bestämmer att vi ska brevväxla. Han pratar bara spanska och det är inte så lätt att konversera.

Under eftermiddagen kommer en mycket god vän till mamma och Dieter från Hannover för att hämta oss i sin bil. Vi är bjudna till dem över pingsten. Bilresan innebär ett välkommet avbrott och jag får tillfälle att se lite mer av Västtyskland. Farbror Karl, tant Christa och deras snart femtonåriga dotter Karla bor i ett nytt hus i utkanten av Hannover. Vi blir väl omhändertagna av farbror Karl som är en skojfrisk spelevink och tant Christa som lagar mycket god mat. Dottern Karla är dock mycket tystlåten.

En skön promenad till flygplatsen står på programmet dagen därpå och väl framme vid målet bjuder värden oss alla på glass. Det blir också en tur till den vackra kyrkogården där farbror Karls far ligger begravd. På vägen passar han på att tanka bilen.

Under kvällen sitter vi och sjunger en stund och gästboken kommer fram. Jag ritar något fint och mamma skriver lite fräckt:

»Jag tackar för den stora ära
att gästa er i villa ny
för all den mat jag fått förtära
Jag är så mätt så jag kan spy.«

När mamma och Dieter bodde i Hannover umgicks paren flitigt och de känner varandra väl. Farbror Karl är mycket humoristisk och mamma har inga betänkligheter för att uttrycka sig på det sättet.

På pingstdagen åker vi till Borstel som är ett litet samhälle några mil sydväst om Hannover. Där bor Dieters föräldrar, sjuttionio respektive sjuttiofyra år gamla. De bor i en vacker liten by där det går kraftiga, betande arbetshästar bakom taggtrådsstängsel. Höns fyller nejden med skrockande ljud och duniga kycklingar piper vid dikeskanten. Ängarna står i blom och blicken kan skåda långt bort över böljande fält mot horisonten. I denna idylliska nejd tar vi en skön promenad efter att vi fyllt våra magar med god mat.

Så ska familjen Nutsmann åka tillbaka till sitt, vi tackar för gästfriheten och tar farväl av dem.

Dagen efter är det Lillans födelsedag och jag skänker henne goda tankar på tvåårsdagen. Vädret är skönt i dag också så vi vistas en hel del ute. Jag känner behov av att röra på mig och gymnastiserar lite på gräset. Jag får också i uppgift att mata kycklingarna, ett uppskattat jobb kan jag säga.

Dieters mamma är duktig i köket och trugar vid middagen. När jag säger:

»Nein danke« får jag veta att det räcker med »Danke« som står för »nej tack«

»Ich bin satt« säger jag då hon inte kan någon svenska. Mamma tackar ännu finare:

»Ich bin völlig gesättigt« (Jag är alldeles mätt, eller belåten).

Efter middagen spelar mamma och jag Fia och jag vinner flera gånger. Glad för det är jag så dålig förlorare som jag är.

Den tolfte juni reser vi från Borstel efter att ha tagit ett ordentligt farväl av Dieters föräldrar. Tyvärr kommer jag aldrig att få träffa dem mer i livet. Farbror Karl har godheten att komma till bussen i Hannover och vinka av oss.

När vi kommer åter till lägenheten vid Paul Rosenstrasse sätter jag igång med att baka en tårtbotten. Den ska utgöra grunden till mammas födelsedagstårta.

Nästa dag fyller mamma femtiofyra och Gunnar nitton år. Dieter och jag firar lilla mamma på hennes födelsedag med tårta och presenter. Vi äter också en god middag.

Jag får brev från Camilla, pappa, Gunnar och Emmy. Jag skriver svar till dem samt till Vivi, Tina, Inger, Carina, Lisa och Issa.

På torsdagen går jag ut en sväng och träffar Tony som tydligen gått och väntat på mig i tre dagar. Vi promenerar till hamnen och tittar på båtarna.

Mamma är arg när jag nästa dag går ut med Tony och är borta i tre timmar. Jag förstår henne naturligtvis men jag kan inte som sjuttonåring sätta mig in i hennes oro. Efteråt är jag oändligt tacksam för hennes omsorg. Jag är otroligt naiv och oerfaren men skyddsänglarna är med mig, vakar och ser till att inget farligt inträffar. Jag befinner mig faktiskt i en stadsdel där förmodligen allt skulle kunna hända.

Det blir fiaspel på kvällen med både mamma och Dieter. Nu

har jag fått en förskräcklig snuva och jag hoppas att den inte ska drabba någon annan där jag sitter och snörvlar över spelpjäserna. Mamma och Dieter har inte skaffat sig någon TV. Det är ännu inte så många människor som har det.

Den sextonde är det Camillas tur att fylla. Hon blir nu tjugotvå år och är vuxen på riktigt kan man säga. Vi hoppas att födelsedagspresenterna anländer i tid.

I dag får jag inte träffa Tony. Mamma är orolig. Tack för det säger jag nu.

På kvällen går vi till Planten und Blomen för att dansa. Jag har på mig min ljusrosa examensdräkt och känner mig mycket välklädd och fin. Den vita handväskan passar bra till. Handtaget greppar jag med mina långskaftade vita vantar och jag känner mig redo för kvällens övningar. Det är så mycket folk att det inte går att röra sig på dansgolvet och vi lyssnar till musiken i stället där vi sitter vid ett bord och dricker lemonad. Senare ser och hör vi Wasserlichtkonserten som är mycket vacker och imponerande.

Mamma och jag postar tackbrev till familjen Nutsmann och till Dieters föräldrar. Hon vill inte att jag ska gå ensam för att posta dem, förstår jag. När vi kommer hem spelar vi Finans och äter god mat.

På måndagen går mamma och jag till affärskvarteren för att handla. Jag börjar sedan sy en bikini. Både byxor och BH försöker jag få till och passformen ser ut att bli bra.

Mamma får min snuva som jag förmodligen fick av tant Christa. Men hon drabbas dessutom av feber och känner sig ganska risig.

Hon är sjuk även följande dag då jag fortsätter med sömnaden av min bikini. Jag blir mycket nöjd med resultatet. Ute pågår ett ordentligt åskväder så jag går inte ut alls den här dagen.

På onsdagen är mamma bättre och vi går ut för att handla. Jag ser Tony men pratar inte med honom när mamma är med. Jag får brev från pappa, Camilla, Emmy och Inger Tjernqvist.

Dieter kommer hem från arbetet och känner sig dålig. Nu har även han drabbats av influensan som vandrar runt.

Jag skriver brev till pappa och Camilla och går för att posta dem. En mörkhyad kille kommer och säger att han vill gå ut med mig. Jag tackar vänligt men bestämt nej.

Vi spelar Fia som jag har tur att vinna tre gånger och Dieter en gång. Stackars mamma! Men hon tar det inte så hårt. Sedan byter vi spel, till Finans. Det är mycket spännande och Dieter har förstås hand om banken.

Fredagen den tjugoandra är det midsommarafton men den firas inte i Tyskland. Svenska Klubben ordnar midsommarfirande för svenskar boende i Hamburg och man håller till i Stadtpark. Det kostar fyra mark per person och mamma och jag går dit för att få uppleva ett traditionellt svenskt midsommarfirande.

På lördagen går mamma med mig ut då hon inte gärna vill släppa iväg mig ensam. Vi köper frukt och jag kan se Tony på avstånd när vi kommer ut ur affären. Sedan går vi till badhuset som ligger vid Reeperbahn. Jag känner för att bada och simma så kroppen får anstränga sig. Det är ett fint badhus och mamma sätter sig bekvämt för att titta på medan jag simmar och dyker. Tony dyker också upp, bokstavligt kan man säga, men vi pratar inte med varandra. Vi simmar fram och tillbaka både ovan och under vattnet. Mamma ser road ut när hon ser hur han dyker och simmar där jag är.

På kvällen, efter en god middag, tar Dieter med oss till Hafen för att vi ska få se alla båtar som trafikerar Elbe. Hamnen är otroligt stor och luften är fylld av annorlunda dofter, somliga mindre goda.

På söndagen åker vi båt till Stadtpark där mamma och jag firade midsommarafton. Parken, som öppnades redan 1914, är mycket stor. Den ser ut att hysa det mesta ur trädgårdssortimentet. Vi promenerar runt och njuter av naturen omkring oss. Då vi ska åka hem väljer Dieter U-Bahn (tunnelbanan) som jag tycker är spännande att få se.

När vi kommer hem ser jag genom fönstret hur Tony står och väntar nära huset men jag kan inte gå ut för att träffa honom.

Mitt öga har blivit alldeles rött och inflammerat och när måndagen kommer går mamma och jag till doktor Schöttker som de brukar anlita för sina krämpor. Han undersöker ögat och jag får ögondroppar.

Lite senare går jag ut för att träffa Tony en liten stund. Då får jag två foton av honom samt hans adress. Redan dagen efter går jag med honom för att bada och simma. Mamma är arg när jag kommer hem eftersom det tar lite tid att bada. Hon tycker att jag varit borta länge. Dessutom gillar hon inte att jag går ensam till badet och visst kan jag förstå det.

Mamma har en avtalad tid hos doktorn och jag ska följa med henne dit. Jag står framför spegeln för att göra mig i ordning och ska precis spraya håret när jag plötsligt hejdar mig med handen upplyft. Minnet för mig snabbt tillbaka till söndagen: när jag står framför spegeln och klämmer på plastflaskan för att pumpa ut lite ojämnt fördelad spray. Då kommer det en skvätt i det nu inflammerade ögat. Jag sköljer inte ögat utan tror att det inte har någon betydelse och glömmer händelsen. Det är ju bra att insikten kommer nu så jag förstår hur farlig vätskan egentligen är. Hårsprayen köper man i lös vikt hos färghandlaren nära vårt hus vid Umevägen. Sedan fyller man sin primitiva plastflaska med vätskan.

Det är vackert väder när vi promenerar iväg till doktorn. Väl där får mamma sin krämpa undersökt samt en allmän kontroll av hälsotillståndet. Han gör även en liten hälsoundersökning av mig. Ögat börjar bli bättre nu och jag kan berätta för honom hur skadan uppkom.

Klockan sex på morgonen följande dag kommer familjen Nutsmann förbi. De är på väg till Danmark på semester och nu bjuds de på en andra frukost innan de reser vidare.

Återigen går jag till badhuset med Tony. Vi har roligt i bassängen och mamma tycks inte vara lika orolig längre. Vi dricker också kaffe på en Kneipe, där de spelar en låt som är mycket populär här i Tyskland;»Heisser Sand«. Vi får höra den spelas några gånger under våra promenader då den ljuder från caféer och hak. Jag kommer att förknippa den låten med Tony för han gillar den. Jag är trött när jag kommer hem. Att vi steg upp så tidigt i morse sätter sina spår. Men jag är inte tröttare än att jag kan spela Fia med mamma och Dieter.

På torsdagen åker mamma och jag till affärscentrat. Jag handlar hårspray och lite andra förnödenheter som tonåringar behöver. Jag ska ge presenter till Inger Tjernqvist och några till. På avstånd ser jag Tony men jag tar inte kontakt nu när jag kommer gående med mamma.

Dieter kommer från arbetet när middagen står på bordet. Vi sätter oss vid bordet och njuter av maten. När disken är avklarad går vi återigen uppklädda och fina till Planten und Blomen. Här känns luften ren och lätt att andas. En avsevärd mängd blommor sänder ut angenäma dofter. I kväll är det dans igen och vi får lyssna och dansa till den fina orkestern.

Mamma har ont i magen och jag travar iväg med henne till doktorn som jag börjar känna vid det här laget. Det är väl ingen större katastrof med magen vad jag förstår och mamma känner sig lugn efter doktorns undersökning.

Idag blir det inget badande för min del men jag pratar i alla fall fem minuter med Tony. Då får jag ännu ett kort av honom.

Ett vykort från Gunnar kommer med posten. Där skriver han att han förlovade sig med Ingalill på midsommaraftonen. Så romantiskt! På kvällen blir det ett parti Finans. Det är roligt för det får jag aldrig spela hemma.

Vi går på bio och ser »Windjammer« som är en så kallad cinemamiracle-film. Filmduken liknar en rundhorisont över 146 grader och det är tre synkroniserade projektorer som levererar bilden. Det blir en fantastisk upplevelse… det känns som om man befinner sig i filmen.

Mamma och Dieter försöker verkligen göra sitt bästa för att jag ska trivas och få ut så mycket som möjligt av mitt besök hos dem. På söndagen åker vi till Hagenbecks djurpark utrustade med frukter och lite annat gott till djuren. Jag har fått tillbaka min kamera så nu kan jag ta lite bilder. Björnarna älskar apelsiner och tar elegant emot dem. Sedan skalar de dem och njuter av det goda innehållet. Jag älskar verkligen att gå här och se alla fina djur, men samtidigt kan jag känna och förstå att de hellre skulle ha haft ett liv i frihet.

Jag skriver både vykort och brev hem till Sverige. Till Emmy blir det hela tre sidor för jag har mycket att berätta för just henne.

Mamma följer med till badet på måndagen. Tony är där och hon känner igen honom. Då berättar jag det jag vet om honom för mamma. Det gör att jag får gå ut för att träffa honom en stund på eftermiddagen.

På tisdagen åker vi in till affärskvarteren för sista gången och jag köper silverörhängen och lite annat som inte finns hemma. Jag hinner träffa Tony en liten stund på eftermiddagen. Han ger mig då ett par skor, eller tofflor kanske det är, från Turkiet. De är gjorda i skinn och den breda remmen över foten är vävd i glada färger. Han säger att han länge har velat ge mig dem. Jag blir generad och jag har både svårt att ta emot dem och låta bli. »Jag har väntat hela dagen på dig« säger han. Nu har jag kameran med mig och tar ett foto av honom, där han står i sin ljusa överrock, mörka byxor och mörka skjorta.

På onsdagen packar jag allt som jag ska ha med hem. Det blir ganska fullt i väskan eftersom det tillkommit en hel del. Mamma och jag går ut en sväng och jag ser Tony. Senare under dagen går jag ut för att säga farväl till honom. Nu säger han återigen att han skall komma till Sverige. Det påpekar han alltid när vi träffas.

På resdagen ser jag Tony stå och vänta på mig och jag går ut för att ta ett sista farväl av honom. Ja, det blir ett allra sista farväl för vi kommer aldrig mer att återse varandra. Det vet vi inte då och tur är väl det.

5. Hemma igen

Halv tre lämnar jag Hamburg och kära mamma som står och vinkar vid tåget. Det är sorgligt att ta adjö av henne med vetskapen om att avståndet mellan oss kommer att bli så oändligt långt. Jag lämnar nu också en bekymmerslös tillvaro och är ännu lyckligt ovetande om vilket enormt tungt och jobbigt läsår jag har framför mig.

Jag passar på att äta något på färjan för det förefaller vara enklast för mig. Från Köpenhamn har jag sovvagn till Stockholm och resan går snabbare då jag sover ganska gott under natten. I god tid innan tåget rullar in på Centralen i huvudstaden stiger jag upp och samlar ihop min packning. Nu har jag hela dagen på mig att gå i staden och fördriva tiden. Jag känner ingen här så det blir till att vandra runt på egen hand. Till att börja med låser jag in resväskan i ett förvaringsskåp.

Jag strosar omkring på Tempo för att sedan gå till EPA, ett varuhus som inte finns hemma och där det mesta är billigt. Hötorgshallen lockar med sina dofter. Intresserad vandrar jag runt och tittar på allt som erbjuds. Aromatiska och främmande dofter blandas till en angenäm cocktail som får hungern att göra sig påmind.

Jag håller mig hela dagen i närheten av Centralen för jag vill inte tappa bort mig och missa tåget hem. Senare går jag tillbaka till Tempo och äter middagen där.

Klockan halv nio på kvällen lämnar tåget perrongen och rullar norrut mot hemmet. Även nu har jag sovvagn, vilket är skönt och jag somnar till skenskarvarnas dunkande. Cirka halv tio är jag framme i Vännäs och kan kliva av tåget på välkänd mark. Jag spanar ut över perrongen. Ingen anhörig syns till. De visste kanske inte när jag skulle komma. Jag kånkar min packning på väg mot hemmet och den är mycket tung att bära så pass långt. Därefter väntar alla trapporna till översta våningen. När jag kommer in i hallen springer Lillan jätteglad emot mig och jag tar upp henne i famnen. Det råder inget tvivel om att hon har saknat mig och det känns bra nu. Jag har med mig små presenter till alla. Pappa och Marianna får druvsaft och choklad.

Det ligger ett brev från cirkuskillen och väntar på mig. Det är skrivet på spanska, så jag får försöka ta reda på om det finns någon som kan översätta det åt mig och hjälpa mig att skriva svar.

På kvällen går jag upp till Emmy med de presenter som jag köpt till henne. Åh, vad roligt att få träffas igen efter så lång tid. Vi har mycket att berätta för varandra och är ivriga i vårt pladder. Just nu känns det skönt att vara hemma.

På söndagen är det ljuvligt sommarväder och Emmy och jag åker och badar i Pengsjön dit det går en badbuss. Vi har sällskap med Bernt, en snygg och trevlig trettonårig pojke. Vattnet är redan ganska varmt och vi får en härlig dag. Det gäller att njuta nu för snart börjar slitet. Någon frihet att tala om kommer inte att finnas.

Gunnar och Ingalill är redan hemma när jag träder in i hallen. Det var länge sedan vi sågs och jag gratulerar till förlovningen. Ringarna blänker på deras ringfingrar och jag får bråttom med att hämta presenterna. De visar glada miner under uppackningen.

Det är ingen som bakar nu när hemhjälpen har slutat. Under förmiddagen sätter jag en stor vetedeg. Det blir många bullar av den så de ska väl räcka ett tag. Pappa ber mig hämta stödpinnar till ärtorna i trädgården, för de har redan kommit en bra bit på väg.

Inger Tjernqvist, vår tidigare barnflicka, kommer med en kanin till Putte. Han blir väldigt glad över det mjuka lilla djuret. Nu måste vi bara fixa en bur till den.

Framåt kvällskvisten springer pappa och jag en träningstävling i orientering. Det känns skönt att få anstränga sig fysiskt på det här sättet och det är härligt att få komma ut i skogen. Vi badar svetten av oss i Älvdala. Här är vattnet betydligt kallare än i Pengsjön, men det går bra nu med den överskottsvärme vi har alstrat.

Cirkus Scott kommer och slår upp sitt stora tält uppe på Lägret. Jag tar Putte med mig och går dit med Emmy och hennes lillasyster Maria. Här kan vi se på en del av de djur som kommer att uppträda med sina konster. Vackra hästar och väldiga elefanter står i provisoriska inhägnader och barnen tycker det är spännande. Flera nyfikna har letat sig hit för att beskåda menageriet.

När barnen ser ut att vara nöjda promenerar vi till koloniträdgården som Emmys mamma och pappa skaffat sig. Den ligger inte så långt ifrån deras hem och är en vacker liten oas med blommor, jordgubbar och grönsaker. Ett näpet litet hus finns också på lotten och allt ser prydligt och välordnat ut. Under promenaden hemåt träffar vi Runar som jag hejar på.

På kvällen hamnar jag framför TV:n en stund men jag måste också förbereda morgondagen. Arbetet med simskolorna börjar i morgon och jag plockar fram pinaler som krävs för det jobbet.

6. Sommarjobb och friidrott

Onsdagen den elfte juli börjar pappa och jag simskolorna i Pengfors, Stärkesmark och Snårtjärn. Nu får vi en snärjig tid. Vi kuskar runt och lär ut simningens konst till små huttrande barn. Det har inte varit någon simskola i Snårtjärn tidigare men driftiga bybor har på olika sätt bidragit med arbete och pengar så att en fin badplats kunnat iordningställas. Hemmansägare Signar Nilsson har upplåtit sin mark och Husmodersföreningen har bidragit med bryggorna. Åttondeklassen från skoldistriktet har snickrat ihop de nödvändiga byggnaderna såsom omklädningsrum och utedass.

Nu får pappa och jag inviga det nya och fina badet tillsammans med ett fyrtiotal barn. Det är bara vädret som inte är till belåtenhet. Tretton grader i luften är inte mycket att komma med. Pappa och jag är ordentligt påklädda med träningsoveraller över badkläderna.

Vid simskolan i Stärkesmark träffar jag min duktiga klasskamrat Stina. Hennes fina uppsatser glömmer jag aldrig eftersom de är så läsvärda att vår modersmålslärare lät oss ta del av dem.

Ja, hon kan verkligen skriva bra. Nu är Stina här med sin lillasyster Lovisa som ska lära sig simma. Lovisa är riktigt blond, ännu ljusare är sin guldlockiga syster, vars hår jag beundrar hela skoltiden. Simskolan i Pengfors tar pappa hand om själv, tack och lov.

På kvällskvisten tränar jag kula på idrottsplatsen och stöter åtta och sextiofem med fyrakiloskulan. Det var länge sedan jag höll i en kula och tävlingarna börjar snart.

På torsdagen är det kallt och regnigt i simskolan, men det kommer ett brevkort från Camilla som värmer. Hon är i Stockholm och jag blir mycket glad över kortet. Det innehåller väldigt lite information, men är dock ett livstecken.

Sämsta tänkbara väder råder när pappa och jag springer träningsorienteringen på kvällen. Vi blir genomblöta och fryser fastän det är juli månad.

Fredagen den trettonde är vädret, om möjligt, ännu sämre och simskolorna ställs in på två ställen. Det är åtta plusgrader i luften vilket knappast lockar till bad. Jag har fått en ordentlig snuva igen och vädret gör den inte bättre men jag infinner mig i kulringen på idrottsplatsen och stöter idag nio meter och fem centimeter.

Vi får besök av prosten Hilding Lillieroth från Tun. Han kommer med fru och dotter Inger som är tjugo år.

I simskolan på lördagen badar jag fastän snuvan inte gett med sig. Nu är vädret faktiskt något bättre, tack och lov. Jag går upp till Emmy en sväng. Vi tänkte gå på Oasen för att dansa men det blir inget av med det för min del på grund av släktingbesöket. Det krävs att jag är hemma när vi har långväga gäster.

Kolonistugan får sig ett besök under söndagen. Där är det fridfullt bland alla växterna som Emmys mamma vårdar ömt. På kvällen går vi ut en sväng och ser Tor, utan slalomskidor den här gången. På TV visas »Under eviga stjärnor« och den måste vi se.

Det händer mycket på Oasen den här sommaren. Även måndag kväll ordnar de underhållning med dans efteråt. Emmy och jag går dit och vi får »en kul kväll« har jag skrivit i min almanacka. Tor är där med en kompis och när det är dags att gå hem skjutsar de oss till våra respektive hus. När jag kommer in genom dörren får jag veta att Issa ringt och sökt mig.

På måndagen känner jag att jag måste träna lite så jag åker till idrottsplatsen för att döva samvetet. Efter en lätt uppvärmning gör jag några stötar i kulringen. Under kranen i omklädningsrummet tvättar jag bort det mesta av kolstybben från halsen innan jag åker till Emmy för att hämta henne. Vi går hem till mig och fikar för det finns fortfarande bullar kvar. Pappa plockar fram filmduk och projektor och visar filmen från examensdagen och det tycker vi är riktigt roligt. När läggdags närmar sig följer jag Emmy uppför backen en bit mot hennes hem.

Camilla ringer senare på kvällen. Det är skönt att få höra hennes röst igen. Vad hon har för planer får jag inte veta. Hon har egentligen inte något att komma hem till förutom de saker hon har kvar på vinden. Jag ägnar resten av kvällen åt att skriva svar på Tonys och Yvons brev.

När morgonen gryr vaknar jag med »vansinnigt ont i ena örat

och halsen«. Men det är bara att bita ihop och åka till simundervisningen och försöka klara sig genom dagen. När jag kommer hem är det tvätten som gäller och jag tillbringar en avsevärd del av kvällen i den ångande tvättstugan. Trött ser jag lite TV innan jag lägger mig.

Det känns lite bättre nästa dag, så efter simskolan hälsar jag på tant Inga för det var länge sedan vi sågs och jag måste berätta lite om mina upplevelser i Tyskland. Hon är som vanligt generös och bjuder på fika. När jag kommer hem stryker jag tvätten.

Mamma och Dieter kommer inte till Sverige och torpet den här sommaren men Gunnar och Ingalill åker till Sidensjö för att vara där några dagar och njuta av lantluften. Vi bestämmer att jag ska ansluta kommande helg.

På fredagen jobbar jag med simskolan halva dagen. Jag tar sedan tåget till Själevad. Från den lilla stationen vandrar jag ut på landsvägen och ställer mig där i hopp om att få lift. Jag behöver inte stå länge förrän jag får åka med en bil som ska åt Sidensjöhållet till. Det går undan i kurvorna på grusvägen och väl framme tackar jag för liften och börjar promenera den branta vägen upp till torpet. Vad det är vackert här! Andfådd kramar jag om Gunnar och Ingalill som är glada att se mig.

Det är jättehärligt på torpet men vi saknar naturligtvis mamma och Dieter. På lördagen åker vi till Gullvik och badar och upplever gamla minnen från 1959, den vackra och varma sommaren.

I Örnsköldsviks hamn ligger sex tyska skepp som vi stannar för att beskåda.

När vi kommer tillbaka till Sidensjö handlar vi lite förnödenheter på Konsum men Harry är inte där. Det kan vara så att han inte längre bor kvar här i trakten. Lika bra det! Kvällen tillbringar vi på torpet och njuter av atmosfären.

Det regnar under söndagen men vi stannar ändå till sena eftermiddagen innan vi åker hem. Nu behöver jag inte ta tåget utan Gunnar och Ingalill skjutsar mig hem.

På måndagens kväll går Emmy och jag till »Oasen« för att dansa. Det blir också roligt den här gången. Jag får dansa med Tor, Runar och en annan snygg, lite äldre kille. Lennart Nilsson heter han och sägs vara läkare. Nu är han i Vännäs på ferie berättar Emmy som är väl underrättad. I och med danserna med dessa kavaljerer tycker jag att kvällen är räddad.

Efter arbetet på tisdagen tränar jag en stund i kulringen. Det regnar en del men jag låter mig inte avskräckas av lite väta. Kulan blir väldigt smutsig och det är inte roligt att lägga den mot halsen. Blöt kolstybb är inte så snyggt och jag får bada och skrubba mig ordentligt när jag kommer hem för på kvällen är det Oasen som gäller igen.

I kväll, tisdagen den tjugofjärde juli, uppträder minsann Little Gerhard. Emmy och jag hittar ett bra ställe att stå på för att både se och höra Nordens rockkung. Vi gungar med i låten »What You've Done To Me« som blev hans genombrott och så kommer förstås »Buona Sera« från hans första guldskiva och vi får fortsätta att njuta.

Efter underhållningen börjar dansen så vi får en riktig helkväll. Jag får dansa med Lennart och Tor samt några andra. Issa är där men jag försöker undvika honom och Tor skjutsar hem oss när det närmar sig läggdags. Han är mån om att vi ska komma hem ordentligt.

Det har slutat regna och solen tittar fram, men luften är kall. Eleverna är duktiga och gör så gott de kan i det allt annat än sköna sommarvädret. Deras ömma mödrar har skickat med dem filtar och varma kläder som de kan ta på efter badet.

Jag bakar vetebullar när jag kommer hem för de är slut. Vi har ju också haft gäster. Efter bullbaket och diskandet skriver jag brev till Camilla. Jag hinner också åka upp till Emmy en stund. Det blir mycket prat och lite TV-tittande hos henne.

På torsdagen står det i kalendern att jag inte gjorde något särskilt men jag har också skrivit:

»Sprang en träningstävling i orientering som pappa lagt. Etta. Badade. På kvällen sydde jag en vit blus med volang och blombrodyr.«

Det är dåligt badväder även under fredagen och mycket synd om dem som ska lära sig simma denna usla sommar. Ett kort från Båstad kommer idag. Det bär på en kär hälsning från Carina som befinner sig där. Jag hoppas innerligt att de har bättre väder.

På kvällen skriver jag brev till mamma och Dieter och ser till att det postas. Tänk om de ändå kunde bo lite närmare.

Lördagen kommer också med regn men det faller inte hela dagen, tack och lov. Gunnar dyker upp en stund på kvällen. Vi tittar lite på TV och fikar. Han har inte tid att stanna så länge, men den tid han är här förgyller han tillvaron för mig. Hos Emmy har de främmande i kväll och vi kan inte träffas. Idag slutar hennes sommarjobb i Umeå. Veckan ger henne etthundrasextioåtta kronor och det är välkommet.

Under söndagen åker jag med Putte på mopeden till ett fiskevatten. Trots att vi gör så gott vi kan för att lura fiskarna att hugga på kroken, händer det inte. Då försöker vi med händerna fånga de små fiskarna som håller till nära land. Några får vi fatt i och dem tar vi hem i min badmössa tillsammans med lite vatten. De hamnar sedan i badkaret där vi tror att de ska trivas. Men de gör de inte alls, de dör tyvärr.

Emmy och jag går ut i samhället för att kolla av läget och få lite luft. Det är fortfarande ljust ute så här i slutet av juli för solen går inte ner förrän strax före klockan 22 och då är vi redan hemma.

Nio meter och tjugo centimeter lyckas jag stöta efter simskolejobbet och känner mig nöjd när jag går hem.

På kvällen är det evenemang i parken igen så kolstybben måste skrubbas av. »Träff-Eje« kallar man den roliga tillställningen som Emmy och jag tar del av. Men vi är inte helt nöjda med den här aftonen, eftersom personer som vi hade velat se där inte är där.

Den sista juli tävlar jag i Umeå och vinner med en stöt på åtta meter och åttio centimeter. För självförtroendet behöver jag en vinst ibland. Allt känns genast mycket bättre. Barbro och jag har fått åka hit med Rune N. som brukar hjälpa oss med träningen ibland. De resultat vi gör idag ger oss platser i länslaget. Söndagen den femte augusti ska vi till Piteå och tävla i en länsmatch.

Kvällen efter är det kretsmästerskap och klubbmästerskap i orientering. Jag ställer upp i det dåliga vädret, sex grader varmt.»Usch! Kallt« skriver jag i min lilla bok. Den här gången bryter jag tävlingen.

Jag får hjälp med träningen av Rune på torsdag kväll. Det blir inga sensationella resultat och efteråt går jag upp till Emmy. Sedan strosar vi så sakteliga genom köpingen hem till mig och fikar.

Efter arbetet på fredagen åker jag återigen till idrottsplatsen för att träna. Nu ger tidigare dagars träning utdelning. Jag stöter i väg kulan nära tio meter. Alla stötar jag gör nu är över nio meter och sextio centimeter.

När jag kommer hem färgar jag en ljusblå kofta mörkblå.»Ja, den blir som ny«, tänker jag nöjd. Jag tappar upp vatten i karet, kryper ner i det varma vattnet och tvättar mitt långa hår.

Lördagen den fjärde augusti inträffar en förfärlig bilolycka som skakar om hela samhället. Olyckan sker på en lång raksträcka strax söder om Hörnefors där två personbilar frontalkrockar. Man tror att den ena bilföraren somnat. Fem personer mister livet och två är mycket svårt skadade. Det oerhört tråkiga är att det är Barbros pappa, hennes farbror och faster som dör. Mamman får flera inre skador och benbrott men man tror att hon ska överleva. Jag gråter när jag får höra det fruktansvärda och jag tänker på Barbro och hennes bror. Hur ofattbart svårt de måste ha det nu.

På söndagen får jag åka till Piteå på Länskampen och tävla utan Barbro. Det känns tungt och jag stöter bara åtta och nittiosju. På det resultatet blir jag trea. Vinnaren stöter nio meter och femtiosju centimeter och det är klart att jag är besviken. Jag träffar i alla fall många idrottskamrater och det höjer stämningen.

På måndagen kommer ett kort från mamma och Dieter. De skriver från Köpenhamn där de nu är för att hälsa på moster Lisa och morbror Jörgen.

När kvällen kommer känner jag mig mycket trött och jag måste lägga mig tidigt. Jag ligger inte på latsidan precis och det sätter sina spår.

Äntligen så kommer det en dag med bra väder och grannflickan Lisa följer med oss till de olika simskolorna. Nu får hon tillfälle att bada flera gånger och känna på de olika vattnen. Hon är nu fjorton år och börjar bli stora damen.

På eftermiddagen går vi till E. Svensson som har hästar. Lisas kusin Lars är med oss. Hästarna är blanka, välryktade och luktar gott. Vi rider och har mycket roligt. Det här är något som jag skulle vilja göra oftare.

Det skapliga vädret under gårdagen har ersatts av regn, kyla och blåst. Alla fryser mer eller mindre men kämpar på, för simundervisningen närmar sig sitt slut. Pappa och jag köper priser för insamlade pengar. Det känns viktigt att alla får något, inte bara de som simmar snabbast. Flitpriser ska delas ut till alla de som närvarat de flesta av kursdagarna.

Torsdagen den nionde augusti avslutar pappa simskolan i Pengfors. Det är kallt i vattnet och i luften men eleverna är kvicka att doppa sig och simmar snabbt i tävlingarna. De yngsta barnen avverkar tjugofem meter och Putte tävlar i den gruppen där han kommer fyra. En bronsmagister och en kandidat promoveras av rektor Erling Ohlsson och de får vackra kransar på huvudena.

Emmy kommer ner en stund för att ventilera viktiga frågor och när hon promenerar hem går jag över till Lisa. Vi kommer överens om att vi går till ridhästarna hos Svenssons i morgon.

De stora hästarna verkar ivriga att få komma ut och motionera och jag får för mig att den hästen som jag ägnar mig åt känner igen mig.

Det blir dags för simskolefinal i Stärkesmark och Snårtjärn och äntligen har vi tur med vädret. Mycket folk från trakten kommer för att bevittna simpromotionen och tävlingarna. Det är ett stort antal barn som lär sig simma den här sommaren, trots vädret. I tidningen omnämns Stinas lillasyster Lovisa som simskolans duktigaste elev. Hon är min elev som på elva kalla dagar lär sig simma, idag blir det fyrtio meter. En svallvåg ger Lovisa en rejäl kallsup, annars skulle hon ha simmat längre. Lovisa och jag fotograferas och en av bilderna hamnar i tidningen. Jag får senare flera av bilderna av den snälla reportern Gehå.

På kvällen åker jag till idrottsplatsen och känner lite på kulan. Inte för mycket bara för det är tävling i morgon.

På lördagen åker jag med tåget till Umeå där jag strålar samman med andra tävlande från Västerbotten som också ska till Skellefteå. Vi ska kämpa i en triangelkamp mot Norrbotten och Ångermanland. Bussresan går fort och snart är vi framme vid Norrvalla. Förväntansfulla kliver vi av bussen och blir hänvisade till natthärberget. Vi inkvarteras i Yrkesskolan som ligger nära idrottsplatsen och jag ockuperar en lämplig plats för min sovsäck och väska. Jag känner mig avspänd och tar det lugnt eftersom jag inte ska tävla förrän i morgon. Här träffar jag nu många bekanta som jag lärde känna under Visbylägret sommaren 1960. Jag går runt tillsammans med några vänner och följer de tävlingar som går av stapeln under kvällen. Nio grenar avverkas så vi har mycket att titta på.

Under söndagen går herrarnas tiotusen meter där tre skidåkare ingår. Det är intressant att följa de tjugofem varven därför att Torbjörn Bäckman, Nore Vestin och Assar Rönnlund försöker rycka sönder konkurrenterna. Men Assar stelnar till direkt efter sitt ryck och får släppa. Nore Vestin från Norrbotten vinner, kanske på grund av sitt låga men effektiva löpsteg.

Jag värmer upp lite lagom och gör några provstötar. Här tävlar jag inte med ungdomar utan med seniorer. Det var likadant i Piteå förra helgen. Jag stöter längre än den andra uttagna Västerbottensdamen och kommer fyra på nio meter och fyrtiofyra centimeter. Segraren når endast nio och åttio och det vet jag att jag kan klara. Landslagsmannen Erling Edvinsson vinner inte längdhoppet men är ändå glad, eftersom det blev dubbelseger för Västerbotten. Västerbottens herrar lyckas betydligt bättre än damerna och vi vinner en överlägsen totalseger. Men västerbottensdamerna slår i alla fall Ångermanland. Efter avslutade tävlingar äntrar vi bussen med våra packningar. Under sena eftermiddagen är vi tillbaka i Umeå och alla ska ta sig vidare till sina hem. Jag får erbjudande att åka bil till Vännäs med stavhopparen Hasse Algotsson som ska åt det hållet. Hasse vann sin stavhoppsgren på tre meter och åttio centimeter.

Jag åker till idrottsplatsen och tränar kula och diskus på måndagen. Tävlingssäsongen är inte slut än på långa vägar och redan till helgen kommer nästa tävling.

Nu är vetebullarna slut igen och jag sätter en stor deg för annars får vi inga bullar. Emmy kommer ner när jag är klar och vi går ut en sväng. »Vi såg Lennart N. Åh«, har jag skrivit i den lilla kalendern.

Av någon anledning är pappa är orolig för Camilla. Hans tarm börjar krångla. Mamma tycks ha samma besvär och även hon känner oro för äldsta dottern. Ingen säger någonting till mig och jag vågar inte heller fråga, alltså får jag inte veta vad som är på gång. I början av augusti anländer ett brev skickat av mamma från Köpenhamn. Därefter reser mamma till Stockholm för Camillas skull och vad som händer där vet jag inte. Om det är något som ska ställas tillrätta så lyckas hon då inte för pappa åker ner till storstaden den här måndagen den trettonde augusti. Han åker för att hämta Camilla, mer vet jag inte.

Camilla är tjugotvå år och måste väl kunna ta vara på sig själv och jag förstår ingenting. Kanske är det så att han vill få hem henne för att hon ska tenta av latinet och få sin fullständiga studentexamen.

Dagen efter ringer pappa på kvällen, men han pratar bara med Marianna. Jag går ut med Emmy och nu ser vi att det blir mörkt mycket tidigare. Det känns som sommaren redan är på väg att ta slut.

Under onsdagen tvättar jag hela dagen. Gunnar kommer hem från I 20 och pappa kommer med Camilla från Stockholm. Jag är mycket glad att se Camilla men jag känner av den konstiga, olustiga och spända stämningen i huset. Pappa säger något i alla fall, för jag har skrivit i kalendern:

»Dramatiska upplevelser för pappa. Hemskt«.

Det är pappas ord, men Gunnar och jag får inget veta och det är inte läge att fråga Camilla för jag vill inte röra upp känslor. Det blir aldrig någonsin klarhet kring händelsen då Camilla inte kommer ihåg den.

Jag förstår att pappa tvingar Camilla att släppa allt hon har för händer, vad det nu är för något, och till slut får han henne med hem. Hennes verksamhet i storstaden är tydligen inget som han kan ge sitt samtycke till. Nu behöver det verkligen inte vara så dramatiskt för att pappa ska gå igång, för när Camilla var femton år tvingade han av henne ett läppstift och spolade ner det i toaletten. Han kontaktar moster Mary som kommer från Skellefteå redan nästa dag för att bistå honom i kampen att tala Camilla tillrätta och få henne på andra tankar. Jag förstår ändå att han gör det av omtanke om henne snarare än för att visa sin makt och auktoritet.

»Besvärligt. Bra senare. Bättre.« skriver jag i min lilla kalender. Jag går med Camilla till hennes väninna Birgitta. Där dukas det fram ett mycket gott fika. Längtansfullt betraktar jag kakfatet som Birgittas mamma ställer fram på bordet. Artigt väntar jag på de förlösande orden »Varsågoda då och doppa flickor.«

På fredagen åker vi med moster Mary för att plocka hjortron. Det blir ingen lång tripp, för när vi återkommer från myrarna måste hon resa hem igen.

Camilla och jag går återigen till Birgitta för att vi ska få smaka hennes födelsedagstårta. Birgittas födelsedag infaller på söndag men tårtan är redan klar. Kanske får hon flera tårtor för i det här huset saknas det aldrig grädde. Pappan är som bekant mejerist.

På lördagen åker jag till Umeå med Camilla och Emmy. Jag hinner tyvärr inte springa runt med dem på stan utan måste ta mig till Gammliavallen för att tävla i Norrländska Mästerskapen. Här är återigen alla friidrottarna samlade och det är roligt att träffas. Tyvärr stöter jag av någon anledning en meter kortare än förra helgen så det känns inte som någon lyckad dag för mig. Kanske gör omständigheterna omkring mig att jag dräneras på energi, för händelserna i familjen går inte obemärkt förbi. Jag får lifta hem med Hasse Algotsson i hans DKW. Han är nöjd med sin andraplats i stavhoppet. Lillen Burlin som vinner är svårslagen.

När jag kommer hem meddelas det mig att vi ska få främmande. Det är en kusin till pappa, och bror till tant Ruth som sent på kvällen kommer med sin familj från södra Sverige. De har åkt i sin Volkswagen med en stor del av packningen på taket. Farbror David vecklar ut sin långa och spensliga lekamen ur bilen och sträcker på sig. Med baskern på huvudknoppen är likheten med en pormask slående. Hans hustru är en mycket bastant dam med uppsatt hår. Sonen Erland är nitton år och ser trevlig ut. Elisabeth är en söt flicka på elva år och lille Stefan är åtta. Ja, nu blir det fullt hus men det är roligt. Tur att det åtminstone finns bullar!

På måndagen gör vi som är lite yngre en utflykt till vackra Peng-fors för att bada. Det är jag, Erland, Elisabeth, Stefan och Viktoria som är med. Erland kör oss i sin pappas Volkswagen. Gästerna tycker att badstranden är fin, men upplever att vattnet är kallt.

När vi kommer hem ligger det en avi till mig innanför dörren. Jag går och hämtar paketet med rullskridskor som jag beställt från Tyskland. Här i Sverige finns det vad jag vet inte rullskridskor att köpa, men i Tyskland har de rullskridskobanor lite här och var och följaktligen många som utövar sporten. Jag som gillar skridskoåkning fick idén att skicka efter ett par. Jag måste naturligtvis genast ut och prova dem. Jag fäster dem med en rem runt vristen där jag står på Storgatan. Sedan gör jag som med de vanliga skridskorna, ja, på ett ungefär. Till slut går det ganska bra men några konster kan jag inte göra på dessa. De fyra hjulen, två par fram och två par bak, rullar inte så lätt så det känns inte som att glida fram på en skena. Några år senare skickar jag efter ett par med skor som sitter fast som på en konståkningsskridsko. Dessa har en stoppgrej fram och möjligheterna att göra roliga saker ökar.

Gunnar kommer hem för att träffa de långväga gästerna. Emmy dyker också upp och får tillfälle att hälsa på den stora samlingen.

Vid något tillfälle, under tiden gästerna är hos oss, skryter pappa om att jag är så stark och kan stöta iväg kulan långt. Han påstår då också att jag kan lyfta fru Svenning. Jag känner förväntningarna i luften. Nu tvingas jag upp till bevis. Den kraftiga damen reser sig och väntar på det stora lyftet. Jag försöker att slå mina armar runt omkring den bastanta damen, men då lite längre ner och eventuellt lättar hon från golvet till åskådarnas förtjusning. Men efteråt tänker jag: »Så dumt av pappa att hitta på något sådant. Så utomordentligt fånigt! Han är inte det minsta rädd om min rygg. Förstår han inte att jag kan skada mig och få men för resten av livet.«

På tisdagen åker familjen Svenning till fjällen tillsammans med Marianna som klämmer in sig i deras bil. Jag kan tro att det blir trångt. Putte lämnas i Bondböle så att pappa och jag bara har Victoria och Lillan att ta hand om. Nu får jag också på min lott att torka alla golven efter det att pappa farit runt med dammsugaren. Det har varit mycket folk i rörelse i lägenheten så nog behövs det städas.

Innan jag går upp till Emmy på kvällen åker jag rullskridskor en stund. Hos Emmy ser vi »Bröderna Cartwright« på TV. Vår favorit är förstås Joe och vi tycker om »Bonanza Theme Song«.

Nu är bullarna slut igen så jag bakar en stor sats för vi måste ha något till fikat. I det här huset kan man inte förvänta sig att någon annan gör det. Dessutom gör jag en dubbel sats chokladbollar och småsyskonen tittar intresserat och förväntansfullt på. Och visst blir det lite utdelning för visat intresse.

Under kvällen anländer fjällresenärerna med en bil full med intorkade insekter på framrutan och huven. Erland har plockat och på ett mycket vackert sätt bundit ihop en bukett fjällblommor som han ger mig. Det är förstås rart av honom. Vi dricker te och jag bullar upp med det nybakade. Efter fikat åker pappa iväg på en nattorientering.

På torsdagen lämnar gästerna oss och åker till Umeå när Camilla kommer hem därifrån. Jag antar att hon har tillgång till sitt gamla inackorderingsrum eller så bor hon hos någon kamrat.

Senare, när jag är ute och går med Emmy, ringer familjen Svenning och tackar för senast och jag får en hälsning från Erland.

Pappa ordnar ett lärarvikariat till Camilla i Vilhelmina. Det är en gymnastiklärartjänst som det är tänkt att hon ska upprätthålla under en termin. Medan hon packar sina saker frågar hon mig om jag skulle kunna tänka mig att baka lite bullar som hon kan ta med sig. Ja, men visst, det är klart att jag vill, så jag sätter igång och stöper en deg. Marianna kommer då infarande i köket och undrar vad jag håller på med. Jag säger som det är, att jag bakar bullar som Camilla ska få ta med sig när hon åker. Marianna blir riktigt förbannad och undrar varför jag inte först frågar henne om lov. Jag står där och känner mig dum och skamsen. Hon river åt sig en kofta från hatthyllan, öppnar ytterdörren och i affekt lämnar hon lägenheten. Ytterdörren går igen med en smäll.

Jag känner mig mycket dum och kränkt för jag vill ju vara snäll och ställa upp för Camilla. Inte kan jag föreställa mig att Marianna ska bli arg för detta. Nog för att hon är snål och missunnar Camilla det mesta, men att fara ut på det här sättet är nog inget vi väntat oss.

Jag bakar färdigt och städar undan som vanligt. Camilla packar sedan ner sina bullar för Marianna syns inte till. Nu är också pappa bekymrad över Mariannas reaktion och vill blidka henne på något sätt. Han vill att vi städar hela lägenheten igen. Vi tar ut mattorna, dammsuger och torkar alla golv. Marianna borde känna tacksamhet över all den hjälp vi bidrar med, i stort sett varje dag, år ut och år in.

Gunnar ringer för han vet att Camilla ska åka till Vilhelmina och arbeta. Han vill önska henne lycka till. Halv sex går tåget och jag följer henne till stationen och hjälper henne att bära. När tåget rullar iväg den tjugofemte augusti och jag står där och vinkar har jag ingen aning om att det kommer att dröja mycket länge innan vi ses igen. Ett år och fyra månader.

Jag sover över hos Emmy för hon ska vara barnvakt. Det är roligt att vara här och vi har alltid trevligt tillsammans. Jag slipper negativa kommentarer och Mariannas missunnsamhet. På söndagen tar vi det lugnt och sitter länge vid frukostbordet. Jag får minsann också lunch innan det är dags att gå hem. Det tackar jag för! Emmy följer mig en bit på vägen.

Pappa och jag tar med oss Putte och Viktoria och åker till blåbärsskogen. Vi får ihop en hel del bär för pappa är duktig på att plocka men så har han också mångårig erfarenhet av bärplockning.

När Emmy och jag går ut på kvällen är jag fortfarande blå om händerna men jag bryr mig inte så mycket. Vi ser kyrkvaktmästarens son. De kan inte ha bott här så länge för han har inte gått i skolan här. Han är en riktig snygging kan vi konstatera. Vi ser också Lage komma åkande och pratar med honom. Det var ett bra tag sedan.

Jag får reda på att jag inte kommer in på gymnasiet utan jag står som reserv. En tråkig överraskning kan man säga. Upptagningsområdet är visserligen stort men mina betyg är inte alls så dåliga även om de har varit mycket bättre.

7. En annorlunda skolstart

Nya hembiträdet Ingrids första arbetsdag är måndagen den tjugosjunde augusti då terminen startar och Putte gör sin första skoldag. Ingrid är i tjugoårsåldern och har en pojkvän som kör sopor i Vännäs.

När Emmy och jag går ut på kvällen träffar vi Lage. Han är fortfarande jättefin men den första förälskelsen har avtagit, den som var så stark i fjortonårsåldern. Då »Bröderna Cartwright« börjar är vi hemma igen, bänkade framför TV:n för att sukta efter Little Joe.

På tisdagen rensar jag först alla blåbär. Det tar en avsevärd tid och händerna blir missfärgade igen. Sedan går jag till skomakaren och hämtar inlämnade skor. Ett vykort anländer från Camillas väninna Birgitta som befinner sig i Stockholm och har börjat på konstfack. Det är rart av henne att skicka en hälsning och berätta hur hon har det. Hon tänker på oss och det känns bra.

På kvällen deltar pappa i ett kretsmästerskap i nattorientering och jag går till Emmy en sväng. Jag stannar inte länge för Emmy börjar gymnasiet i morgon den tjugonionde augusti.

»Det känns konstigt att inte börja skolan« skriver jag i min kalender. Vad ska hända nu med mitt liv? Vilken riktning ska det ta?

Jag bygger en kaninbur till Puttes kanin, så att den kan få vara ute och lufta sig på gräsmattan. På kvällen träffar jag Emmy och jag får höra lite om hur hon haft det på latinlinjen med sina nya klasskamrater.

På torsdagen får jag kort från Erland. Familjen reser vidare genom Sverige och nya äventyr hägrar för dem.

Det ringer i telefonen. Samtalet kommer från Kraftbolaget under oss. De som jobbar i verkstaden ser kaninen sitta utanför. Den har på något sätt lyckats smita ur sin bur. Jag måste fånga in den, kontrollera buren och förbättra säkerheten. Nu önskar jag att även träslöjdsundervisning erbjudits för flickor i skolan.

På kvällen är det dans i SGU-stugan och vi går dit en stund, Emmy och jag. Det är roligt att hon kan ta sig tid till det trots att hon måste stiga upp så tidigt i morgon. Ja, jag kommer inte heller att få ligga och dra mig.

Pappa kontaktar Umedalens Mentaljukhus där Ingalill utbildar sig. Han hör sig för om jag kan börja arbeta där. Man måste vara arton år, men pappa framhåller min fysiska styrka som om den skulle vara en tillgång här. Ja, kanske. Men han talar också om andra kvalifikationer jag besitter och ser man på, jag får börja redan i morgon, lördagen den första september.

Jag packar ihop det nödvändigaste och tar tåget in till Umeå. Där möter Gunnar mig och kör mig till sjukhuset. Ingalill, som är ledig just nu, lånar ut sitt rum till mig. Rummet är beläget inom sjukhusområdet så det blir nära och bra.

Jag hämtar ut den speciella utstyrseln som jag ska bära under arbetet och när jag riggat mig i den letar jag mig fram till den avdelning som jag blivit anvisad. Vilsen träder jag in på min nya arbetsplats och blir någorlunda väl omhändertagen. Detta är en mycket främmande värld som nu öppnar sig inför mina barnsliga och oerfarna ögon. »Men jag ska göra så gott jag kan«, tänker jag.

Jag får hjälpa patienterna med diverse saker, hämta maten, servera och svabba golv med mera. Jag spelar olika spel med dem och upptäcker att dumma är de då inte. En smal, senig och tandlös kvinna som heter Eva ska jag passa mig för, säger de. Men det hårda nypet hon ger mig i armen hinner jag inte parera och hon flinar mot mig med sitt tandlösa leende för hon tycker förstås att det är roligt.

När kvällen kommer är jag mycket trött i benen, men samtidigt känner jag att det här nog ska gå bra. Jag stöter på flera flickor från Vännäs som arbetar här. Gunnar ringer från Rödåsel till telefonen i korridoren. Han och Ingalill kommer och hälsar på mig och det blir jag väldigt glad för. Nu får jag information om sådant som kan vara bra att känna till. Hon lånar mig också en brosch som ska bäras mitt fram på halsen för att hålla ihop kragen. Vad jag förstår är det här en nybörjarbrosch och Ingalill som avancerat bär en annan i sitt jobb. När de åker ringer jag till pappa och berättar om dagen. Han meddelar då att jag ska tävla mot Ångermanland och Medelpad nästa söndag.

Min andra dag på jobbet, söndag, arbetar jag från klockan sju på morgonen till tjugo minuter över sex på kvällen. »Det gick bra« skriver jag i min kalender.

På kvällen får jag fika hos Elsie och träffar Vanja, Vännäsflickor båda två. Det betyder mycket för mig i den här främmande miljön.

På min tredje dag börjar Ingalill arbeta igen. Den avdelning som jag tillhör ska idag göra en utflykt med buss till Björkudden. De patienter som anses friska nog att följa med packas in i bussen tillsammans med maten som ska ätas ute i det fria. Vi har tur med vädret och vid resmålet packar vi ur maten och dukar upp allt på träborden som finns uppställda under de vackra björkarna. Jag är mycket hungrig och det enda som serveras är surströmming med tillbehör. Hungern är bästa kryddan och maten smakar fantastiskt gott idag. Jag äter tre strömmingar! Nu är jag surströmmingsfrälst för all framtid.

Gunnar kommer och hälsar på under kvällen. Det känns bra. Han är trygg, stabil och omtänksam.

Jag arbetar även en fjärde dag då jag äter middag med Ingalill i personalmatsalen när dagen lider mot sitt slut. Här serveras det surströmming men det finns också ett annat alternativ. Vi väljer surströmmingen och njuter i fulla drag. När vi återvänder till korridoren ringer telefonen. Det är pappa som meddelar att jag kommit in på gymnasiet och ska gå i A1 3b. Jag skriver i min lilla bok: »Tråkigt på sätt och vis«.

8. En fruktansvärt jobbig höst

Jag tar mig hem med rälsbussen på kvällen och förbereder mig
för skolstarten nästa dag som är onsdagen den femte september.
Bussen med gymnasieelever från Vännäs går tidigt på morgonen,
klockan kvart över sju. Jag måste stiga upp senast halv sju för att
hinna bli klar och jag förstår att det är viktigt att komma i säng
nu för att vara någorlunda utvilad.

Under vägen stannar bussen och plockar upp elever både här
och där. Jag sitter med Emmy längst fram och jag är mycket spänd
inför vad som komma skall. Emmy går på latinlinjen och Vivi går
i en annan A-klass. Det är bara Stina som går i min klass och jag
är mycket glad för henne. Jag har inga böcker och hittar inte nå-
gonstans och jag blir beroende av Stina som hjälper mig tillrätta.
Mina klasskamrater har sju skoldagars försprång.

»Inget kul alls, efter i allting. Trött så in i vassen!« skriver jag
på torsdagen.

På fredagen:

»Var naturligtvis inne och läste. Jobbiga dagar.«

Nu börjar ett mycket slitsamt liv för mig. I kalendern skriver
jag, under hela hösten så gott som varje dag, att jag är så trött,
jämt och ständigt. Mitt självförtroende är i botten. Jag sitter
och tänker på att jag kom sist in, alltså är jag sämst. Det är ett
faktum för mig här och nu och jag känner mig underlägsen
alla andra.

Om jag bara kunde skåda lite in i framtiden så skulle jag se att
betygen är bra när jag tar studenten, att jag lite senare kommer
in på en högskoleutbildning som kräver mycket höga betyg och
att jag dessutom lämnar den utbildningen med högskolans allra
högsta betyg.

Pappa underlättar inte heller livet för mig. På lördagen åker vi till
Vindeln efter skolan. Där deltar pappa och jag på ledardagar som

avslutas med en supé på kvällen. Vi åker hem efter maten för jag ska tävla på söndagen.

Jag tar mig in till Umeå och infinner mig på idrottsplatsen med mina idrottskläder i väskan. Nu ska jag tävla med Länslaget mot Västernorrland. Jag kommer trea för jag stöter bara åtta meter och sextio centimeter. I kalendern skriver jag:

»Kan inte begripa vad jag gör för fel.«

Under måndagen är det full fart i skolan igen efter en hektisk helg utan vila. På tisdagen kan jag inte åka med skolbussen hem då jag måste till Gammliavallen för uttagning till triangelkampen i Skellefteå. Jag kastar trettiosju meter och åttio centimeter med den tunga slungbollen och det är väl bra. Jag är mycket trött när jag tar tåget hem till Vännäs och inget har jag ätit sedan skollunchen. Det ligger ett brev från Erland och väntar på mig hemma. Jag börjar med läxorna efter att ha tagit mig något att äta.

Yrkan har skoldans på onsdagen och jag skulle bara få vara där till elva så jag går inte alls dit. På lördag är det dans på K 4 men dit får jag inte gå. »Löjligt » har jag skrivit om detta.

Jag missar ytterligare en skoldag genom att jag tävlar för skolan i Skellefteå. Här lyckas jag göra tre ogiltiga kast men får åtminstone iväg ett trettiosexmeterskast. Det blir lite tid över så jag kan hälsa på moster Mary som blir glad att se mig.

Katarina Berg och jag har turen att få åka bil tillbaka med R111:or. Det uppskattar vi förstås och så kommer vi tillbaka lite tidigare.

Lördagen efter skolan ringer Birgit för att påminna om en träff i kyrksalen. Emmy och jag går dit och finner att Lisas konfirmand-grupp redan är där.

På söndagen måste jag följa med till Bondböle för att plocka lingon. Hela dagen går till detta och när vi sent omsider kommer hem känner jag mig trött. Jag badar och tvättar håret innan jag intar sängläge.

På måndagen skriver jag i min lilla dagbok:

»Trött. Franskgubben le..!

Ja, tyvärr är det ovanstående en alldeles för kort och mild kommentar över det jag får utstå idag. Skammen som jag helst vill glömma bort kan jag inte sätta på pränt. Dagens lektion i franska var en katastrof därför att den lärare vi har i franska trycker ner mig fullständigt. Han konstaterar att jag är syster till Camilla och han känner till turerna kring hennes skolgång och latinet. Jag får gå fram till svarta tavlan där jag ska skriva något som jag ännu inte kan. Där får jag stå och skämmas medan han häver ur sig jämförelser med Camilla. Det vill säga; att jag kanske också ska gå ut bakvägen. Skammen känns vidrig och jag blir fullständigt tillintetgjord. Jag fajtas redan från underläge, liggande på mattan och nu håller jag på att bli uträknad av läraren i franska.

Vi har mycket läxor men jag går ändå upp till Emmy en stund för att överleva.

Dagen efter, på en tisdag, är det skoldans och den snälla busschauffören kör oss fram och tillbaka till dansen. Det är ganska kul och Emmys »kille« som går i A11 3 kommer dit. Han heter Bo. Vi får se om det blir något.

Dagen därpå tävlar jag i skol-DM i friidrott och tappar ännu en skoldag. Slungbollen hivar jag iväg trettiofyra meter. På den längden kommer jag fyra. Hon som vinner kastar två meter längre idag. När jag kommer hem måste jag tvätta lite. Jag känner mig trött och förkyld men det är bara att ta itu med läxorna.

Jag går upp ur sängen och tar mig trött och förkyld till skolan. Det är läkarundersökning idag och jag är nu en meter och sextiosex centimeter. Jag kommer bara att växa en centimeter till men väga betydligt mindre. Synen kontrolleras och det visar sig att jag ser som en falk. Vi uppmanas också att lämna in ett urinprov. När Emmys syn undersöks konstaterar skolläkaren att hon behöver glasögon.

Fredag förmiddag får vi en engelsk skrivning. Jag har ont i huvudet och känner mig ganska risig men hoppas att det ska gå någorlunda. Klockan fem jag måste jag passa en tid hos tandläkaren. Undersökningen visar att jag har två hål men det är länge sedan förra besöket.

När jag kommer hem från skolan på lördagen är det tomt i huset för resten av familjen är i Bondböle. Jag börjar med att städa mitt och barnens rum. När det arbetet är klart tvättar jag en del persedlar och sedan måste jag ta mig något att äta. Det är skönt med lugnet i lägenheten som det vanligtvis inte finns så mycket av. En hög med nytvättat behöver min insats och jag tar fram strykjärnet. Emmy kommer ner och vi pratar, fikar och har det trevligt. Jag följer henne hela vägen hem på kvällen.

På söndagen släpar pappa iväg mig till Olovsfors på Umeträffen. Jag känner av knäet som jag skadade i slalombacken och kommer först på nionde plats. Dessutom är jag inte heller frisk, men det tas ingen hänsyn till en sådan småsak. Jag är ju i alla fall på benen.

På måndagen får vi igen skrivningarna. »Jag har aldrig haft så dåligt på engelskan och tyskan och vill absolut sluta« skriver jag i min kalender.

Pappa får brev från Camillas väninna Birgitta. Det är inget brev som jag erbjuds ta del av men det är rart av henne att skriva till oss.

Dagen därpå skriver vi modersmål. Jag väljer ämnet: »Höst«. Vi slutar lite tidigare och jag följer Emmy till Parant där hon köper en snygg jumper. Sedan går vi till Domus. Där handlar jag två par strumpor och lite vindruvor.

Jag är trött hela onsdagen och vädret är riktigt ruggigt med dimma och fukt. På kvällen är det Gammtjoa men Emmy och jag går inte dit. Orkar inte!

På torsdagen kommer äntligen paketet med varorna som vi skickat efter från Almenco. Nylonrockar är populära nu och en sådan ligger i paketet. Den är snygg men skyddar inte mot höstkylan som snart kommer på allvar.

På fredagen kommer Gunnar hem en stund och lättar upp stämningen. Tack för det käre bror! Jag går upp till Emmy på kvällen. Vi har inga läxor för det är friluftsdag i morgon och det känns bra. Jag får som vanligt gott fika innan jag vandrar hem.

Vi har orientering den här friluftsdagen. Jag är förkyld och känner mig inte pigg. Efter orienteringen går jag på stan och letar en kappa men hittar ingen. Jag köper ett halvt kilo vindruvor för en krona och tio öre och springer på Hasse, stavhopparen. Kul! Vi pratar en stund. Jag möter också Stina, min rara klasskamrat.

Pappa kommer till Umeå och hämtar mig för jag ska med till Bondböle och ta upp potatis. Dessa oändliga fåror, rena slavarbetet. När jag kommer hem städar jag rummet och efter det är jag förståeligt nog ganska trött. Vad är det för liv jag har? Det finns inga glädjeämnen i den här familjens sköte, utan är bara arbete, förbud och ovett. Tvång att delta än här, än där.

På söndagen är det kommunmästerskap i friidrott och där vinner jag kulstötningen på nio meter och tolv centimeter. En liten ljusglimt i den annars så trista tillvaron. Jag får sex märken och en del av dem är från förra årets tävlingar.

Emmy och jag går ut en stund och sedan tittar vi på TV.

Måndagen efter skolan åker vi till Bondböle för att ta upp potatis och morötter. Hemhjälpen Ingrid är också med som arbetskraft. Jag har ont i halsen och snuva, men det är aldrig någon som bryr sig om mina krämpor. När vi kommer hem ligger ett brev från Erland och väntar på att bli läst. Jag lägger mig i badkaret och vilar en stund i det varma och sköna vattnet.

Efter ännu en jobbig skoldag, skriver jag brev till Mamma och Camilla. Om mamma bara visste hur jag har det. Jag vill inte oroa henne. Innan jag stupar i säng måste jag göra läxorna.

På onsdag kväll går Emmy och jag till Gammtjoan och tittar en kort stund. Det är skönt att komma ut om så bara en halvtimme.

På torsdagen: »Pluggar lite matte, till biblioteket. Tvättar några blusar.«

Matteprovet infaller på fredagen. Jag hoppas innerligt att det går bra. Efter skolans slut köper jag en födelsedagspresent till pappa.

Det blir strumpor och vindruvor som jag tror att han uppskattar. När jag kommer hem måste jag stryka blusarna jag tvättade i går.

Efter plugget på lördagen tar jag ner vinterkläderna från vinden och städar garderoben och rummet. Jag diskar förstås efter middagen för hemhjälpen har gått för dagen. Sedan gör jag pappas födelsedagstårta och den blir jättestor. Emmy kommer ner och vi fikar och pratar för vi har alltid så mycket att delge varandra. Eftersom hon är lite mörkrädd följer jag henne hem som vanligt.

Vi firar pappa på hans födelsedag och Gunnar kommer med en spettekaka. Vi har väntat på att Camilla ska komma, men hon dyker inte upp! I kalendern står:

»Camilla kom inte. Slut!!!?«

Det skar sig tydligen alldeles ordentligt mellan pappa och Camilla och jag kan förstå henne om hon vill ta ett break efter det som hänt, vad det nu var. Men faktum är att han släpar hem henne från Stockholm och förpassar henne till Vilhelmina. Där ska hon arbeta på obestämd tid, fjärran från alla vänner och anhöriga.

Det finns tårta kvar på måndagen när en försäkringsagent kommer. Pappa och Marianna bjuder honom på kaffe och födelsedagstårtan som jag bakat. Jag sitter med läxor på rummet, men behöver ta en paus och se vad som försiggår i vardagsrummet. När jag kommer in där säger Marianna:

»Här kommer tårtbakerskan« och jag ser förstås stolt ut medan de andra flinar lite. När mannen är klar med sitt uppdrag och befinner sig i trapphuset berättar Marianna att ett hårstrå stack ut från hans tårtbit. Försäkringsmannen försöker försynt avlägsna det för att inte värdinnan ska se det. Han drar och drar och tvingas rulla upp hårstråt på sitt pekfinger och det går inte att vara diskret. Marianna vill inte få skulden så hon berättar att det är dottern i huset som gjort tårtan.

Jag skriver brev till mamma när jag kommer hem från skolan. Vi fick igen matteprovet och jag lyckades inte så bra på det. Jag borde stanna hemma och plugga ikväll, men Handelsgymnasiet har skoldans på Folkan och vår snälle busschaufför Ansgar kör alla hugade dit och hem. Jag tycker inte att det är särskilt roligt men Emmy trivs för Bosse är där.

Yrkan har dans kvällen därpå men jag stannar hemma och lägger mig tidigt för jag är jämt trött.

Jag hämtar ett paket från mamma och Dieter. Det innehåller godis som vi ska dela på så jag skriver ett brev till Camilla. När jag går för att posta det träffar jag Gehå som arbetar på Folkbladet. Han ger mig bilder från simavslutningen. Några är förstorade och jag tycker att han är mycket snäll. Eftersom Emmy är på mannekänguppvisning med sin mamma går jag direkt hem.

Men nästa kväll är Emmy hemma så jag går dit en sväng, fikar och pratar. Det är hemtrevligt här och jag känner mig välkommen. Vi diskuterar frisyrer och tittar i veckotidningar tillsammans med Emmys mamma. Håruppsättningar och formklippningar på vackra modeller inspirerar oss till handling så jag kammar Emmys mamma och gör en ny frisyr på henne innan jag går.

Städning av mitt och småsyskonens rum ingår inte i hembiträdets sysslor, men de övriga ytorna städar hon. Jag måste alltså alltid städa själv. Det är synnerligen ogint av Marianna när jag har så mycket läxor, resorna till och från skolan, tävlingar och annat som pappa släpar iväg mig på. Under sommarloven, om jag är hemma, är det pappa och jag som får ta städningen av hela lägenheten. Jag står också för större delen av bakandet av det bröd vi behöver men Ingrid brukar ibland göra vetebullar. Då gör hon dem med vanilj och det tycker jag är en härlig variant.

Jag undrar vad Marianna gör. Hon har en tingest i linneskåpet med vilken hon kan krusa örngottsband. Det tar kanske mycket tid.

Det är nystädat när Emmy kommer på lördag kväll den trettonde oktober. Vi fikar och tittar på TV och när jag följer henne hem är det mycket kallt. Är vintern redan på väg?

På söndagen skriver jag två tyska stilar och en engelsk. Jag måste försöka komma ikapp de andra. Jag får också ihop ett brev till

Erland och medan jag skriver kommer kära Emmy. Vi går ut och jag följer med henne hem och dricker te.

Jag är trött på måndagen. Gunnar kommer förbi skolan och hämtar godiset från mamma som jag tagit med. Den här kvällen blir lite lugnare för vi har ingen läxa.

Det är orientering idag igen, tisdagen den sextonde oktober, och Emmy och jag går från stan till travbanan där starten går. Vi är inte ensamma under vandringen för det är fler gymnasieelever som måste använda apostlahästarna för att ta sig till starten. Emmy bryter men det går bra för mig. Det är skönt i skogen och naturen har redan gått till vintervila för träden är kala sedan en tid. Löven ligger på marken och skymmer inte kontrollerna som lyser på långt håll. Vi liftar sedan tillbaka in till Umeå för vi tycker att det får vara nog med motionen för idag. Från Umeå åker vi med Bredträskbussen hem.

Gunnar opereras för polyper i näsan idag. Jag hoppas att det går bra.

Jag får vara barnvakt efter skolan när det är dags för stortvätt. Tant Ella Södermark kommer och hjälper till för Marianna duger inte till att tvätta ensam. Ja, det är tur för jag har läxor som jag måste göra. Då kan jag samtidigt titta till barnen. Tänk att jag slapp tvätten idag?!

Tandläkaren lagar de två hålen på torsdagens eftermiddag och det känns skönt att det är avklarat. Jag är trött och lägger mig tidigt.

På fredagen tar jag ner Camillas vinterkappa från vinden. Jag undrar om hon fryser där uppe i Vilhelmina. Vad har hon för vinterkläder med sig? Inga! Jag tänker låna kappan vid lämpligt tillfälle tror jag.

Emmy kommer ner och vi pluggar, fikar och pratar. Vi har mycket att orda om nu när vi inte går i samma klass. Tänk vad jag saknar det. Nu skulle jag verkligen behöva hennes stöd under dagarna i den jobbiga skolsituationen.

På lördagen när jag kommer hem ligger ett brev från min kära mamma och väntar. Jag skriver svar och berättar hur jag har det, men jag skriver bara det positiva.

Pappa, Marianna och barnen är hos Gustavssons som bor i samma hus så nu har jag det lugnt och skönt. Emmy kommer ner och vi får prata om dagens händelser i skolan. Jag bjuder henne på glass eftersom det är lördag och vi har avverkat ännu en jobbig vecka. När husfriden bryts och familjen stormar in, tar vi våra jackor och promenerar uppför backen och hem till Emmy. Här väntar ett avslappnat och skönt TV-tittande och ett mycket gott fika.

En söndag i oktober händer inte särskilt mycket. Än finns det inga roliga uteaktiviteter som lockar. Emmy kommer ner och vi bläddrar i Almencos katalog för pappa ska beställa några saker ur den. Jag väljer ut en nylonblus för femton kronor och nittio öre och en twistkjol för tjugoen krona och sjuttiofem öre. Emmy är ett tillförlitligt smakråd som man alltid kan lita på.

Hon måste nu gå hem till sig för att äta middag. Emmy får aldrig äta middag hos oss, inte heller någon annan av mina kamrater. Jag vågar aldrig fråga för jag vet hur snål Marianna är.

I någon veckotidning läser Emmy och jag att man kan borsta ögonfransarna med ricinolja för då blir de långa och täta. Det är nog redan våra fransar men vi vill att de ska bli ännu lite längre. Jag införskaffar alltså ricinolja som jag penslar på under söndagen. På natten får jag ont i ena ögat och det blir rött, svullet och kliar.

På fransktimmen har vi idag besök av en äkta fransyska men vi pratar inte så mycket ännu, åtminstone inte jag som helst vill vara osynlig här.

Den här veckan har vi många läxor, vareviga dag. Både Emmy och Tina är skolsjuka under onsdagen för dagen därpå är det skrivningar i tyska och engelska i en gemensam sal för flera klasser samtidigt.

På kvällen går jag upp till Emmy för vi ska plugga tillsammans. Vad tryggt och fint det är att sitta med henne och göra läxor. När vi är nästan klara med läxorna dukas det obligatoriska goda bullarna, kakorna och teet fram vid det trivsamma köksbordet. Jag blir inte sittande så länge och när jag går hem möter jag Lage. Jag åker en sväng med honom och då berättar jag om hur jobbigt jag har det nuförtiden. Vid fjorton års ålder, när vi träffades första gångerna, var jag en gladare, piggare och friskare flicka än den jag är nu. Nu känns livet inte lika roligt längre. Den ständiga tröttheten jag dras med och en massa krav både hemma och i skolan gör livet surt. Lage tycker att jag ska rymma iväg med honom, bort från alltihop. Han vill att vi ska återuppta kontakten men nu på ett mer jämbördigt sätt, förstår jag. Åldersskillnaden känns inte längre lika stor och det låter som om han skulle kunna ta över en del av ansvaret. Han tänker nog att vi nu kan bli ett par på riktigt. Men jag skulle aldrig våga och innerst inne vill jag utbilda mig och gå i pappas fotspår vad gäller yrkesval. Vi blir tyvärr aldrig ett riktigt kärlekspar. Lage, som 1959 satte mina känslor i brand och blotta åsynen av hans bil gav mig hisnande känslor i magen, går kanske fortfarande och väntar på att jag ska växa till mig.

Det regnar under fredagen, ett riktigt höstregn. När jag kommer hem från skolan ser jag att det ligger ett brev från Tony i hallen. Han skriver att han har varit sjuk. Jag tänker skriva svar i morgon. Nu ska jag vara barnvakt och göra läxor. Gunnar kommer hem en sväng och gör mig sällskap. Han är hungrig och jag värmer resterna från middagen. Det är en gryta med potatis, morötter, kålrötter och leverbitar som han slevar upp på tallriken. Till maten äter han hårt bröd med margarin. Jag brer den ena smörgåsen efter den andra åt honom för han har en glupande aptit. Innan jag är klar med nästa smörgås är den föregående redan slut. Den fysiska träningen i det militära är hård och det krävs mycket mat.

Lördagen efter skolan påbörjar jag ett brev till Tony. Jag får också ett brev från mamma där hon oroar sig över Camilla. Hon vet inte hur Camilla har det då hon inte hör av sig så ofta. Mamma tycker också att Gunnar och jag ska dela på hennes choklad eftersom hon aldrig åker hem.

Emmy kommer ner och vi äter glass och chokladbitar. Vi slår ner våra bakar på lämplig sittplats för att titta på kvällens TV-program. Jag ordnar också fika eftersom vi kan sitta uppe lite längre men klockan elva följer jag Emmy hem till porten. Det är skoldans i Umeå i kväll men de får klara sig utan oss.

Hela söndagen öser regnet ner. De mörka molnen gör det dunkelt inomhus. Jag skriver färdigt brevet till Tony och postar det när jag promenerar upp till Emmy. Vi tränar engelska stilar och fikar. Det kan vara lämplig sysselsättning en dag som denna. Jag går hem lagom till middagen. Lite senare kommer Emmy och vi upprepar gårdagskvällens program.

Jag får brev från mamma igen. Hon vill att jag ska köpa matvaror till henne, det vill säga hamstra vissa varor. Men jag anser att det inte behövs nu. Jag får väl undersöka saken.

»Mycket läxor!!! Usch! Trött«, står det i min dagbok denna dag.

Ett brev från Yvon lättar upp sinnesstämningen lite. Han är flitig i sitt skrivande. Jag får väl försöka åstadkomma ett läsvärt svar och jag behöver verkligen träna franskan.

Läraren i franska överraskar med en läxskrivning. Den klarar jag bra. Emmy beställer glasögon hos en optiker. Hon har mycket att läsa så det är viktigt att hennes ögon inte behöver anstränga sig.

Det regnar ordentligt när Emmy kommer ner till mig under kvällen. Vi får sällskap till teet av Carina som inte behöver gå ut i regnet för att komma hit då hon tar vägen över vinden. Det kan dock vara kusligt att gå där. Vi får en trevlig en stund tillsammans innan jag följer Emmy hem.

9. Vintern närmar sig

Torsdagen den första november har vi lov. Under förmiddagen bakar och diskar jag för hemhjälpen är ledig under Allhelgona-helgen. Emmy ska åka in till Umeå för att köpa en klänning och jag följer med henne för att vara smakråd. Samtidigt är det skönt för mig att komma hemifrån stojet och stöket. Vad roligt vi har när vi går runt i affärerna och tittar på höstens modeutbud. Vi hittar en riktigt snygg klänning som Emmy tar med sig till prov-hytten. Hon kommer ut med ett stort leende och visar upp sig. Klänningen sitter fint på hennes mannekängliknande kropp och tyget faller vackert när hon svänger runt. Hon köper den och vi lämnar dammodeaffären och går vidare på vår shoppingrunda. För min del inhandlar jag bara ett transpirationsmedel, ett så kallat Bac-stift.

På fredagen får jag städa, diska och göra en stor tårta till Vikto-rias födelsedag. Med andra ord; jag får ta över hemhjälpens sysslor medan Marianna vilar sig. Jag har ont i magen och kämpar på så gott jag kan för det är inte lönt att klaga.

Lönen från simskolejobbet kommer. Det är åttahundrafemtio-åtta kronor denna gång. Jag sätter in åttahundratjugofem på min postsparbanksbok. Det känns bra.

Den tredje november fyller Viktoria fem år så nu börjar hon bli stora damen. Jag ger henne ett halsband som hon kan bära när hon ska vara fin. Hon ser glad ut när hon håller upp det och känner på pärlorna med sina små fingrar. Det syns att presenten uppskattas. Emmy kommer ner med sin lillasyster Maria och gra-tulerar med en present. Sedan packar pappa och Marianna in sig i bilen med alla barnen och åker iväg till Bondböle. Emmy, Maria och jag fikar och äter av den goda tårtan.

Den här lördagskvällen ordnas det en så kallad Tusensköne-tävling med dans i Medborgarhuset. Emmy och jag tänker gå dit. När jag frågar pappa om lov säger han att jag i så fall måste vara hemma klockan elva. Men vad nu då? Varför på en lördag? Dansen slutar tolv och det är pinsamt att gå hem före alla andra, innan damernas och sista dansen. Jag vädjar och så småningom gråter jag i mina försök att övertyga pappa om att jag måste få stanna till det slutar, men han är orubblig. Jag tycker att det är fruktansvärt orättvist att jag ska behöva gå hem före alla de andra. Men pappa är envis som synden och ger inte med sig. Jag nämner naturligtvis inget om damernas och sista dansen för det skulle definitivt inte förändra saken till det bättre. Jag tror inte att han är så insatt för han kan inte dansa och har ingen förståelse för denna umgängesform. Den här gången känner jag att det inte är av omtanke om mig som han vägrar att ge med sig. Nu är det för att visa sin auktoritet, visa att det är han som bestämmer här i huset för det kan han inte annars. Då är han en riktig toffel som viker sig för Mariannas nycker.

Jag baddar mitt gråtsvullna ansikte i kallt vatten. Jag måste försöka bli återställd i anletsdragen innan Emmy och jag ska gå. Den här händelsen etsar sig verkligen fast i minnet för det är en mycket pinsam historia och kärlekslösheten i hemmet känns påtaglig. Det är bara jag som måste gå hem före alla andra. Men kvällen kommer att sluta lyckligt och jag är glad för att jag ändå bestämmer mig för att gå.

Efter arrangemanget med tusenskönetävlingen börjar så småningom dansen. Emmy och jag sveper med blickarna och spanar in alla uppklädda av det motsatta könet för att se om kvällen ser lovande ut. Jag ser att kyrkvaktmästarens stilige son är här och nu får jag hoppas på att han kommer och bjuder upp mig för jag bryr mig inte så mycket om de andra som är här just nu. Men visst! Min goda fe är här med sitt trollspö och dirigerar händelserna. Jag blir uppbjuden flera gånger av den sköna, mörka ynglingen och jag är förstås salig. Vi hinner prata lite mellan danserna då han berättar att han heter Hans och går på Tekniska Gymnasiet i Härnösand. Jag känner mig privilegierad, utvald och mycket lycklig i dansens virvlar. Men tiden rusar iväg när man har roligt och klockan närmar sig elva. Nu känner jag mig plötsligt som Askungen. Men jag agerar inte likadant utan jag säger som det är, att jag måste vara hemma klockan elva. Hans vill eskortera mig hem och då är kvällen räddad förstår jag. Vi hämtar ut våra ytterkläder i garderoben och vandrar ut i novembermörkret. All verkar lugnt runt hyreshuset och vi slinker in i trapphuset. Här tackar vi varandra för kvällen och tar ett ömt farväl för en tid. I morgon åker Hans till skolan i Härnösand men han lovar att höra av sig när han kommer hem nästa gång.

Söndagen gryr till en grå novemberdag. Hans åker till sitt lärosäte och Emmy har ett ärende in till Umeå. Jag håller mig hemma hela dagen och tittar på TV när programmen startar framåt kvällen.

Vi får tillbaka ett prov i franska som jag har ganska bra på vilket känns mycket skönt för mig. Tyvärr kör flera i klassen på provet, bland andra Stina.

När jag kommer hem får jag äntligen ett brev från Camilla, efter två och en halv månad. Nu är det roligt att få ett livstecken från henne. Gunnar ringer under kvällen när jag sitter med alla läxorna. Det är roligt att han hör av sig och det innebär ett skönt avbrott i läxläsningen. Nog har jag annars fullt av avbrott när jag sitter och pluggar här hemma men de är inte alltid så sköna och man skulle kunna önska sig en lugnare miljö.

Jag tänker förstås en hel del på Hans och nu hoppas jag att han kommer hem redan till Fars Dag.

Hemhjälpen Ingrid slutar och det ska komma en ny kvinna i huset. Jag undrar om de säger upp henne. Eller är det kanske så att hon vill göra något annat i sitt liv? Ingrid känner säkert att Marianna inte uppskattar det hon gör, för Marianna tycker att hon är dum som ett spån. Och varför skulle en begåvad flicka vilja jobba i den här familjen med Marianna som huskors över sig? Ja, begåvad är kanske inte Ingrid, men hennes vaniljbullar är goda.

Den nya kvinnan som tar vid efter Ingrid heter Marianne.

Jag är som vanligt mycket trött och läxorna är många skriver jag på tisdagen i min lilla bok. Samma visa på onsdagen då jag till och med försover mig men jag hinner ändå med bussen i sista stund. Efter ytterligare en arbetsam skoldag kommer Gunnar och hälsar på under kvällen. Han är en ljuspunkt i tillvaron och får mig att glömma det annars så trista livet. När »Hylands Hörna« börjar, bänkar vi oss framför TV:n och tar del av det populära programmet som nu sänds för sjätte gången. Här gillar jag »Gubben i lådan«, en figur i narrkläder som säger roliga saker. Efter Hyland börjar »Försvarsadvokaterna« och jag blir sittande för spänningen stiger och jag vill se slutet. Klockan är mycket innan jag kommer i säng så jag är mycket trött dagen därpå när vi serveras en fysikskrivning. Tiden som vi har till förfogande är alldeles för kort så jag klarar den inte trots att jag kan alla formlerna.

Hemkommen gör jag först läxorna sedan skriver jag ett brev till lilla mamma. Så känner jag behovet av att röra på mig, att jag suttit stilla för länge. Jag tar på mig ytterkläderna för att gå en sväng till biblioteket. I kväll tänker jag lägga mig tidigt.

Fredagen den nionde november skriver jag:
»Åh! Snart lördag! Hade ingen läxa för vi skriver modde i morgon. Skönt! Därför var jag på basketträning. Åkte lite rullskridskor också. Lade mig i badet.«
När jag kommer hem från skolan på lördagen måste jag först städa rummet. Den nya hemhjälpen är också tillsagd att lämna det jobbet till mig. Ett riktigt elakt drag av Marianna, när jag har så mycket att göra och ändå hjälper till så mycket hemma. Jag känner inte en enda kamrat som måste slava på det sättet som jag gör. Än en gång kommer jag att tänka på Askungen. Elaka styvmödrar finns i verkligheten, inte bara i sagorna. Men då kanske det också finns en prins för mig!
I samband med detta om styvmödrar, vill jag nämna att den värsta käftsmällen som Marianna kommer att leverera är år 1974. »Prinsen« överger mig och vårt tre månader gamla spädbarn.

Några månader senare är jag och min lille son på besök hos pappa och Marianna i Bondböle där de numera bor. Marianna och jag sitter vid det stora köksbordet och för ett samtal kring mina gamla skolkamrater, vilka som fött barn och inte. Jag nämner några som ännu inte har skaffat sig barn. Då kommer det från Marianna:

»Du skulle inte heller ha haft något barn!« Jag vill inte tro att hon säger så, men jag hör det ju! Jag lämnar köket och går ner till min älskade son som ligger och sover i ett rum på nedre planet. Där stannar jag och gråter resten av dagen. Jag får aldrig någon ursäkt och »för husfridens skull« tar jag aldrig någonsin upp det. Men nu kan jag avslöja händelsen för jag är inte längre rädd och jag känner mig fri!

När jag är klar med städningen av barnens och mitt gemensamma rum gör jag grunden till en farsdagstårta, för annars får pappa ingen tårta. Medan jag stökar på går jag och hoppas att Hans ska ringa, men han kommer tyvärr inte hem den här helgen.

Emmy kommer däremot nerför backen till mig och förgyller min tillvaro. Vad skulle jag göra utan henne? Vi dricker te och äter bullskivor och tittar en stund på TV. Senare tar vi våra ytterkläder och vandrar ut i novembermörkret. Snart är vi hemma hos Emmy, som letar fram en pincett och visar mig hur man plockar ögonbrynen. Mina är aldrig plockade och växer ner mot ögonlocken, så nog är det nödvändigt. Hemma kan jag inte ägna mig åt skönhetsvård och vi har ingen lämplig pincett. Det finns visserligen en pincett efter farfar, men den är inte en sådan som kan användas till ögonbrynen.

Jag erinrar mig, att när vi ännu var små, använde Gunnar farfars pincett till att hålla fast bullbitarna med när han doppade dem i mjölkchokladen. Jag undrar om den månne blev steriliserad efter farfars läkargärning?

Pappa blir glad för tårtan och för det stora, rejäla kartfodralet som jag förärar honom denna dag. Idag är det också kungens åttioårsdag och vaktmästare Lundbergs femtioårsdag. Det blir idag som igår, jag avslutar kvällen hos Emmy, min trogna vän.

På måndag kväll kämpar jag med flera läxor men unnar mig också en sväng till biblioteket. Jag måste dessutom författa ett brev till postorderfirman eftersom twistkjolen som jag beställt lyser med sin frånvaro. Vi har besök av Sören Sjöströms men jag behöver inte sitta med för att underhålla dem.

Jag är trött varenda dag!

På tisdagen skriver jag: »Trött. Jag gick i alla fall på gymnastiken för att träna. Hinner nog inte träna till DM. Synd! Blev ju femma förra året, BRA!! Längtar efter Hans. (Kanske på lördag)«.

Jag ser »Hylands Hörna« en liten stund på onsdagskvällen men sedan måste jag vistas i tvättstugan i två timmar och är mycket trött när jag kommer upp klockan tio. Dessa vidriga tvättdagar med snuskvatten och slemmiga snorfanor!

Jag får ett brev från mamma som också innehåller en söt, liten näsduk. Hon är alldeles för långt borta. Jag skulle vilja ha henne här, nu! Men jag hinner inte sitta och fundera över det. Rummet ska tapetseras om och jag måste röja ur det. De gamla tapeterna från 1948 anses ha gjort sitt. Nu ska det bli grå tapeter dekorerade med vita prästkragar.

Jag går på fredagskvällens basketträning och känner att det är kul att spela och få anstränga mig fysiskt. När jag tar itu med läxorna kommer tröttheten men jag måste bita ihop. Det är svårt att komma till ro när jag väl lägger mig för natten. Jag kan inte somna utan ligger och snurrar runt och byter ställning och funderar på morgondagen, lördag.

Vi får en skrivning i franska. Usch, så jobbigt! Men när jag kommer hem har twistkjolen äntligen kommit. Den är riktigt snygg. Emmy kommer ner för jag ska sitta barnvakt igen.

Putte har legat i mässlingen och nu har både Viktoria och Lillan fått sjukdomen. Men det hindrar inte Marianna eller pappa att gå till Hotell Vingen där Odd Fellow har en fest i kväll. Marianna måste klä upp sig i lång klänning. Det är nog första gången.

På söndagen tränar jag gymnastik för att döva samvetet inför DM. Efter träningen går jag till Emmy. Hon är ensam hemma och jag får äta där. Mycket gott! Det är kallt när vi går ut en sväng på kvällen, minus åtta grader och nu har det hunnit bli den artonde november.

Det snöar på måndagen och kylan håller i sig så snön blir kvar. Jag klarade franskan skapligt den här gången också. Numera är jag så rädd för franskgubben, rädd att han ska hänga ut mig igen inför klassen så jag är noga med franskläxan.

Jag är mycket trött på kvällen när jag sätter mig med alla läxorna.

Emmy köper läderstövlar som är moderiktiga och snygga och hon blir en riktigt fin dam i dem. Jag är trött på tisdagen när jag går till gymnastiken och jag tror inte att jag hinner lära mig programmet ordentligt. I morgon har vi matteprov, så jag slipper läxläsning i kväll. På TV går »Halsduken« som jag måste titta på. Den är mycket spännande för det är Francis Durbridge som är skaparen till originalet.

Det är ännu kallare på onsdagen så nu har vintern verkligen kommit. Jag har en känsla av att matteprovet inte går så bra. Jag gör dessutom en del slarvfel och det har jag inte råd med. Eftersom skoldagen är lite kortare tar jag Bredträskbussen hem.

I stort sett varenda dag skriver jag i kalendern att jag är trött. Ingen uppmärksammar att jag inte mår bra och att blodvärdet är på tok för lågt. Jag kämpar mig igenom varenda dag och livet känns tungt.

På torsdagsaftonen går vi till vaktmästaren för att fira hans födelsedag. Där får vi mycket mat och jag blir ordentligt mätt. Så mätt att jag får ont i magen när vi kommer hem. Jag passar naturligtvis på att äta när det bjuds så mycket gott som vi aldrig får hemma.

Trots tröttheten går jag på fredagsbasketen. Vera, min klasskamrat från realskolan, är också med och tränar. Hon bor bortom Catarina och Betjäningshusen. Om man följer grusvägen som går i ungefär samma riktning som järnvägsspåren kommer man till familjen Petterssons röda hus. Vera är duktig och svår att komma förbi med bollen.

På lördagen har vi skrivning i tyska. Den är inte så svår tycker jag. Alla i första ring skriver samtidigt men får olika prov beroende på vilken linje vi går. Emmy och några andra skolkar efter skrivningen. De har bara en lektion tyska efteråt och känner inte för att gå på den.

I kalendern står också:

»Trött, så hemskt! Fick brev från mamma. Emmy och jag gick till Birgit Johansson fram och tillbaks. Såg sedan TV hos Emmy och fikade. Hans kom inte hem den här helgen heller. Skall han komma hem någon gång innan jul måste det väl bli nästa helg.«

Söndagen den tjugofemte november:

»Gick på gymnastiken men var så trött. Gick till Emmy, vi skrev en engelsk stil. Hon kom ner på kvällen.«

På måndagen kämpar jag på med läxor och går inte till kyrksalen på ett föredrag som jag gärna hade velat höra. Pastorsadjunkten Nyberg berättar om en resa han gjort med en ambulans till Jerusalem.

Jag har inte tid att gå till gymnastikträningen på tisdagen, utan jag ägnar mig åt läxorna tills »Halsduken« börjar på TV och sedan stupar jag i säng.

Idag ligger det ett kort i hallen och väntar på mig. Det är en hälsning från Camillas väninna Birgitta som går på Nyckelviksskolan i Stockholm. Jag saknar henne och mina syskon så mycket. Camilla som är förpassad till Vilhelmina och inte kommer hem på grund av en konflikt som jag vet så lite om. Gunnar, som gör värnplikten, har också för evigt flyttat ut. Den sista spillran av trygghet och värme försvinner med mina kära syskon. Jag upplever det som att pappa inte står på min sida i något sammanhang. Han är inte den omtänksamma, generösa och kärleksfulla pappan längre. Metamorfosen påbörjas redan 1954 i och med mammas utträde ur familjen och Mariannas inträde i densamma.

Jag köper lovikkagarn så att jag kan sticka sockor till pappa i julklapp. Gunnar kommer och hälsar på en stund och genast känns det bättre. Nästan samtidigt dyker Emmy in genom dörren och vi pratar och fikar så vi missar »Hylands Hörna«. Lite senare följer jag med Emmy uppför Ögrensbacken.

Vi får tillbaka skrivningen i svenska. Resultatet är inte lika bra som det brukar vara. Det känns lite trist. Det är mycket kallt ute och jag är trött som vanligt. På kvällen pluggar jag till en musikskrivning.

Vi får en svår skrivning i engelska på fredagen. Jag hoppas innerligt att resultatet blir bra.

På kvällen är det basketträning igen och jag går dit fastän jag är trött. Badet efteråt är skönt och jag försöker att njuta av det.

Jag känner mig mycket trött när jag är barnvakt på lördagskvällen den första december. Pappa och Marianna är återigen på middag på Hotell Vingen. Emmy kommer ner och håller mig sällskap. Vi lägger barnen först, sedan bänkar vi oss framför TV:n med fika och jag stickar samtidigt på pappas julklapp.

Sjutton år gammal och jag känner en sådan trötthet! När jag skriver detta femtiofyra år senare, vid sjuttioett års ålder, är jag betydligt piggare.

På söndag morgon pluggar jag. Vi har mycket läxor och prov och det känns inte som om jag kommit ikapp de andra än.

Det är skyltsöndag och första advent men jag styr mina steg till gymnastiken på grund av DM-et om en vecka. Jag kommer att sitta i sekretariatet den här gången.

På Medis ska ett luciatåg uppträda och sprida lite ljus över oss i mörka december, så jag tar Lillan med mig och går dit. Emmy är redan där när jag kommer och vi försöker hitta bra platser så att Lillan kan se. Här är det redan ganska mycket folk som förväntansfullt sitter och småpratar om julklappsinköp, snöskottning och om när lutfisken måste blötläggas. Sorlet börjar avta när ljuset tonas ner och snart är det alldeles tyst. Då hörs det från fjärran den vackra luciasången och snart skrider lucian med tärnor in på scenen och ställer upp sig. Programmet innehåller versläsning och skönsång och Lillan betraktar skådespelet med stora ögon.

Emmy och jag går ut på kvällen för att titta på julskyltningen. Här och var i skyltfönstren ser vi intressanta saker och habegäret gör sig påmint. Lagom frusna och fikasugna vandrar vi hem till henne och dricker te. Inte allt för sent går jag hem för att fortsätta läsningen inför provet i morgon.

Jag behöver väl inte säga att jag är trött på måndagen men jag känner att citatskrivningen går bra. När jag kommer hem har jag ett brev som ligger och väntar från lilla mamma. I det ligger en adventskalender till mig för hon vet att jag uppskattar sådana. Jag skriver ett svar och tackar och går ut för att posta brevet. Då tar jag en sväng till biblioteket i samma veva. Jag kan ju inte bara läsa läxor. Det behövs också lite annan läsning.

Det är dags för uppsatsskrivning. Jag väljer ett fritt ämne, »Rökning« och jag börjar med att skissa på upplägget. Vi har lång tid på oss att författa samt renskriva, så alla elever har med sig något att äta. Jag har bland annat en skalad apelsin liggande på skrivskivan. Det vita på apelsinen torkar och blir lite hårt. Jag tar frukten och biter samtidigt som den vaktande läraren tittar på mig. Han flinar när det krasar till och jag blir själv förvånad över ljudet. Timmarna går och det blir dags för mig att lämna in mitt alster. En skön känsla infinner sig när jag öppnar dörren och överger aulan.

På kvällen fortsätter jag med mitt stickande och ser femte delen av den mycket spännande serien »Halsduken«.

En gymnastiklärare från Umeå, Olle Lindeman, ringer under kvällen. Jag noterar i kalendern att han ringer och skriver ett frågetecken efter. Det är pappa som tar samtalet och det är väl till honom antar jag. Men den här Olle Lindeman kommer att korsa mina vägar fler gånger.

För två år sedan: Pappa, Camilla och jag är på ledardagar i Vindeln. Då antastar Olle mig när jag går mellan byggnaderna under träden på kvällen. Jag överrumplas kan man säga och jag tänker: »Varför väljer han mig, en femtonåring, när också Camilla och andra unga damer finns här?« Han är en mycket stilig man närmare trettio år och antagligen gift. Ja, det händer inget farligt men ändå blir jag fundersam.

På onsdagen får vi besök i klassen av en flicka från Jordanien. Hon heter Mary Aranki och vi kommer att bli goda vänner.

Jag handlar kaffe, hjortronsylt, en nylonblus samt en badrumsvåg till mamma och Dieter i julklapp. Gunnar och Ingalill ska också vara med på presenterna. Gunnar kommer under kvällen och gör sig oskyldig, det vill säga betalar för sin och Ingalills del.

Vi har friluftsdag på torsdagen men den bedrivs inomhus och jag spelar basket. När vi är färdiga för dagen går jag ner på stan med de andra spelarna och fikar. Emmy är hemma idag.

Jag är trött så in i vassen, skriver jag i min kalender, men jag ser ändå till att paketet till mamma och Dieter kommer iväg så att det ska hinna fram i tid. Sedan måste jag sätta mig för att plugga.

Emmy är hemma också nästa dag. Vi får en skrivning i biologi. Tyvärr är biologin ett litet ämne på den linje jag går. Vi lämnar också matten efter första ring men den kommer jag inte att sakna. Våra huvudämnen är tyska och franska som vi följaktligen får mer av än alla andra gymnasieelever.

När jag kommer hem är det nyrenoverade rummet färdigt att flytta in i. Det innebär mycket jobb för mig innan det är klart och jag kan ägna mig åt läxorna. Pappa får besök av två gymnastiklärare från Umeå, Sundberg och Påhlsson. Den sistnämnda är verksam på den skola jag går.

Skrivningarna duggar tätt och på lördagen får vi ett musikprov.

Skoldagen är inte så lång idag, så jag kommer hem lite tidigare. Då städar jag garderoben och rummet, vilket tar flera timmar i anspråk. Efteråt tar jag mig ett bad så jag är fräsch innan Emmy kommer. Vi ser sista delen av »Halsduken« och alla bitarna faller på plats.

Gunnar tar flyget till Skellefteå för att hälsa på Ingalill som för närvarande befinner sig i vår födelsestad.

Under söndagen sitter jag i sekretariatet för DM i gymnastik. Det känns tokigt att inte vara med men jag får skylla på trötheten och tidsbristen. Eftersom vi har matteprov i morgon ser jag till att hinna räkna lite när jag kommer hem.

Det känns någorlunda bra när jag lämnar in matteprovet. Jag hinner gå en vända för att handla. Jag köper en giraff till Lillan som hon ska få i julklapp. Det är redan den tionde december och nu gäller det att få ihop klappar till alla.

Idag levereras den nyomklädda Carl Johansoffan som är ett arvegods från pappas släkt. Nu ser den alldeles ny ut men jag hinner inte sitta i den och njuta, för jag har många läxor att göra innan jag får lägga mig. Jag somnar sent.

Vi får tillbaka engelskaprovet på tisdagen och jag klarar mig, men sex klasskamrater kör. När jag kommer hem målar jag ett par skor och hämtar ner luciakronan och linnet från vinden. Innan jag sätter mig framför TV:n förbereder jag morgondagen. Det blir sent innan jag kommer i säng också denna kväll.

Onsdag den tolfte är det luciadans på läroverket. Det är tydligen en tradition här i Umeå. På grund av dansen får vi bara lite läxa. Emmy och jag åker dit tillsammans med en hel del andra Vännäselever. Det känns lite spännande eftersom det är vår första luciadans. Hela skolan tycks vara här och det är trångt om saligheten.

»Mycket fylla där trots att SSUH ordnade det. Proppfullt. Inte särskilt roligt« har jag noterat i min kalender. Emmy och jag har ingen erfarenhet av onyktra ungdomar. De är mycket sällsynta i

Vännäs. Vi kommer inte hem förrän klockan är tio minuter över ett. Väglaget är besvärligt för hela natten rasar en snöstorm.

Jag är förstås mycket trött när luciamorgonen gryr. På skolan ser de flesta ut att gå i sömn efter gårdagens övningar. Ja, det finns väl de som inte mår så bra heller.

Nu har det kommit ordentligt med snö. Jag lussar hemma efter skolan. Det brukar jag alltid göra, åtminstone ända sedan jag fick luciakronan. Mammas och Dieters julpaket kom idag. Det kan man säga är i god tid. På TV sänds Ibsens »Gengångarna« och den ser jag innan sömnen tar över.

På fredagen är jag mycket trött. Vi har läkarundersökning igen. Jag nämner inget om tröttheten för jag tror att den beror på att jag måste stiga upp så tidigt. Det är nog bara en del av sanningen. Paketet från LIC (Lärarnas Inköpscentral) kommer idag och i det ligger förstås julklappar.

Jag sitter barnvakt igen när Gunnar ringer och hör efter hur det står till. Han är omtänksam käre bror och han förstår att jag inte alltid har det så uppåt här hemma. Jag skriver i kalendern bland annat: »Minus tjugotre grader, kallt idag men härligt.«

På lördagskvällen har realskolan julfest och Emmy och jag lockas dit. Emmy har dagen till ära på sig sina nya läderstövlar för etthundratolv kronor. Vi ser våra gamla lärare som tillsammans med eleverna åstadkommer ett bra och underhållande program. »Playboys« spelar och i den orkestern ingår min tidigare lärare i engelska, Kjell Ulfhielm. Orkestern byter sedermera namn och kallar sig »Inge Burströms Orkester«. När jag vandrar hemåt tittar jag som hastigast in på Medborgarhuset, där det pågår dans i kväll. Jag ser att Runar är här för att roa sig lite, men jag vänder i dörren och går hem för klockan är mycket. Kvart i ett är jag hemma.

Den här söndagens förmiddag är lämplig för julklappsinslagning och medan jag ägnar mig åt denna trivsamma sysselsättning kommer Emmy ner till mig. Jag gör klart det jag har för händer och sedan går vi ut och tar Lillan med oss. Under den sköna promenaden ser vi ett par intressanta personer. Den ena är Lennart Nilsson från Oasendanserna i somras. Han kör en Opel Rekord, vars registreringsnummer jag memorerar.

Jag upplever det mycket jobbigt att stiga upp på måndagen. Vi får tre läxor till sista skoldagen! Det förvånar oss verkligen.

När jag kommer hem hälsar jag på tant Anna och farbror Gunnar i affären. Det börjar dra ihop sig till julruschen, men jag känner ingen längtan att vara springflicka längre. Det är fortfarande mycket kallt när jag går hem och skriver ett kort till mamma. Hon måste få veta att paketet kommit fram i god tid. Sedan väntar den här terminens sista läxor.

Tisdagen den artonde är sista skoldagen och den är lång. Jag ordnar en födelsedagspresent till Emmy som ska fylla år. På kvällen tittar jag på filmkrönikan. Jipiie! Inga läxor!

Den nittonde bakar jag pepparkakor under förmiddagen för det hör julen till. Sedan måste jag gå till Emmy och gratulera henne på födelsedagen. Det är mycket kallt när jag vandrar ut mellan de uppskottade snödrivorna. Jag ger Emmy ett paket innehållande en makeupväska som hon blir glad för. Genast fyller hon den med förnödenheterna som hon plockar ur den gamla, lite slitna väskan. Eftersom vi har tvättdag måste jag gå hem för att hjälpa till. Ljuset den här korta dagen är tillända och skymningen faller vackert. Jag tillbringar hela eftermiddagen och kvällen i tvättstugan. Vad skulle Marianna göra utan mig? Hon tar all hjälp för given och aldrig får jag ett tack.

Torsdagen den tjugonde har vi skolavslutning. Det är tjugosex grader kallt men det hindrar inte mig att efter avslutningen gå en sväng på stan. Jag köper de sista julklapparna här innan jag åker hem. Det är ett roligt jobb att slå in paketen. Sedan måste jag ta hand om tvätten och mangla och stryka. Det är inte lika roligt.

Marianne, hemhjälpen, är ledig nu och då faller också hennes sysslor på min lott.

Första lovdagen gör jag en fyrdubbel sats vetedeg som ska omvandlas till lussekatter. Den stora degbunken är välfylld och degen vill pösa ut över kanterna. En stor del av dagen är till ända när lussekatterna är färdiggräddade. Nu tar jag itu med pepparkaksbaket igen. Resten av degen har vilat i kylskåpet sedan pepparkaksbaket i onsdags. Jag kavlar, stansar ut kakor och gräddar i flera timmar så det känns i benen mot slutet av dagen. Det tråkiga jobbet återstår, disken och städningen. Jag är mycket trött när jag är klar. På kvällen går jag upp till Emmy så vi kan byta julklappar. Vi ser på TV och jag får provsmaka Emmys mammas julbak. Jag kammar Emmys mamma och försöker göra en fin frisyr. Det är roligt och hon uppskattar det.

Idag har det kommit julkort från Stina och från mamma. Det är snällt av Stina att skicka julkort till mig.

Lördagens dagsljus blir en kort upplevelse idag för solen befinner sig som längst bort från oss. Det kommer ett brev från Yvon och jag måste snart skriva svar för att han är rolig att ha som brevvän.

Det är sju veckor sedan Hans var hemma och nu ser jag fram emot att han dyker upp endera dagen. Jag måste ta städningen i dag fastän jag har ont i ögonen och halsen. Jag är mycket trött när jag går ut för att ta ut pengar på banken och köpa badsalt.

Utrustad med julklappar till tant Anna och farbror Gunnar beger jag mig ut igen. Jag ger dem en trollvepa och badsalt i snyggt inslagna paket som jag lackat.

Gunnar åker till Skellefteå idag där Ingalill fortfarande befinner sig. Emmy kommer ner för att umgås och vi äter av det nybakade till teet. Redan i morgon åker hon till sin morfar och kommer inte hem förrän på annandagen. Det kommer att bli tomt efter henne fastän hon bara är borta några få dagar. Jag saknar Camilla och hon skriver inte. Hon är säkert rädd att Marianna och pappa ska öppna min post igen, och avstår. De ska inte veta något. Jag följer

Emmy en bit på vägen hemåt. Tröttheten är bedövande när jag stupar i säng.

Dagen före julaftonen ska silvret putsas. Också det blir mitt arbete. Men jag får också göra marsipankarameller och ischoklad, vilket är betydligt roligare. Även denna dag står det i min kalender att jag är trött. Gunnar kommer med flyg från Skellefteå för att lämna och hämta julklappar samt önska God jul! Det är tråkigt att han flyger tillbaka samma dag.

Det blir en mycket annorlunda jul utan Gunnar och Camilla, mina kära syskon. De har alltid funnits med vid julfirandet och nu är det bara jag kvar. Jag känner mig lite utanför här i huset när det ibland känns som att jag mer betraktas som ett tjänstehjon. Var finns Camilla när julaftonen infaller? Hur har hon det utan sina anhöriga? Känner hon någon saknad?

Det är delvis pappas fel men framför allt Mariannas. Varför skulle Camilla vilja fira jul med en människa som är fientlig inställd och missunnar henne allt.
Först försvinner mamma och några år senare även Camilla.

Jag får många fina julklappar. En brun kappa med tillhörande halsduk är efterskickad från LIC och den får jag från pappa, fastän Marianna alltid står med på paketen som han ger. Jag får också en väska, tofflor, en väckarklocka, lakan, parfym, strumpor, underkjol, hängslen, näsdukar, armband och ett troll. I mammas paket ligger det återigen Kirschtropfen, den fantastiskt goda chokladen med omslag i vitt, rött och guld.

Jag går i julottan med pappa när juldagens morgon glimmar. Egentligen borde jag ligga i sängen och sova ut. Efter frukosten tar jag Viktoria med mig till skridskobanan. Jag ser då Hans med sin pappa på långt håll. Han är alltså hemma i Vännäs men varför hör han inte av sig?

På annandagen åker vi till Bondböle på kalas. Under tiden hinner Emmy återkomma från sin morfar. På kvällen går Emmy, Stina Dahlgren och jag på Medis där det är dans. Jag har en förhoppning om att Hans ska vara där och att det blir lika roligt som helgen i början av november. Han dyker inte upp och det blir inte roligt alls för min del.

Första vardagen är det mycket kallt. Emmy jobbar lite extra hos tant Karin i hennes lilla butik och jag promenerar dit för att säga hej. När jag kommer hem börjar jag märka mina nya lakan med CL. Då funderar jag på om Hans kan ha ringt igår när vi var borta hela dagen i Bondböle. Han håller mig verkligen på sträckbänken.

Det är kallt även på fredagen då jag lånar familjen Dahls pudel för att promenera en sväng bort mot Älvdala och förbi huset där Hans bor. Kanske har jag tur och stöter ihop med honom. Jag tror att jag skymtar honom genom fönstret men jag törs knappt titta åt det hållet. Det känns urfånigt om jag skulle bli ertappad med att stirra in genom deras fönster. Jag fortsätter en bra bit bortom deras hus för att så småningom vända och promenera hem. Emmy kommer ner på kvällen och muntrar upp mig och vi tittar på TV. Sedan följer jag henne hemåt som vanligt.

Lillan bränner sig på morgongröten. Det kunde ha slutat illa men nu blir det inte så farligt. Jag städar rummet ordentligt sedan går jag till Emmy där hon arbetar extra i affären. Jag känner kylan genom märg och ben när jag går hem igen.

Pappa monterar ihop filmer och bjuder oss på en liten filmförevisning medan jag bjuder på choklad ur asken jag fick av tant Anna och farbror Gunnar. På kvällen kommer Emmy ner, för vi har som vanligt mycket att prata om. Det sinar aldrig, vårt prat alltså. När det blir sena kvällen följer jag henne till bommarna och vi säger god natt.

På söndagen, årets näst sista dag, får vi besök av en Umeåfamilj med tre barn och en hund. Mannen Olof Rune är botaniker. Han kommer om tre och ett halvt år att undervisa på den allra första botanikkursen vid Umeå Universitet och jag är då en av deltagarna.

Men så ringer telefonen. Och det är till mig! Jag skiter i gästerna! Äntligen, det är verkligen Hans i andra änden. Han vill träffa mig och kommer i morgon klockan sju! Jag känner ett lyckorus och skyndar mig upp till Emmy för att förtälja den goda nyheten för henne.

Det är nyårsafton och jag känner en stor förväntan inför den här kvällen. På dagen hämtar pappa tant Olga och farbror Nils som ska hit för att få lite nyårsmat. De stannar inte så länge och under eftermiddagen skjutsar pappa hem dem igen.
Klockan sju ringer Hans på dörren. Uppiffad och fin öppnar jag och släpper in honom. Det är ett kärt återseende. Han är en riktig svärmorsdröm, han som nu står här i hallen. Vi lämnar familjen och går till biografen för att se »Möte i september«. Det är en komedi med Rock Hudson och Gina Lollobrigida från 1961. Nu kan jag säga att det känns bra när jag sitter i den mörka salongen bredvid Hans. Efter filmen går vi hem till mig för jag ska sitta barnvakt. Jag gör i ordning gott fika till oss och vi tittar lite på TV när barnen lagt sig. Strax före tolvslaget kommer pappa och Marianna hem och vi skålar in det nya året i något alkoholfritt. Det finns inget annat i det här huset. Sedan är det dags för Hans att gå hem då kvällens höjdpunkt passerat och alla ser trötta ut. Jag följer honom till ytterdörren och efter ett kärt farväl vandrar han nerför trapporna under årets första timma. Han glömmer sina galoscher så han får promenera hem i inneskorna. Det är kanske avsiktligt.